全国高校就业创业特色教材课题研究成果
教育部学生服务与素质发展中心组织编写

生涯规划与职业发展

SHENGYA GUIHUA YU ZHIYE FAZHAN

主　编　罗建峰　冯小龙
副主编　陈长友　谢　军　靳　红
编　委　阿尔法特·阿布力孜　曹　姗
　　　　曹　婷　郭　璇　颉登科　李明月
　　　　刘庆麟　牛　超　王盼盼　王文强
　　　　谢　心　袁凯嘉　张　静　郑鹏程

图书在版编目(CIP)数据

生涯规划与职业发展 / 罗建峰，冯小龙主编. — 西安：西安交通大学出版社，2023.8(2025.1重印)
 ISBN 978-7-5693-3020-5

Ⅰ.①生… Ⅱ.①罗… ②冯… Ⅲ.①大学生-职业选择 Ⅳ.①G647.38

中国版本图书馆 CIP 数据核字(2022)第246632号

书　　名	生涯规划与职业发展 SHENGYA GUIHUA YU ZHIYE FAZHAN
主　　编	罗建峰　　冯小龙
责任编辑	侯君英
责任校对	王斌会
出版发行	西安交通大学出版社 (西安市兴庆南路1号　邮政编码710048)
网　　址	http://www.xjtupress.com
电　　话	(029)82668357　82667874(市场营销中心) (029)82668315(总编办)
传　　真	(029)82668280
印　　刷	陕西奇彩印务有限责任公司
开　　本	787 mm×1092 mm　1/16　印张　14.25　字数　231千字
版次印次	2023年8月第1版　2025年1月第2次印刷
书　　号	ISBN 978-7-5693-3020-5
定　　价	45.00元

如发现印装质量问题，请与本社市场营销中心联系。
订购热线：(029)82665248　(029)82667874
投稿热线：(029)82668525

版权所有　侵权必究

前　言

习近平总书记在党的二十大报告中指出"就业是最基本的民生"。随着我国经济发展进入新常态，大学生就业面临着新的机遇与挑战。就业育人是落实立德树人根本任务的内在要求，是实现高质量就业的关键之举。高校生涯教育不仅旨在解决大学生就业问题，更重要的是通过系统的就业教育实现对人的塑造，实现社会主义国家的育人目标。

生涯教育作为高校就业工作重要内容，以"为谁培养人"为逻辑起点，以"人到哪里去"为核心使命，以"成为大写的人"为价值主线，以品德和能力的养成为核心指标。为了更好地服务于就业育人工作，满足学生自主学习探索和学校就业通识课的需要，本书从就业概论、就业方向、就业能力、就业政策等方面，帮助学生了解并明确自己的就业理想，树立正确的就业观，提升就业能力，助力学生实现个人就业目标。

本书内容共分八个章节，分别为生涯规划概论、大学生活与职业发展、认识自我、探索外部世界、探索职业发展方向、职业能力提升、求职准备、就业政策。第一章：生涯规划概论。按照人从出生到生命结束角色的不同，将职业生涯划分为五个阶段，帮助学生认识到职业生涯规划对人生的意义，明确自我定位和目标，做出人生的选择。

第二章：大学生活与职业发展。帮助学生增强对大学中学业、专业、职业的认识，引导学生客观认识课外活动，并通过学生干部、学习实践、创新创业、文体活动等课外活动锤炼综合能力，提升综合素质。

第三章：认识自我。通过霍兰德职业兴趣理论、迈尔斯—布里格斯类型指标（MBTI）等心理学理论，帮助学生了解自己的兴趣、性格，树立正确的就业价值观，不断培养和提升自己的就业能力。

第四章：探索外部世界。将自我探索与对外部世界的探索相结合，帮助学生积极探索社会、学校、家庭、职业、偶然事件、朋辈影响等环境，促进个人成长。

第五章：探索职业发展方向。通过分析自身条件和外部环境，掌握并应用循环决策理论（CASVE）、态势分析法（SWOT）、决策平衡单等职业发展的理论方法，树立职业发展方向，在前进过程中不断评估，并及时调整职业生涯规划。

第六章：职业能力提升。从职业能力、职业能力结构、职业能力培养三个方面，深入分析职业能力结构的四个组成部分，聚焦职业核心能力培养的方法与路径。

第七章：求职准备。提高就业信息获取能力，学习简历与自荐信的撰写，了解面试形式及应对策略，培养良好礼仪素养，同时学习制定详细求职计划，实现求职成功目标。

第八章：就业政策。讲解就业形势与宏观政策，列举升学深造、签约就业、应征入伍、基层项目就业、科研助理、自主创业、灵活就业七类不同就业形式，介绍就业协议书、报到证和档案、户口和党团组织关系等重要文件，通过真实案例帮助学生了解就业权益。

本书章节以生涯故事开头，引出探讨的主题，增加可读性；同时以思考与联系结尾，便于学生在每小节学习后能进一步深入思考，将知识融会贯通。期待本教材通过老师讲，学生悟，能够引导广大学生树立坚定的理想信念，永远听党话、跟党走，矢志奉献国家和人民。

由于编者水平有限，书中难免有不足之处，恳请读者斧正。

编者

2023 年 8 月

目 录

第一章 生涯规划概论 …………………………………… (1)
    第一节　职业生涯规划的概述 …………………………… (1)
    第二节　职业生涯规划的现实意义 ……………………… (7)
    第三节　生涯规划的构建 ………………………………… (12)
    第四节　大学生生涯规划策略 …………………………… (17)

第二章 大学生活与职业发展 …………………………… (31)
    第一节　学业发展与职业发展 …………………………… (31)
    第二节　课外活动与职业发展 …………………………… (47)

第三章 认识自我 ………………………………………… (58)
    第一节　兴趣 ……………………………………………… (58)
    第二节　性格 ……………………………………………… (63)
    第三节　价值观探索 ……………………………………… (68)
    第四节　能力探索 ………………………………………… (73)

第四章 探索外部世界 …………………………………… (80)
    第一节　外部世界的构成 ………………………………… (80)
    第二节　探索外部世界的方法与途径 …………………… (91)

第五章 探索职业发展方向 ……………………………… (96)
    第一节　什么是职业发展 ………………………………… (96)
    第二节　如何确定职业发展目标 ………………………… (99)
    第三节　职业生涯规划的评估与修正 …………………… (107)

第六章 职业能力提升 …………………………………… (116)
    第一节　了解职业能力结构 ……………………………… (116)
    第二节　职业核心能力培养 ……………………………… (128)

第七章 求职准备 ………………………………………… (144)
    第一节　就业信息获取与解读 …………………………… (144)
    第二节　简历与自荐信撰写 ……………………………… (157)
    第三节　面试准备与求职礼仪 …………………………… (166)

第四节　求职计划制定与进程管理 …………………………（172）
第八章　就业政策 ……………………………………………………（178）
　　第一节　就业形势与宏观政策 ………………………………（178）
　　第二节　就业去向及相关政策 ………………………………（189）
　　第三节　就业手续及相关文件 ………………………………（202）
　　第四节　就业权益保护 ………………………………………（211）
参考文献 ………………………………………………………………（220）

第一章 生涯规划概论

第一节 职业生涯规划的概述

生涯故事

尹同学，男，1990年6月出生，新疆伊犁人，2008年至2018年在西北农林科技大学完成了本科、硕士、博士阶段的学习，获生态学专业博士学位。曾任陕西省汉中市留坝县火烧店镇烧房坝村党支部书记，现任留坝县副县长、担任火烧店镇烧房坝村党支部书记。尹同学是陕西省第一个博士村支书。

在2018年即将毕业之际，人生的道路一片光明，是去高校任教，进高新企业，还是入政府就职？就在尹同学面临多种就业选择的时候，他收到了来自美国哈佛大学的邀请函和国家留学基金委公派出国的录取通知书，也收到了国内一所高校的录取通知书……

"为老百姓做一些实实在在的事，被群众认可，实现人生价值"，这是尹同学作为一名普通共产党员的初心。为了实现这个初心，他从博士生走上了村支书的工作岗位，这是一段不平凡的路，是一个生态学博士致力于乡村振兴的道路；成为一名选调生，发挥专业所长，解决制约乡村发展的"卡脖子"问题，为老百姓做一些实实在在的事，这也是他博士毕业后走出的职业生涯规划的第一步。

一、生涯和职业生涯规划的基本概念

1. 生涯的概念

什么是生涯？"生涯"是指从事某种活动或职业的生活。顾名思义，它是

指每个人生命中的全部职业和生活的角色。

生涯的英文为"career"，该词也有"事业、职业"的意思。在西方人的理解中，生涯多隐含未知、冒险等精神。因为视角不同，目前国内外学者公认的生涯的定义来自舒伯的论点：生涯是生活里各种事态的演进方向和历程，它综合了人一生中的各种职业和生活角色，由此表现出个人独特的自我发展形态。在舒伯生涯彩虹图中（如图1-1所示），生涯中除了职业外，还包括学生、退休者、家庭和公民等角色，包括了人从出生到生命结束的所有角色。

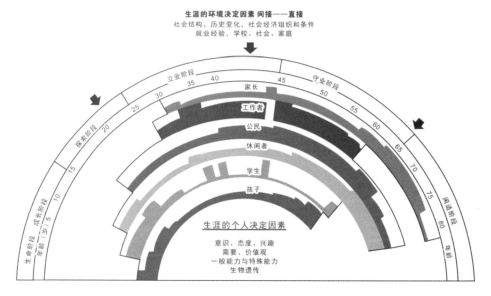

图1-1 舒伯生涯彩虹图

2. 生涯的特性

由舒伯生涯彩虹图可以看出，生涯不是一个静止的点，而是一个动态的过程。它不是只发生在人生的某个阶段，而是贯穿人的一生。

生涯具有独特性、终身性、发展性和全面性的特点。

(1)独特性。每个人都拥有独特的生涯故事。一个人的经历、愿望、态度、需求、兴趣、价值观、使命和未来愿景等共同组成了独一无二的个人形象，形成了独一无二的生涯规划。我们可以看到，同一时代或同一文化背景下的人，因为生涯发展中其他因素的影响，导致每个人的生涯也是独特的。

(2)终身性。生涯是一个人从出生到生命终结的全过程，包括上学、职业、退休等一系列学习和生活方方面面的事情。生涯的终身性决定了它伴随着人生的不同阶段，有不同的需求和形态。

(3)发展性。一个人的生涯能否从工作和生活中获得满足，取决于其工作和生活是否与自身的能力、兴趣、人格特质和价值观相匹配及匹配的程度。生涯会随着个人成长、社会发展及个人的发展而不断发展。

(4)全面性。生涯包括一个人工作和生活的不同角色，每个人的生涯发展受到很多因素的影响，如家庭、社会经济水平、个性特征和个人机遇等。生涯是一个人发展和实现自我的过程。

3. 职业的概念和特性

职业是指一个人参与社会分工，利用专门的知识和技能，为社会创造物质财富和精神财富，获取合理报酬，以作为物质生活来源，并满足精神需求的工作。社会分工是职业分类的依据。在社会分工体系的每一个环节上，劳动对象、劳动工具及劳动的支出形式都具有特殊性，这种特殊性决定了各种职业之间的区别。

职业具有社会性、规范性、功利性和技术性的特点。

(1)社会性。职业与人类的需求和职业结构相关，强调社会分工；与社会伦理相关，强调创造物质财富和精神财富，获得合理报酬。职业是人类在劳动过程中的分工现象，它体现的是劳动力与劳动资料之间的结合关系，以及不同职业之间的劳动交换关系。这种在劳动过程中形成的人与人之间的关系是具有社会性的。劳动交换反映的是不同职业之间的等价关系，体现了职业活动、劳动成果的社会属性。

(2)规范性。职业的规范性应包含两层含义：一是指职业操作要求的规范性，二是指职业道德的规范性。不同的职业在劳动过程中都有一定的操作规范，这是职业活动专业性的要求。当不同职业在对外展现服务时，还存在一个伦理范畴的规范性，即职业道德。这两种规范性共同构成了职业规范的内涵与外延。

(3)功利性。职业的功利性也称为职业的经济性，是指职业作为人们赖以谋生的手段所具有的逐利性，它与个人生活相关，强调物质生活来源，同时也要满足精神生活。在职业活动中既强调满足职业者自己的需要，同时也强调满足社会的需要。只有把职业的个人功利性与社会功利性结合起来，职业活动及其职业生涯才具有生命力和意义。

(4)技术性。职业的技术性是指不同的职业具有不同的技术要求,它与职业的内在属性相关,强调利用专门的知识和技能。

从以上理论可以看出,职业和生涯是不同的概念但又紧密相连。生涯是指从事某种活动或职业的生活。所以,在舒伯的理论中,往往更注重职业对人的影响和意义。

二、职业生涯规划和职业生涯教育

1. 职业生涯的概念

职业生涯,是指个体从正式进入职场到退出职场这段时间内,与工作相关的经历、态度、需求、行为等过程,是一个人的终身职业经历。它的概念相对于生涯更为具体。职业生涯是人生中最重要,也是创造力最强的时期,它一般指从20岁左右到60岁左右的工作过程。在舒伯的职业生涯理论中,他将生涯过程分为成长期(0～14岁)、探索期(15～24岁)、建立期(25～44岁)、维持期(45～65岁)和衰退期(65岁以后)五个阶段。

(1)成长期(0～14岁)。在这个阶段,个体的特征是开始考虑自己的将来,逐渐具备一定的生活控制能力,获得胜任工作的基础,并且在该阶段末期,越来越意识和关心长远的未来。个体所要做的是通过学校学习、社会活动来认识自我、理解世界和工作的意义,初步建立起良好的人生态度。成长期的主要任务是认同并建立起自我概念,对职业好奇占主导地位,并逐步有意识地培养职业能力。在这个阶段,家庭和学校教育的影响比较重要,会经历幻想期(10岁之前)、兴趣期(11～12岁)和能力期(13～14岁)三个阶段。

在10岁前,个体从外界感知到许多职业,对于自己觉得好玩和喜爱的职业充满幻想并进行模仿,主要的职业认知受到父母和亲朋的影响,关键在模仿和感受。在11～12岁期间,个体开始以兴趣为中心,理解、评价职业,作职业的选择。在13～14岁期间,个体开始考虑自身条件与喜爱职业的匹配程度,有意识地进行能力培养,主要的职业认知开始受到同辈的影响。

(2)探索期(15～24岁)。这个阶段是职业认同阶段,个体在这一时期里有了初步的职业选择范围,并且为之准备教育或者实践。这一阶段的主要任务是深化对职业和工作的理解,将学习成果和实践经验沉淀、结晶,具体化自己的职业偏向,并初步实施。这个阶段,个体主要通过学校学习进行自我考察、角色鉴定和职业探索,并完成择业和初步就业。

在15～17岁的试验期，个体主要通过综合认识和考虑自己的兴趣、能力、职业的社会价值与就业机会，开始尝试择业。对于大学生来说，高考的分科和专业的选择就是第一次的择业尝试。进入18～21岁的过渡期，经历过大学、职业院校或者各类实习等阶段后，个体开始正式进入职业，或者进行专门的职业培训，个体逐渐拥有了明确的职业倾向。大学生正处于这一时期，这个阶段的主要任务是从多种机会中探索自我，逐步确立职业偏好，并作好职业准备。在充分的学习和准备后，在22～24岁的尝试期，大部分大学生选择就业，对职业发展目标的可行性进行实践。

(3)建立期(25～44岁)。在这个阶段个体开始确定自己在整个生涯中应有的位置，并开始增加家庭照顾者的角色，个体要做的是在不断地挑战中稳定工作，并学会在家庭和事业之间找到平衡。这个阶段，个体的主要任务是找到一个合适的工作领域，并谋求发展。这一阶段是大多数人职业生涯周期中的核心部分，也是平衡家庭与职业的关键期。这一阶段，可以分为尝试期(25～30岁)和稳定期(31～44岁)。30岁以前，个体在所选的职业中安顿下来，重点是寻求职业和生活上的稳定；31岁以后，家庭趋于稳定，个体更多的重心在个人价值的探索上，并致力于实现职业目标。这一阶段是富有创造性的时期，也可能是职业中期危机阶段。当你发现自己偏离职业目标或发现了新的目标，此时需要重新评价自己的需求。

(4)维持期(45～64岁)。在维持期，个体已经找到了适合的领域，并努力保持在这个领域取得的成就。与前一阶段相比，这个阶段发生的变化主要是职位、工作和工作单位的变化，而不是职业的变化。个体应主要巩固已有的地位并力争有所提升。这一阶段个体的主要任务是继续开发新的技能，维护已获得的成就和社会地位，维持家庭和工作两者间的和谐关系，并寻找接替人选。

(5)衰退期(65岁以上)。这一阶段的重心逐步由工作向休闲转移。这一阶段个体的主要任务是安排退休和开始退休生活，在精神上寻求新的满足点。在这一阶段，个体开始准备并逐步退出职业和结束职业，开发新的社会角色，减少工作权利和责任，适应退休后的生活。

在后期的研究中，舒伯又进一步深化了生涯发展阶段理论，将每个发展阶段再细分为成长、探索、建立、维持、衰退五个小阶段，提出人生成长的螺旋循环发展模式。同时，在所有的发展阶段理论中，他都强调个人需重视生涯发展的规律，根据发展阶段安排自己的任务，也要合理塑造生涯发展的过程，使各个阶段都能够如期而至，并符合它们应有的意义。

综合以上概念和理论，我们也可以将职业生涯规划理解为职业生涯设计，指个人与组织结合，在对一个人职业生涯的主客观条件进行测定、分析、总结的基础上，对自己的兴趣、爱好、能力、特点进行综合分析与权衡，并结合时代特点，根据自己的职业倾向，确定最佳的职业奋斗目标，最终为实现这一目标做出行之有效的安排。

职业生涯规划不是简单地等同于找工作，而是将工作或者职业和生活结合在一起，综合自己的特点做出的一系列选择和规划，并在实践中不断调整和完成。

2. 职业生涯教育

职业生涯教育是一种持续的过程，通过生涯认知、生涯探索、生涯准备等方面的学习，培养学生的生涯规划能力。用一个比喻的说法，职业规划就是把指导对象看作演员，需要告诉他不同角色的特征是什么、要求是什么，告诉他适合演什么；而职业生涯教育要把教育对象看作自导自演的人，告诉其剧本的轮廓，让其做好准备并成功"演出"，更多地强调未来和指导自己去构建自己的生涯。

现阶段，我国各高校都在把"生涯规划与职业发展"纳入必修课程进行普及教育。我们要明确大学生在校期间接受的职业生涯教育不仅仅来自这门课程，大学生思想政治辅导员、专业课老师、朋友还有家人等都可以是大学生职业生涯教育的指导者。换个角度来说，大学是职业规划教育的黄金时期，需要社会、家庭和学校协同合作，共同帮助大学生做好职业生涯规划。

思考与练习

我的生命线

1. 先把白纸摆好（横放最好），在纸的中部，从左至右画一条横线，长短皆可；然后给这条线加上一个箭头，让它成为一条有方向的线。

2. 在线条左侧，写上"0"，在线条右侧的箭头旁边，写上你为自己预计的寿命数字。在这条线的上方，写上你的名字，再写上"生命线"三个字。

3. 按照你为自己预计的生命长度，找到你目前所在的那个年龄点。比如你预计寿命75岁,你现在只有25岁,你就在整个线段的1/3处,留下一个标志。之后,请在标志的左边,即代表着过去岁月的那部分,把对你有着重大影响的事件写出来。比如你7岁上学了,你就找到和7岁相对应的位置,填写"上学"。

注意,如果你觉得是件快乐的事,你就用鲜艳色彩的笔来写,并要写在生命线的上方。如果你觉得快乐非凡,你就把这件事的位置写得更高些。

又如,10岁时,你的祖母去世了,她的离世对你造成了极大的创伤,你就在生命线10岁的位置下方,用暗淡的颜色把它记录下来。或者,17岁时高考失利,你非常痛苦,就继续在生命线的相应下方留下记录。依此操作,你就用不同颜色的彩笔和不同位置的高低,记录了自己在今天之前的生命历程。

4. 在将来的生涯中,你继续把快乐和开心的事,还有挫折和困难,一一用不同颜色的彩笔将它们在生命线的上下方大略勾勒出来,这样我们的生命线才称得上完整。

5. 多年以后,看看你亲手写下的这些事件,是位于生命线的上半部分较多还是下半部分较多?也就是说,是快乐的时候比较多,还是痛苦的时候比较多?如果你觉得目前的状况还好,那么不妨保持。如果你对现状不满意,那么尝试改变。

第二节 职业生涯规划的现实意义

生涯 故事

沈同学,来自北方某县城,就读于某农业高校的植保专业。大一刚入学,沈同学在辅导员的介绍下了解了很多优秀学长学姐的故事:有的跨专业保研去了外校,有的在本校读研,有的在行业内的知名公司做技术人员,有的考取了检疫、植保等事业单位等。沈同学觉得他们每个人的选择和职业都让自己羡慕,觉得能像他们一样,大学就很圆满,所以他积极参加学院、学校组织的各项活动,忙得不亦乐乎,可是到了期末,成绩却"亮起了红灯"。寒假期间,他预约了学校的职业生涯规划咨询,并和父母交谈后,发现自己在上学期参加了很多活动，可仅仅是参与者，浪费了时间却没有收获，在学习期间他发现自己不喜欢和同学交流，一个人待在安静的实验室时是最放松和快乐的时候。沈同学觉得，或许他得重新规划就业目标：学好专业知识，做一名专业技术人员才是适合自己的，他要从大一开始好好准备了。

一、职业生涯规划对大学生的意义

大学生正处于职业生涯的准备期和探索期。对于大学生来说，大学阶段应该客观、全面地认识自己的能力、兴趣、个性和价值观，了解各种职业、行业的需求和发展趋势，确立自己的职业生涯目标，制定出科学、有效的计划和方案并付诸实践。

1. 帮助大学生认清自我，破解各种困扰

大学学习不同于高中，课程门次增加、进度快，自我约束力和目标不强的学生很容易失去动力和方向，容易随波逐流导致自我迷茫和焦虑。我们都知道，规划是一个随着自身的改变及对周围环境了解加深而不断做出自我纠正的过程，是一个线性与循环相结合的过程。规划关注当下，不仅仅是为了实现目标，更不应该迷失在过去和未来之中。

人具有主观能动性，要破解大学生没有目标、对未来茫然、盲从于家长或其他人的规划的现状，职业生涯规划就是很好的工具和方法。大学期间，大学生需要在系统学习和了解自己的性格、兴趣、能力和价值观的基础上，结合专业和环境对自己作出科学的判断，从而确立合理的职业生涯规划目标。

2. 帮助大学生突破自我，开发无限潜能

米歇尔罗兹指出："生涯规划有突破障碍、开发潜能和自我实现等三个积极目的。生涯规划可以帮助人们设立目标，在客观分析内部因素和外部因素的基础上更好地突破自我，科学规划人生。"如图1-2所示。由此可见，生涯规划可以帮助大学生以既有的成就为基础，确立人生方向，在客观分析内部因素和外部因素的基础上提供人生奋斗的科学策略；可以帮助大学生进一步明晰未来的人生发展目标，确定奋斗策略，充分调动个人潜能，为未来的幸福人生打下坚实基础。

大学生在生涯发展过程中，不敢去想象或者设立理想目标，根本上是源于内在障碍和外在障碍。内在障碍通常是由于一个人对自己不了解、低评价、不自信等原因造成的，例如有些大学生不自信、没有安全感，他们总觉得自

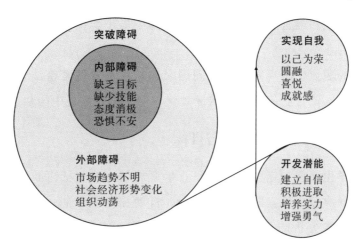

图 1-2 生涯规划的三个积极目的

己还不够好，开始逃避就业选择；外在障碍来自市场的不确定性、经济下滑等环境因素，从而影响大学生的生涯规划。比如，2020年的全球新冠肺炎疫情就给大学生就业带来了巨大的挑战和压力，但是同时也给医疗行业、信息行业带来了新的机遇和发展。机遇与挑战总是并存，但机会都是留给有准备的人。

大学时期是学习的黄金时期，也是自我发展和完善的最佳时期。所以，大学生要树立明确的目标和职业生涯规划，在任何时候都能突破内在障碍和外在障碍，不人云亦云，不随波逐流，开发自我潜能，实现自我。

3. 帮助大学生实现自我，彰显人生价值

美国心理学家亚伯拉罕·马斯洛1943年在《人类激励理论》一书中提出"需求层次理论"，该书中将人类需求像阶梯一样从低到高按层次分为五种，分别是生理需求、安全需求、社交需求、尊重需求和自我实现需求。

1835年8月，中学毕业的马克思撰写了《青年在选择职业时的考虑》一文，这是他在思考自身生命轨迹甚至人类前途时作出的一次重要价值抉择与省思。他慷慨激昂地向世人宣称："如果我们选择了最能为人类而工作的职业，那么，重担就不能把我们压倒，因为这是为大家而献身，那时我们所感到的就不是可怜的、有限的、自私的乐趣，我们的幸福将属于千百万人，我们的事业将默默地、但是永恒发挥作用地存在下去，面对我们的骨灰，高尚的人们将洒下热泪。"

当代大学生要志存高远、脚踏实地，转变择业观念，坚持从实际出发，勇于到基层一线和艰苦地方去，把人生的路一步步走稳走实，在平凡岗位上创造不平凡的业绩。

大学生的职业生涯规划更需要同国家的需求和发展紧密结合，以实现自身的人生价值，使自己的社会贡献最大化，助力早日实现中国梦。

二、职业生涯规划的内容与目标

对于大学生而言，完整有效的职业生涯规划一般包括自我分析、环境因素分析、生涯决策、确立职业生涯目标、行动和反馈评估六个环节。在自我分析和环境因素分析的基础上，进行生涯决策，确定明确的职业生涯目标。制定实施方案是指通过各种积极的具体行动和措施争取职业目标的实现。反馈评估是在执行实施方案，实现职业生涯目标的过程中，根据实际情况自觉地总结经验教训，修正对自我的认知和对职业目标的界定。

1. 自我分析

自我分析就是要了解自己的需要、自己的特点、自己的能力，并客观评价自我。大学生在自我分析前，首先应从实际出发，分析自己的能力特征、性格特点、身体条件等因素，总结出自己的特长、兴趣、爱好、思维方式和价值观等；其次应在横向上将自己与同区域、同专业乃至同龄人进行比较，分析自身的综合素质及求职中的优势和劣势所在。通过全面的自我分析，找准自己的位置，明确进入社会和职业的起点。

2. 环境因素分析

环境因素包括家庭和成长环境、社会环境、行业环境和企业环境四个方面。环境因素对大学生职业生涯发展的影响是巨大的，作为社会环境中的个体，只有顺应各种环境的需要，趋利避害，最大程度发挥自己的优势，才能实现个人目标。家庭和成长环境在大学生的个人发展中有着重要作用，父母的价值观、态度行为、人际关系和教育方式等对孩子的职业选择起到直接或间接的导向作用。社会环境包括所在国家或地区的政治经济形势、科技发展水平和发展前景、主流价值观和产业结构的变动等因素，宏观上社会、经济、历史和文化的力量都能够影响个人有效决策的制定。行业环境分析包括企业发展的现状和优势，国际和国内重大事件对行业的影响及行业的发展前景预测等。企业环境受行业环境的直接影响，企业环境分析包括企业实力、企业文化、企业制度和领导者的素质及价值观等。

3. 生涯决策

决策是根据所获信息作出选择的过程，任何决策都是承前启后的。大学生职业生涯决策综合了个人对自我的认识及对教育与职业等外在因素的判断，在面临生涯决策情境时所做的各种反应。影响大学生生涯决策的因素有遗传特质、环境条件、特殊事件、学习经验、工作取向技能等。大学生的发展有无限可能，因此在生涯决策前要明确自己是向专业技术方向、行政管理方向、公益服务岗位或是自由职业、自主创业等方向发展，不同的决策方向所需能力和素质各不相同，在大学期间需储备和学习的知识和技能也不一样，今后发展的路径各不相同。因此，生涯决策就是大学生在多项选择之间权衡利弊，以实现最大价值的决定。

4. 确立职业生涯目标

职业生涯目标的确立是大学生职业生涯规划的核心，是规划的重要组成部分。首先，需要选择职业生涯发展路线。其次，要制定职业生涯目标，目标包括短期目标、中期目标、长期目标及人生目标，分别为1~2年、2~5年、5~10年，乃至人的一生。一个切实可行的目标的实现必须历经短期目标、中期目标和长期目标，渐进达到。

大学生确立职业生涯目标，可利用SWOT分析法对自我进行分析，评估自己的优劣势，找出自己的职业机会和威胁，从而确定职业目标，形成目标方案。目标方案的基本内容包括个人基本状况和职业目标两大部分。另外，SWOT分析法是确立职业生涯目标过程中一项比较实用的分析技术，但要实现生涯目标最优化，仅凭此种方法是不够的，还需要综合考虑其他方法，最终确定适合自己发展的职业生涯目标。

5. 行动

所谓"知易行难"，大学生在确立了职业生涯目标后，行动就变成了关键的环节。没有行动，目标就很难实现，更谈不上事业的成功。个人的具体情况不同，需结合自身实际情况，突出个人行动方案的适时性和个性化特征。完整的实施方案应该包括职业生涯发展路线、教育培训安排、实践计划等内容。根据职业生涯的短期、中期、长期乃至人生目标分别制定相对应的阶段性实施方案。方案制定后，要严格实施。大学阶段处于职业生涯的早期阶段，这一阶段的主要任务是知识能力储备和职业选择规划。因此，大学阶段的实施方案应围绕学习这个主题来进行，细化到每年、每月、每周、每日的计划安排，使大学生活始终处于有目标、有方案的"可控、可测、可调"状态下。

6. 反馈评估

影响大学生职业生涯规划的因素很多，有的变化因素是可以预测的，而有的变化因素难以预测。因此，要使职业生涯规划方案行之有效，必须不断地对实施方案执行情况进行评估与修正。反馈评估是一个再认识、再发现的过程，也是职业生涯规划中不可或缺的重要环节。

大学生职业生涯反馈评估，要抓住以下要点：第一，对职业生涯目标和实施方案进行评估；第二，在实际操作中（例如实习、实践、资源变化等）分离出新的规划需求，及时补充更新；第三，关注自身的优势和弱点，寻找突破方向。修正的内容包括职业的重新选择、职业生涯发展路线的调整、阶段目标的调整及阶段实施方案的变更等。

总之，大学生有效的职业生涯规划要立足于自身发展状况，结合环境因素，做出科学的生涯决策；设立合理的生涯目标，并勇于实践；不断进行反馈评估，及时修正职业目标和实施方案。

第三节　生涯规划的构建

生涯故事

树立正确择业观就业观

赵应云

只要有志向就会有事业，只要有本事就会有舞台。"三百六十行，行行出状元。"任何职业都不会埋没人才，也不会束缚人的创造力，关键在于对待职业的态度。

今年以来，国家聚焦高校毕业生这一重点就业群体，从宏观政策层面推出了许多举措，千方百计帮助高校毕业生就业。从就业培训到在线宣讲、在线招聘，从企业扩招到基层就业扩岗，一项项政策的推出，帮助高校毕业生拓宽了就业创业的渠道。对高校毕业生而言，只有树立正确的择业观、就业观，找到自己的职业定位和奋斗方向，投入踏踏实实的工作中，才能更好发挥个人价值、实现人生理想。

择业观、就业观是人生理想在职业选择上的具体体现，是一个人对职业目标的追求和向往。社会上不同的职业岗位，客观上确实存在着种种差异，择业者在专业特长、兴趣爱好等方面也存在差别，所以每个人都有着不同的择业预期和就业目标。树立正确的择业观、就业观，首先意味着怀有平实之心，综合考虑自身条件和社会需求，增强就业创业能力和职业转换能力。只有以正确的择业观、就业观引导就业预期，才能科学把握就业方向和职业目标，为将来走上工作岗位后摆正工作态度、提升工作业绩打下坚实基础。

选择职业，首先要了解社会的需求，这是每个人择业的基本出发点。要让职业体现应有的价值，就要做对社会有价值的事。树立正确的择业观、就业观，必须把个人的理想追求融入党和国家事业之中。无论从事什么工作，都要立足岗位实际为党和人民多作贡献。

只要有志向就会有事业，只要有本事就会有舞台。职业虽然有分工上的不同，但没有高低贵贱之别。任何职业都是神圣的，尽职尽责才是天职。不管选择了什么职业，都要全力以赴地投入到工作中，真正做到干一行、爱一行、专一行、精一行。

当代中国青年是与新时代同向同行、共同前进的一代，生逢盛世，肩负重任。在平凡的工作岗位上努力实现职业价值，就是对人生梦想的有力回馈，就是对国家、对社会的有益贡献。在时代大潮中找到自己的坐标，在不懈奋斗中尽到自己的责任，必能让个体奋斗与强国宏图同频共振。

（资料来源：摘自《人民日报》2022年07月25日05版）

一、生涯规划的特征

处于不同职业生涯发展阶段的人，所面对的环境要求不同，自身素质积累不同，因此，个人的职业规划应根据其规划时的所处阶段、职业发展现状而进行。大学生正处于职业的学习、准备和起步阶段，与已进入职场的职业者的职业生涯规划相比较，大学生的职业生涯规划是不同的，其特点主要体现在以下三个方面。

1. 实施策略方面

大学生处于职业的准备阶段，受外部环境变化和自我实践成果的综合影响，应该以职业生涯规划内容和实施途径为中心，对职业生涯规划实施的过程进行细化，并设定分阶段实施方案，并及时进行评价和调整，有效进行过程管理。大学生职业生涯规划的实施策略主要是了解和探索职业，完成与未来可能从事职业相关的学习、培训任务，提高职业生涯的基本能力和素质，行动计划必须与大学生本身学习相结合。

2. 规划年限方面

职业生涯发展过程，是一个长期和连续的发展过程，不同的生涯发展阶段具有不同的任务和目标，按时间类型可以分为短期规划、中期规划、长期规划及人生规划四种。大学生职业生涯规划中最典型的是中期规划，其规划年限一般与大学生的大学年限相同，基本为4～5年。当然，大学生的职业生涯规划中也有长期规划或人生规划，但并不具有代表性。

3. 设定目标方面

职业生涯规划与发展是一个系统地实现自我价值和发展的过程，职业生涯规划的总体目标，是为了获取一定的职业地位或取得一定的职业成绩。在职业生涯发展的不同阶段具有不同的目标和内容，这些目标和内容是相互衔接和配合的。我们需要对职业生涯规划的分阶段目标进行分解，规划和设定分阶段目标的职业生涯发展，并实施目标管理，从而有效地保障职业生涯规划目标的实施。大学生的职业生涯规划，其最根本也最现实的目标是初次就业成功，拥有一个与自己的兴趣、爱好、能力等相匹配的职业岗位。

二、生涯规划的模式

大学生在规划职业生涯和实施职业生涯的过程中面临多种选择，需要综合考虑自我因素、社会因素和教育因素。斯温教授从个人特质的澄清与了解、教育与职业资料的提供、个人与环境关系的协调三个方面，提出了一个围绕自我为核心目标、关联三组关系的生涯规划模式(如图1-3所示)。

第一组关系：自己部分，包含了能力、性格、兴趣、需求、价值观等。

第二组关系：自己与环境的关系部分，包含了助力或阻力因素、家庭因素和社会因素，大学生生涯规划应满足家庭的期望和社会发展趋势，并避开阻力因素。

第三组关系：教育与职业的资讯部分，包含了参观访问、文书资料和演讲座谈等各种途径所获得的信息和经验、培养的兴趣和锻炼得到的能力，这

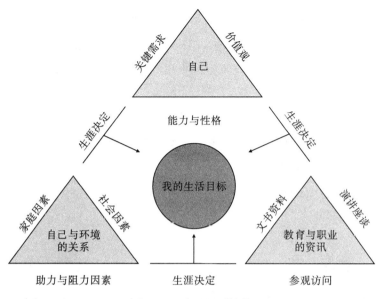

图 1-3 生涯规划模式

部分对大学生生涯规划有着重要影响。

斯温教授将复杂的生涯理论以简单、明了的图形呈现出来，使得生涯规划有架构可循。即便如此，由于每个人的客观情况和主观判断不同，在每一个三角形所占比重上会有不同的考虑，产生不同的生涯决定，每个人所达成的生涯目标也因此呈现出独特性与原创性。

三、生涯决定需要考虑的因素

每一个个体在生涯当中为了确定自己职业生涯规划的目标与方向，需要将自己和外在工作世界相关的多元信息整合起来。大学生是个人生涯的主动塑造者，因此，为了更清楚地认识自己的核心生涯想法和价值，需要考虑以下因素。

Who(人)："我是谁？""我具备什么样的性格？""我喜欢的生活方式是什么？""我的专长何在？""我父母对我的期望是什么？"……考虑这些之后再做决定，对自己就有了充分认识的基础。

What(事)：做决定时，要问自己"我有哪些选择？""我的问题在哪里？""我的每个决定的可能影响是什么？"等。

When(时)：考虑时间的长短与急迫性，如"我的计划允许我搜集资料的时间有多长？""我的缓冲期有多长？""我预计完成的时间是多长？"等。

Where(地)：空间的因素。"在我的生涯目标中，我向往什么样的工作环境与生活空间？""我认为居家地点与工作场所之间的距离最佳为多远？"等。

Why(为什么)：探讨自己的原因、理由，思考"我为何偏好方案A，而排斥方案B？""我的生涯困境是什么？"等。

How(如何)："做完决定，如何化技巧、概念、想法为行动？""如何取舍？""如何完成目标？""如何找到工作？"，以及"如何安排时间？"等。

依照生涯决定需要考虑的六个因素，我们可以初步选择几个比较适合的方案，分析每个方案的可能性、优缺点，联系自我实际，综合其利弊来选择自己最有收获的一个。

思考与练习

第一步：先取出几张白纸、1支铅笔、1块橡皮。在每张纸的最上边分别写上：

"我是谁？""我喜欢的生活方式是什么？""我想做什么？""我的父母对我的期望是什么？""我能做什么？""环境支持我做什么？"

第二步：静下心来，排除干扰，按照顺序，独立地仔细思考每一个问题。

第三步：回答第一个问题"我是谁？"，然后按照重要性排序。

注意：自由发挥，写下每一个浮现在你脑海里的答案，写完了再想想，有没有遗漏，认为确实没有了，按照重要性进行排序。

第四步：回答第二个问题"我想做什么？"，然后按照重要性排序。

注意：从小时候开始想起，回忆并记录每一次萌生想做什么的念头。随年龄的增长，回忆自己真心向往过、想干的事情并记录，直到确认没有其他念头了，按照重要性排序。

第五步：回答第三个问题"我能干什么？"，然后按照重要性排序。

注意：把确实已证明的能力和自己认为还可以开发出来的潜能都一一列出来，确认没有遗漏了，开始排序。

第六步：回答第四个问题"环境支持或允许我干什么？"，然后按照重要性排序。

注意：环境包括"单位""本市""本省""国内"和"其他国家"，从小到大，只要认为自己有可能借助的环境，都应在考虑范围之内。在这些环境中，认真想想自己可能获得什么支持和允许，搞清楚后一一写下来，再以重要性排列一下。

第七步：把前4张纸上的内容按照排序后的顺序依次重新写在另外4张上，一字排开，认真比较第1~4张纸上的答案，将内容相同或相近的答案用一条横线连起来，你会得到几条连线，而不与其他连线相交的，又处于最上面的线，就是你最应该去做的事情，你的职业生涯就应该以此为方向。

请思考、分析生涯决定需要考虑的因素在帮助大学生进行职业发展目标选择时的优势和不足之处。

第四节　大学生生涯规划策略

生涯故事

那些深受HR青睐的应届生们，有什么共性

每年校招在回答学生们提问的时候，被问到最多的，就是"贵公司选人的标准是什么？"这一类的题目。而对这个题目的回答，同时也能破解同学们心目中的另外一个疑惑：明明都是同一起跑线上的同学，为什么有的人可以拿offer拿到手软，而有的人就惨到屡战屡败、无人问津呢？

有时我在现场就会反问："那么你们认为企业一般喜欢什么样的毕业生呢？"很多同学们心目中的前三位标准一般是：学习成绩、漂亮、学生干部身份。尤其是漂亮这个点，被很多学生认为是进入职场的通行证。其实在我看来，漂亮确实是一个加分项，但同时也是一把双刃剑。因为你必须要付出与美貌相当的努力和结果，才会得到相应的认可，否则带给人的失望会更大。而至于学习成绩是否优异、是否担任学生干部，也都不过是一种表象而已。

其实，不同岗位、不同方向的应届毕业生，挑选的标准是有区别的。但是对于大多数企业招聘的管培生来说的确有一些共性，这是所有HR在做校园招聘时都会把握的标准和尺度。

因此，我通常都会在宣讲会开篇的时候，就先直接跟学生们坦白企业选

人的标准，简单来说有两个方面：第一，发展潜力。因为绝大多数的企业招聘管理培训生，意味着他们都将按照未来的管理人才方向进行培养，潜力当然必不可少。第二，是否能认同本企业的企业文化，并且愿意按照企业文化的要求执行。企业文化代表的是一个企业内部的价值观排序，最在意什么？最不能容忍什么？比如有的企业讲诚信，有的企业重创新等。文化理念不同，显然不是一路人。

总之，在整个求职过程中，都需要有意识地展示你的光彩、凸显你的个性，在恰当的时机彰显你的价值。

除了上述的各项品质之外，还有一点需要知晓的，就是找工作和找对象其实是一样的，机缘和运气一样都不能少，但这并不代表什么都不用做了，只坐等机缘和运气的到来。请永远相信一点，机缘和运气始终青睐那些努力且有准备的人。

大学是个人职业生涯的起点，当人生处在一个新阶段时，就需要我们初步规划自己的生涯，设定自己的目标。比如图1-4所展示的个人生涯影像。当前，世界正经历百年未有之大变局，如何在机遇与挑战中明晰自我、把握瞬息万变的职场中的不变因素、提升个体的职业认同力和适应力就显得尤为重要。对大学生来说，构建系统完善的大学生职业生涯规划体系，进行科学规划是有一定策略的。首先，在详细列出大学阶段各个年级需要锻炼和培养的能力指标及培养实施办法。其次，在全面了解自我的性格、兴趣、技能、价值观的基础上，纠正元认知偏差。第三，逐步完善个人价值观，注重品格培养和全面发展。第四，做好职业定位，掌握应变之道，变被动适应为积极行动者。在大学生职业生涯历程中，至少应拟定大学生活4～5年的行动计划或10年的阶段性行动计划，并在每个阶段根据具体任务制定实施年度行动计划。在特别重要的时期或遇到紧迫任务时，我们应拟定战术性行动计划，采用倒计时的方式进行进度控制。每个人的生涯规划觉悟得早、启动得早，才是今后能够乐学、乐业的关键。俗话说："良好的开端是成功的一半。"凡是在大学阶段注意调整和适应的，就可以在踏上轨道之后，顺利运行起来。因此，在这一阶段，我们要多花心思，使自己尽快融入新的环境，平稳过渡，开创大学生生涯规划良好的局面。

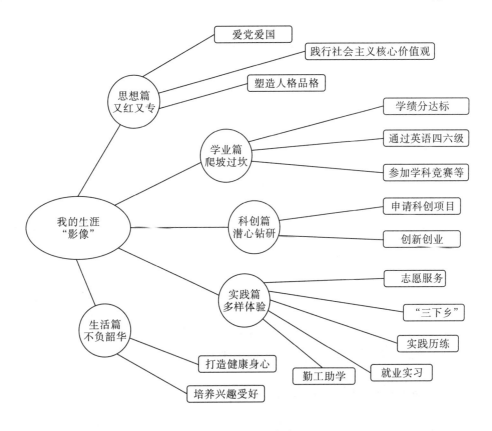

图 1-4 生涯影像

大学阶段是人生发展的重要时期，这个阶段的学习对你们一生的影响尤为重要。因此，为了使自己更快地适应大学生活，走好人生之路，你们想成为什么样的人？你们想从事什么样的职业？你们需要付出多少努力？你们该如何对待成长路上的失败和挫折？可以好好设想一下并一一写出来。

一、适应大学生活，保障学业顺利

经过一番拼搏，同学们考取大学成为一名大学生，这意味着一个新生活的开始，也是个人独立意识的增强阶段，更是个人价值观逐步完善与人格定型的关键时期，即将在新的环境中打造人生中绚丽的一页。刚进入大学，不熟悉的环境、人群或多或少会引起焦虑，还可能会让人陷入更加混沌的状态，因此，要达到自己心目中的理想状态，应提振精神，坦然面对各类环境因素，积极行动，做好生涯规划。

1. 适应崭新环境

当你开始一段新的生活、拥有一个新的角色时,首先要做的就是适应新的环境。不同的学习地方有着不同的环境,包括地理位置、水土、气候、自然环境、人文气息、语言习惯和社会条件等。值得一提的是适应集体生活,学会与生活习惯完全不同的室友相处,学会考虑他们的感受,学着和他们成为朋友并成为终生的朋友。当适应了新的环境,有了稳定的生活之后,才能保证学业顺利地开展。

2. 接纳多样文化

要在新的环境中生活好、学习好、工作好,必须积极主动地融入新的人文地理自然环境,适应水土、气候,而且要在心理上、意识上适当接受当地的观念。首先,要了解一些当地的风俗习惯,可以利用各种资料、网络资源,还可以与当地人接触,身临其境地去了解。对于新鲜事物,既不能全盘否定,也不能全盘接受,我们要有选择地接受当地的民风民俗。凡是有利于自己的、有利于社会的,都可以借鉴,不拘泥于它的所属地。

二、涉猎科学知识,拓宽个人视野

学习是大学生活的主题,首先要树立正确的学习观。别相信读书没有用的说法,"不是读书没有用,而是让自己成为有用的人"。在校期间,要完善自己的专业知识,拓宽知识面,培养长远眼光;不仅要掌握书本上的知识和技能,还要掌握学习方法,加深理解。特别是学习专业知识与经济社会发展要相呼应,在信息快速更迭的时代,各种新事物、新术语不断涌现,只有不断地让自己学习,才不会被时代淘汰。做好学业规划是决定大学阶段能否顺利毕业和继续深造的关键。

1. 学习贵在积累,养成好的学习习惯

学习是积累的过程。大学的学习生活有着不同于以往的特点,需要同学们在这一阶段对学习作出调整,通过调整自己的学习习惯,帮助自己更高效地学习。在经历了大学生活的适应阶段之后,同学们也许会逐渐感受到学业压力繁重,基础课程、专业课程陆续登场,课程的难度也有所增加。同时,一些必要的、大型的考试,如大学英语四、六级考试等也都如期而至。对此,同学们要做好充分的应战心理和生理准备,既不要过分紧张、劳累,也不要放纵随意。遭遇失败,不要灰心丧气,要充分相信自己,通过在失败中总结经验，不断养成好的学习习惯，从容而出色地度过这一阶段，为自己的生涯做好关键性的准备。

2. 学习贵在自觉，弹性自主安排

从高中进入大学，学习方式发生了显著改变，多数情况靠自学，不再有被监督的压力，也不用再面对大量的作业，没有频繁的测验和考试，之前像弹簧一样拉紧的状态瞬间松弛了。面对这样的情形，有的人乐得轻松惬意，开始玩乐享受、混沌度日，甚至"躺平"。当他们"松弛成性"后，等到毕业再面对社会的选择和要求时，早已无法回到当初的"弹性"状态。而有的人懂得在外界压力减弱之后给自己适度加压，他们时刻保持着应有的弹性，做到张弛有度，随时准备以良好的状态面对社会的检验。想要打造"弹性"的学习生活，就需要自己作出合理的学习规划。

3. 学习分清主次，懂得适当安排

古人曾有"吾生也有涯，而知也无涯，以有涯随无涯，殆已"之叹。今天我们已处在信息多元化的时代，要做到"竭泽而渔"尚难，那么我们只有想办法既"尽力而为"，又"量力而行"。这就要求我们心中有数，能分清轻重，当你有多个目标需要完成时，需适当安排，一定不能轻视学习专业课知识，具备良好的专业知识素养犹如手艺人的拿手绝活、看家本领，因此，根据轻重缓急分配好精力和时间，才能确保目标顺利有效地实现。人的精力和时间是有限的，会学习的学生通常会根据课程的特点和自己学习的习惯，合理安排、集中精力逐个击破，他们懂得取长补短，能及时调整学习方法，并把多个任务保持平衡，在知识殿堂中酣畅淋漓地学习。

4. 学习贵在坚持，克服各种困难

聚集更多的精力和努力完成课程学习后，还必须设定课余和晚自习时间，进行自修、看书学习、完成作业。在自修环节，我们对基本知识要多花时间和精力系统地学，对重要内容要牢牢记住，对一般知识则力求多读快读，直到充分消化所学的知识并为课程的考核做好准备。"宝剑锋从磨砺出，梅花香自苦寒来"，天下没有不劳而获的事情。有的同学进入大学之后认为松了一口气，于是对学习开始懈怠，开始逃课、敷衍学业。要想获得满意的成绩，具有丰富的内涵，就需要重视基本学科，扎实打好基础，增加自身储备。当你发掘出学习的乐趣，全身心投入，就像海绵吸水的过程，越投入，汲取知识和能量就越多，各种枯燥和痛苦也就慢慢消散，自我效能感也就逐步提升。

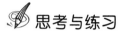 思考与练习

在大学期间坚持做一件事，例如写成长日记，坚持下来，你一定会有收获。比如图1-5所展示的生涯纪实提纲。

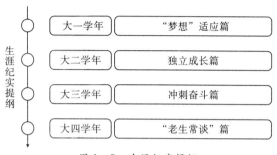

图1-5　生涯纪实提纲

请列出你之前涉猎的知识：_____

进入大学学习过程的感受是：_____

你未来想涉猎的知识：_____

三、充分发挥主观能动性，强化个人软实力

人类是社会性动物，正如马克思所言："人的本质并不是单个人所固有的抽象物，在其现实性上，它是一切社会关系的总和。"进入大学之后，同学们接触了更多的人，让自己处理事情的态度越来越成熟。同学们面临着新的环境、新的群体，需要重新整合各种关系，处理好与交往对象的关系成为大家新的生活内容。良好的人际关系不仅是大学生心理健康水平、社会适应能力的重要指标，也是其今后事业发展与人生幸福的基石。同学们需要一颗宽容的心，真诚主动，积极交往，学会塑造良好的个人形象，善用各种交际手段，克服社会认知中的偏见。

1. 塑造个人形象

在社会交往中，个人的知识水平与涵养直接影响着交往的效果。良好的个人形象应从点滴开始，从善如流，"勿以善小而不为，勿以恶小而为之"，优化个人的社交形象。每个人都有其人际魅力，人际魅力是一个人综合素质在社交生活中的体现，这就要求在校的大学生丰富自己的内心世界，从仪表到谈吐，从形象到学识，多方位提高自己。有研究表明，初次交往中，以礼相待的社交形象会给对方留下深刻的印象，而随着交往的深入，品格及学识

更占主导地位。俗话说，"路遥知马力，日久见人心"，特别是还需要培养自己的个性，丰富自己的内涵。

2. 提高心理素质

人与人之间的交往，是思想、能力、知识及心理的整体作用，任何一方面的欠缺都会影响人际关系的质量。在任何一个大学当一个平庸的学生都很容易，不容易的是做独立的自我，走出一条精彩的路。刚进入大学，绝大部分同学都会经历一个相对失望的阶段，这是正常的，别总抱怨不公平，强者往往不会经常遇到不公平的事。有的同学在人际交往中存在社交恐惧、胆怯、羞怯、自卑、冷漠、孤独、封闭、猜疑、自傲、嫉妒等不良心理，这些都会影响建立良好的人际关系。在以后的工作中会遇到形形色色的人，在职场中会遇到永远处理不完的事情，这种环境与无忧无虑的大学生活相比形成明显的反差，所以，大学生除了要提前了解一些可能在职场中遇到的情况，加强自我训练，提高自身的心理素质，以积极的态度进行交往，学会寻找解压、释放的方法，懂得进退自如，保持良好心态。

3. 学会换位思考

换位思考对建立良好的人际关系很重要。一般而言，善于交往的人，往往善于发现他人的价值，懂得尊重他人，愿意信任他人，对人宽容，能接受他人的不同观点和行为，不斤斤计较他人的过失，通常在可能的范围内帮助他人而不是指责他人。懂得"你要别人怎样对待你，你就得怎样对待别人"；懂得"己所不欲，勿施于人"；懂得"得到朋友的最好办法是使自己成为别人的朋友"；懂得"别人是别人而不是自己，因而不能强求，与朋友相处时应存大同，求小异"。善于交往的人会学习如何维系与老师的关系、如何平衡同性伙伴的友谊、如何把握与异性交往的尺度，甚至学会在违反纪律之后如何进行自我调整与妥协，这些都需要在与他人朝夕相处中互相试探与磨合，在尝试与探索中不断积累成长经验。

4. 积极主动交往

要成为一个出色的人，不管将来选择什么样的路，与人相处是必须的，是不可避免的，因此，建立良好的人际关系，往往能为工作助力，帮助自己走向成功。我们需要认识到，人际交往能力不单是指与人打交道的能力，还指一个人解决问题的水平，比如如何做事能够更加顺利地开展，如何协调部门之间、人与人之间的关系，如何在问题出现时能够统筹全局，用最佳方案解决等。学会此项技能，一是要掌握社交礼仪，行为举止符合社交规则、社交礼仪，在语言、仪表、形态、气质、风度等表象方面均可体现，着装得体、恰当的肢体语言，才能给他人良好的印象；二是掌握处世技巧，注意真诚、尊敬、诚恳、关怀、感恩、乐于助人、诙谐幽默等原则，特别是要学会在面临人际危机时，主动解释，消除误解，重新建立良好的人际关系非常重要。三是提高个人修养，塑造个性，可以通过培养自己敏锐而准确的观察力，学会从多角度去看问题，对自己的优势和劣势正确分析，正确对待成败，塑造个人的优秀品质，从而支撑自我良好的个性，成为一个人格健全的大学生。

5. 学会共情和宽容

人际关系的本质是人与人之间情感的联系与沟通。情感的沟通越充分，双方共同拥有的心理领域就越大，人际关系就越亲密。因此，在人际交往中需要做到共情，但我们要注意共情不是同情，是交往双方内心情感的共通。每个人都有保留自己意见和按照自己意愿去生活的权利，交往双方只能用自己的思想去影响别人，而不能强制去改变别人。如果能时时处处尊重和理解别人的选择，不过高要求别人，就可以减少误解，从而达到心里相容。由于性格脾气、习惯爱好不同，大学生在交往中经常会发生矛盾摩擦，双方如果能以诚待人，你可以看不惯一些事情，但你无法改变那一切的话应该学会接受，以容忍的态度对待别人，就可以避免很多冲突。宽容是建立良好人际关系的"润滑剂"，学会宽容会赢得更多的朋友，营造良好的人际环境。

四、锤炼过硬素质，提升实践能力

实践需要不断探索、创新和完善，方能跟上时代的发展，如果我们认为职业定位就是确定一个可以从事终身、非常适合、成就自我的精准目标，这显然是很难达到的状态。在当下这个复杂的时代，时机本身稍纵即逝，既无明确坐标，我们又如何精准定位并直达呢？所以职业生涯定位可以解读为阶段性的策略，也就是可以阶段性地对其进行调整并利用多种途径进行准备。对于大学生而言，这个阶段的策略就是不断实践，为未来定位做好最扎实的准备。

1. 积极实践接触社会，练就过硬本领

在国家鼓励兼职、副业创新的背景下，大学生兼职成为创新创业教育不可或缺的一个平台和途径。兼职能对个人能力产生影响，对增加社会工作经验、了解不同的行业、增加人际交往圈、扩宽就业信息获取渠道和提升个人综合素质方面作用显著。因此，兼职对培养大学生就业能力产生了积极影响。

一方面可以通过兼职提前认识社会，让自己的职业规划更加清晰化。兼职是熟知社会人情世故的良好通道，通过兼职可以加深学生对社会各类职业的体验感，从中发掘自己的专长，积累丰富的经验，对自己专业及未来可能从事的工作进行初步探索，让大学生的职业规划更加清晰。

另一方面可以扩宽人脉资源，提升个人综合素质。大学可支配的时间比较多，通过兼职可以结交更多的朋友，扩宽人际交往圈，积累人脉，接触更多人，获取更多社会经验，减少社会恐惧感，为以后的求职打下基础。

2. 扎扎实实锤炼技能，突出核心竞争力

在核心竞争力中，实践能力起着关键作用。专业知识的学习是培养能力的基础，专业性强的工作对个人的专业能力要求更高，需要良好的专业素养，而对于专业性不强的工作，更看重个人经验的积累，因为实践是培养和提高能力的重要途径，能更好地锻炼自己的毅力和适应能力。因此，大学生在校期间，既要主动积极参加校园文化活动，也要勇于参加一些社会实践活动，在具备良好的综合能力和综合素质的基础上不断深化自身的核心竞争力。大学生可以利用参加社团、担任学生干部等方式，提高自身的组织协调能力。对于还没有做过兼职的同学可以适度兼职，利用寒暑假时间寻找与自身专业相关的工作，帮助增长工作经验，提高表达能力、人际交往能力，为以后的就业履历增添亮点。对于毕业后想创业的学生，需培养创新创业意识，深入挖掘自己的创造力。当然，实践的形式很多，个人需要拓展和提升的能力也很多，我们可以通过多种形式提升个人的核心竞争力，为以后的职业选择打下坚实的基础。

五、设立初步目标，及时调整

对未来事业方向和目标并不明确的大学生，可以先从学业目标设立开始，给自己制定短期目标和长期目标，这样不仅可以提高学习能力，还能激发个人学习积累的积极性，因此，大一学年尽快为自己设定一个新目标，当然这个最初设立的目标是比较模糊的、不确定的，需要我们不断明确。当进入大学二、三年级，我们需要对目标进行逐步细化和调整，使得自己的生涯规划更具体可行，同时这也更能促使我们奋发进步。

1. 清晰目标

在刚开始，我们所定的目标可能是一个大目标。比如，进学校时曾暗暗对自己说要在大学毕业后找到一份好工作，但是工作的内容和性质千差万别，工作的单位也种类繁多，此时你的目标并不明晰。而后经过了一年多的学习，通过各种活动和外界接触，你已经可以将这个目标细化，使之更加明确。比如，你所读的是法律专业，觉得自己对该领域很感兴趣，而且自己的性格爱憎分明、正义感强，也很适合到司法机关工作，就可以把目标细化为毕业后希望做一名法官，这样更能鞭策自己向这一方向努力。又比如，你所学的专业是金融，在入学时就想着毕业后进入银行工作，经过了一段时间的专业学习，你更清楚地了解了业内的发展现状，并觉得外资银行在中国发展的空间很大，于是你将目标具体为到花旗、汇丰之类的外资银行工作。无论是哪一种职业，都需要大家从打好基础发力，结合自身实际情况合理安排。

2. 调整目标

随着你更了解自己、自己所学的专业和今后面临的道路，你也许会发现最初设立的目标并不适合继续走下去，你还有更好的选择。没有关系，因为最初的目标本来就是需要做出调整和修正的，你需要懂得因时而变、因势而变，有时"变"才是更好的出路。比如，刚进校时，你想在毕业后找份工作，而随着你对自身了解加深、对外界形势认识加深，你发现自己安静、沉稳的性格能在学问上有更好的发展，同时所选专业也很吸引你去钻研，于是，你改变最初的目标选择继续深造攻读硕士研究生。这样，调整后的目标就要求你在平时的课程学习中更加努力，为以后的考研或保研作好准备。

3. 用行动为目标做准备

无论你是将原有的目标具体化，还是调整了原有的目标，或者一如既往地坚持着原有目标，从大二开始，你都可以开始为达到目标做些特别的准备了，行动才见真知。比如，你想进一步提高自己的英语水平和计算机能力，你可以通过考取相关证书为将来的求职增加"砝码"。所谓"一分耕耘，一分收获"，在这个播种的季节，只有当你洒下辛勤的汗水，才能在收获的季节获得回报。

生涯小测验

同学们，前面我们了解到，生涯的发展是循环模式。在进入职场前的大学阶段,面对生涯问题时需要在未来职业选择的内容和过程中,考量一致性和现实性,那么,在学习生涯规划和职业发展课程伊始,让我们初步评估一下个人的生涯选择的成熟程度(见表1-1)。

表1-1 个人的生涯选择评估

是否具备自我认知的能力	是□	否□
是否具备获取职业信息的能力	是□	否□
个人是否有了初步的目标	是□	否□
是否具备生涯选择的筛选能力	是□	否□
是否具备生涯准备实施的能力	是□	否□
是否能够解决生涯选择过程遇到的困惑和问题	是□	否□
是否积极参与个人职业准备的过程	是□	否□
是否有独立的职业决策能力	是□	否□
做事态度是否为任务取向	是□	否□
做事态度是否为快乐取向	是□	否□
个人意愿是在需求和现实之间妥协	是□	否□

六、明确自我定位,做出生涯选择

回想大学生活,我们也许后悔没有充分利用时光;面对未来,我们可能会恐慌,不知道在人生的重要节点该何去何从,但逐渐地你会发现,这个寻找自我的过程中,最重要的一步就是怀着满心的期待去开始探索、思考、尝试。同学们,未来毕业的选择愈发呈现多元化趋势,到央企、国企、外企、大型民企工作,到基层当选调生,到边远地区支教,去国内外高校继续深造,自主创业等,不同类型的工作各具吸引力,我们要主动思考自己的生涯规划和职业选择,主动向老师、朋友寻求帮助,利用各种资源取得更优效果,那么从现在就开始脚踏实地,探索并作出生涯规划重要的一步。

1. 工作准备

(1)开展自己性格、兴趣、价值观、能力的探索,了解自己的核心竞争力和发展机会;

(2)夯实基础,学好基础课程,了解所学专业基本的就业方向;

(3)参加社团活动、社会实践,勤工助学、课外兼职等,不断进行能力提升;

(4)参加就业大学堂、职业能力发展实训等就业指导活动；

(5)参加行业分析、就业政策解读、校企交流、优秀学子经验分享等活动；

(6)积极开展外部职业世界探索，了解产业、行业、组织和岗位；

(7)掌握就业信息搜集的基本方法，持续关注个人目标行业、职业信息，收集、整理与使用(网络、电话、招聘会)就业信息；

(8)初步明确未来意向就业的行业、企业与岗位，拟定求职计划；

(9)做好求职准备，整理自荐材料(成绩单、实践报告、实习证明、简历)；

(10)学习简历制作、面试等求职技巧，针对目标岗位，准备多份个人简历，并不断优化完善；

(11)为求职目标开展各类备考，参加行业考试、公考培训等；

(12)树立积极心态，做好思想准备和心理准备，及时总结经验，进行过程复盘。

求职早知道

当接触用人单位时，对方无法准确把握毕业生是否具备岗位所需要的职业能力，通过客观的证书去判断同学们的能力。需要注意的是，应当以自身的具体情况为导向，以未来的就业或升学为指引进行就业准备，而不应盲从地随大流考各种证书，统筹规划复习职业技能类考试。先来了解一下：

通用型证书如大学生英语四六级证书，在公务员考试职位表中也有通过英语四六级的要求，部分企业招聘时对求职者的英语水平有所要求，大部分学校把通过四六级作为领取学位证的一个必备条件。

职业准入型证书是求职时的敲门砖，如教师行业要求的教师资格证书与普通话等级证书，法律行业要求的法律职业资格证书，会计行业要求的注册会计师证书等。

锦上添花型证书指此类证书并非求职的必备条件，但具备此类证书可在求职过程中提高竞争力，如外语类的雅思或托福考试、驾驶证等。

2. 保研准备

(1)深入了解专业和学科，夯实基础，拓宽知识面，了解自己的兴趣及专业的契合点；

(2)加强专业课程学习,提高成绩,重视英语课程的学习,通过英语四六级考试;

(3)参加保研分享会,主动与往届保研的学长学姐交流保研经验;

(4)实时了解学校、学院的推免指标和相关要求(校院官网)等相关保研政策,建立初步的保研目标;

(5)丰富自身经历,注重科研,积极参加学科竞赛、创新创业比赛,尝试实习等;

(6)搜集信息,准备材料,申请并参加高校夏令营;

(7)选择保研渠道;

(8)准备考核资料,参加保研考核;

(9)对接接收的院校;

(10)完成本科生毕业论文或毕业设计;

(11)回顾、反思大学时光,制定研究生阶段规划和目标。

3. 考研准备

(1)深入学习专业和学科知识,打好专业基础;

(2)了解自己擅长的学科和发展机会,认识自身不足和外在威胁,确定考研目标,合理调整目标;

(3)拓宽知识面,参与竞赛、科研、科创、实习、实践活动等;

(4)明确目标意向,了解考研大纲,准备公共课和专业课的参考课本和复习资料;

(5)确定意向报考院校、专业、方向、导师,关注查阅招生简章、报名信息;

(6)积极参加目标院校暑期夏令营活动;

(7)认真复习,充分准备笔试、复试相关内容;

(8)完善个人简历,准备自荐材料(成绩单、专利、证书等);

(9)保持积极的心态,及时总结、调整个人心理状态;

(10)关注个人未来发展,树立研究生阶段学习目标。

4. 出国准备

(1)设定初步的出国留学目标,明确未来发展方向;

(2)重视成绩,加强专业课程学习;

(3)掌握获取相关信息,了解国家地区、院校和专业选择的政策;

(4)了解语言要求，练习口语，参加雅思、托福考试，努力达到语言所需的标准；

(5)积极参与科研、竞赛、交流等实践项目，参与评奖评优，丰富自身经历；

(6)学习出国文书的撰写，申请并准备资料（文书、推荐信和简历）；

(7)积极参加各项实践项目，争取拿到推荐信；

(8)整理时间表，记录好每一个申请的时间节点，参加留学面试；

(9)主动与学校进行联系，跟踪录取情况，如收到录用通知，根据情况确定学校；

(10)办理护照，申请签证，进行身体健康免疫检查，办理公证文件，完成入学准备；

(11)完成毕业论文或设计，顺利毕业。

思考与练习

请根据本章所学的相关理论，分析一下学长学姐们成功入职升学的原因，并结合自己的实际情况，分析自己的大学职业规划策略应从哪些方面进行。

第二章 大学生活与职业发展

"大学之道,在明明德,在亲民,在止于至善。"这在某种意义上表明了大学的教育目的、使命和理念。现代中国的大学除了要求"明德""至善"之外,还肩负着为党和国家培养高素质人才、创新科学技术、传承民族文化、传播先进思想、服务社会发展和国家战略的使命。以上使命能否落实,关键在于人才培养,即聚焦到每一个大学生未来的职业生涯发展。

大学是人生最美好也是最重要的阶段,更是大学生职业生涯发展的重要准备阶段。在这个阶段,一个人为今后的职业发展进行哪些准备?准备得如何?将直接影响其就业竞争力和职业发展力。

第一节 学业发展与职业发展

一、学业发展与职业发展的关系

"我们到大学来干什么?""我们为什么要上大学?""在大学学习什么?""学习又为了什么?"想必在你迷茫的时候会一直寻找这些问题的答案。从进入大学校门起,你会通过各种渠道了解学业对于大学生的重要性。毫无疑问,学生在大学最主要的任务之一就是学习。这里的"学习"主要是专业知识的学习,即学业。

学业是我们获取职业发展的准备。学习绝不是为了成绩而学,而是为了让生活更有意义和价值,因此也应包括为了获得未来工作所需要的职业素质和职业能力。每个人的个人价值和社会价值实现的载体都是职业,职业也将伴随人生的绝大多数时间。

学业发展是指学生学习成绩的进步、专业知识的积累及学历层次水平的提升。职业发展是指学生职业目标探索、路径建立、资源准备及成就获得。学业发展是职业发展的基础和条件。大学生的学业发展与职业发展是学生成长的两大核心主题，也是高校育人工作的两大抓手，两者辩证统一，密不可分。大学生的职业发展以学业发展为基础展开。学生在大学期间所学习的专业知识、所积累的专业素质、所沉淀的文化涵养，是打开职业生涯大门的金钥匙。用人单位在招录毕业生时，最重视的条件之一也是学生在校的学业成绩，因为学业成绩不仅能反映一个学生的学习能力，也能评估一个学生的职业态度，还能预测一个学生未来发展的潜力。对于一名大学生而言，学习可作为"大学生"这个职业角色的一项重要工作内容。因此，科学的职业发展教育，需要建立在促进学生学业发展的基础上，否则便如同无源之水，无本之木。

职业发展是学业发展的方向和目标。学生的职业发展目标可以指引学业发展的方向，聚焦学业发展的动力，提升学业发展的质量。学业发展在职业发展目标指引下更加聚焦、更加高效。当前，学生在大学期间学业发展存在以下共性问题：第一，不清楚为何而学，学习动力有待加强；第二，学习方向比较模糊，学习目标不够明确；第三，学习的方式、方法需要更加科学、合理、高效；第四，理论学习和实践锻造需要紧密结合。而这些问题，恰恰是与学生在大学期间生涯规划意识薄弱，缺乏相应的职业发展目标探索密切相关。影响大学生学业表现的因素中，职业发展目标是否明确是核心因素之一。对于大多数学生，高中和大学最大的差异在于，高中的学习有非常明确的指挥棒，而大学则需要自己去寻找努力的方向，更深层地去澄清学习的意义，从被动学习转化为主动学习。在这个过程中，学生能否对更长期的职业发展有清晰的认识和定位，则直接影响其在大学期间学习的动力和质量。因而，学生高质量的学业发展，需要建立职业发展目标的助推，否则便如同无的之矢，无帆之船。

注重学业发展也是为了培养学生的专业能力。有些同学可能会错误地认为在一个就业前景好的专业里学习，将来肯定能找到一份出色的工作。有这样想法的同学简单地将专业名称和专业能力等同起来，在一个专业里学习，并不会让我们自动拥有从事与该专业相关的工作能力。在现实中，我们也常常听到非专业毕业生"抢"走了专业毕业生的岗位,原因就在于,用人单位更注重专业名称背后的专业能力。专业能力是从事专门工作必须要具备的能力。专业能力的获得主要靠专业学习,专业教育也是我国高等学校人才培养的主要方式。在大学期间,我们一定要学好本专业要求的基础课程,打牢基础。因为,在科技发展日新月异的今天,很多看似高深的技术也许在几年后就会被新的技术或工具所取代,只有对专业基础知识的学习才可以终身受用。

因此,学业发展与职业发展是相融相促、一脉相通的。想要做好职业生涯规划必然不能绕过学业生涯规划。当我们进入大学开始制定生涯规划,未来的职业生涯历程就已经开始了。只要我们在潜心学习的基础上,有意识地积累职业经验,适时进行必要合理的职业规划调整,我们的职业生涯之路会越走越精彩。

二、认识你的专业

"你是学什么专业的?""这个专业毕业后从事什么工作呢?"这是大学社交圈中经常被提及的问题。有些大学生只知其一,不知其二,从而也反映出部分大学生对自己所学专业及其未来职业发展方向的不了解。

"闻道有先后,术业有专攻。"专业是一个人所专攻的术业。高等教育的主要任务是专业教育。随着人类文明的发展与进步,社会分工越来越复杂、越来越精细,相应的知识基础也就随之更加精细化和专业化。"专业"就是根据特定职业工作的需要,明确具体的培养目标,将所需的理论基础和专业技能要求加以组合,从而形成的特定学习内容的分类。

每年高考填报志愿期间,很多考生和家长都难以抉择。一部分考生将专业选择权交给父母,而父母则根据一些网络消息、社会经验或自己的主观认知,为学生选择填报一些所谓的"热门专业""朝阳专业",他们认为这些专业所涵盖的职业必然是"好工作",往往忽略了学生的职业兴趣;一部分考生虽然是自己选择的专业,但是并没有对"中意"的专业进行深入的了解,只是根据自己的经验进行判断,结果却"出乎意料"。无论是"被动"接受还是"主动"选择,这类学生认为所学专业并不适合自己,不愿意花更多的时间和精力去学习,出现厌学情绪,导致出现一系列学业发展问题。因此,在判断所学专业是否适合自己,是否符合自己对未来职业发展的期待之前,我们需要对所学专业进行一次全面的剖析,深入了解其在人类知识体系中所处的位置及在社会发展中的应用。

1. 专业的分类和关系

截至2022年2月，我国普通教育本科专业共设置12个学科门类（不含军事学，下同），92个专业类，771个专业。12个学科门类包括哲学、经济学、法学、教育学、文学、历史学、理学、工学、农学、医学、管理学、艺术学。

（1）哲学。哲学是对自然知识、社会知识和思维知识的概括和总结。世界观是人们对世界的根本看法，哲学是理论化、系统化的世界观，哲学世界观包含人生观和价值观。哲学是一门科学，又是一种社会意识形态，是世界观和方法论的统一。哲学与各门具体科学的区别：二者对象不同，哲学的对象是自然、社会、思维发展的一般或普遍规律；具体科学的对象是世界的某一方面、某一领域的特殊规律。

本科专业包括哲学、逻辑学、伦理学和宗教学。

（2）经济学。经济学是一门经世济民的学科，是当今社会最重要的社会科学之一。经济学是综合分析研究经济增长和衰退的起因及社会现象，如通货膨胀、失业率、银行利率、进出口额等的一门学科。通过分析研究，经济学者要找出经济发展的客观规律，从而采取相应措施，如调整银行利率、调整或引导对某些行业的投资、调整税收政策等来刺激或保持经济增长，避免经济衰退。

本科专业包括经济学类（经济学、资源与环境经济学、商务经济学等）、财政学类（财政学、税收学、国际税收，其中国际税收为2021年增设本科专业）、金融学类（金融学、金融工程、保险学、投资学、金融数学、精算学、信用管理等）、经济与贸易类（国际经济与贸易、贸易经济、国际经济发展合作，其中国际经济发展合作为2021年增设本科专业）。

（3）法学。法学又称法律科学，是一切以法律现象为研究对象的学科的总称。法律意识、法律关系、法律行为（包括合法行为、违法行为）等法律现象，都是法学的研究对象。在法学体系中，法理学是基础理论或者说是一门导论性或绪言性的学科，它是以全部法律，即把法律现象作为一个整体来研究其产生、发展的规律、本质和作用等基本问题。

本科专业包括法学类（法学、知识产权、监狱学、纪检监察等）、政治学类（国际政治、政治学与行政学、外交学、国际事务与国际关系等）、社会学类（社会学、社会工作、人类学、女性学、家政学、社会政策等，其中社会政策为2020年增设本科专业)、民族学类、马克思主义理论类(科学社会主义、中共党史、思想政治教育等)、公安学类(治安学、侦查学、经济犯罪侦查、犯罪学、消防指挥、反恐警务、消防政治工作、铁路警务等,其中反恐警务、消防政治工作为2020年增设本科专业,铁路警务为2021年增设本科专业)。

(4)教育学。教育学是一门以教育现象、教育问题为研究对象,探索教育规律的科学。教育学是教育科学体系中的一门基础学科。教育是培养人的一种社会活动,它广泛地存在于人类社会生活之中。如何将一个个懵懂幼稚的小朋友,逐渐培养成有道德、有良知、有能力、有知识、有创新素养的社会建设者,是教育学研究的主要内容。

本科专业包括教育学类(教育学、教育技术学、小学教育、艺术教育、学前教育、融合教育、劳动教育等,其中融合教育为2020年增设本科专业,劳动教育为2021年增设本科专业)、体育学类(体育教育、运动训练、运动康复、休闲体育等)。

(5)文学。文学是一种将语言文字用于表达社会生活和心理活动的学科,是指以语言塑造形象反映社会生活,并作用于社会生活的一种艺术形式。中国一般分其为诗歌、散文、小说、戏剧文学四类。

本科专业包括中国语言文学类(包含汉语言文学、汉语国际教育、秘书学、古典文献学等专业)、外国语言文学类(如英语、俄语、法语、西班牙语等所有外国语言)、新闻传播学类(如传播学、广告学、广播电视学、网络与新媒体等)。

(6)历史学。历史不仅是指过去的事实本身,更是指人们对过去事实的有意识、有选择的记录。而对于历史的专门性研究,就是历史学,简称史学,也可以称为历史科学。历史学是一门研究人类社会历史的有系统的学问。历史研究的目的:第一是要真实记述和反映客观史实,第二是用科学的方法研究人类社会历史的发展历程,探寻其发展的规律。遵循客观原则,探索事物发展的规律正是科学研究的内容。

本科专业只有一个历史学类,其中有历史学、世界史、考古学、文物与博物馆学、古文字学、科学史等专业,其中古文字学为2020年增设本科专业,科学史为2021年增设本科专业。

(7)理学。理学是使用数学的方法研究自然世界物质运动基本规律的科学。

理学研究的内容广泛，本科专业通常有：数学类（包含数学与应用数学、信息与计算科学等）、物理学类（物理学、应用物理学、核物理、量子信息科学等，其中量子信息科学为2020年增设本科专业）、化学类（化学、应用化学、分子科学与工程、化学测量学与技术等，其中化学测量学与技术为2020年增设本科专业）、生物科学类（生物科学、生物技术、生态学等）、天文学类（天文学）、地理科学类（地理科学、自然地理与环境资源、人文地理与城乡规划等）、大气科学类（大气科学、应用气象学、气象技术与工程，其中气象技术与工程为2020年增设本科专业）、海洋科学类（海洋科学、海洋技术等）、地球物理学类（地球物理学、空间科学与技术、行星科学等，其中行星科学为2021年增设本科专业）、地质学类（地质学、地球化学、古生物学等）、心理学类（心理学、应用心理学）、统计学类（统计学、应用统计学）等。

（8）工学。工学是工程学科的总称，是运用理科发现的自然世界物质运动发展的规律，解决现实社会生产实践中各类问题的学科。如果说理科是用科学方法理解与解释自然世界运作规律的学科，属于基础学科，那么工科就是应用这些规律改造世界的学科，属于应用学科。工学也是专业类和专业数量最多、每年招生最多的学科门类。

本科专业包括力学类（理论与应用力学、工程力学）、机械类（机械工程、机械设计制造及其自动化、工业设计、车辆工程、微机电系统工程、增材制造工程、智能交互设计、应急装备技术与工程等，其中增材制造工程、智能交互设计、应急装备技术与工程为2020年增设本科专业）、仪器类（测控技术与仪器等）、材料类（材料科学与工程、材料物理、材料化学、纳米材料与技术、新能源材料与器件、光电信息材料与器件等，其中光电信息材料与器件为2021年增设本科专业）、能源动力类（能源与动力工程、新能源科学与工程、能源服务工程、氢能科学与工程、可持续能源等，其中能源服务工程为2020年增设本科专业，氢能科学与工程、可持续能源为2021年增设本科专业）、电气类（电气工程及其自动化、能源互联网工程、智慧能源工程等，其中能源互联网工程为2020年增设本科专业，智慧能源工程为2021年增设本科专业）、电子信息类（通信工程、集成电路设计与集成系统、电信工程及管理、柔性电子学、智能测控工程等，其中柔性电子学、智能测控工程为2020年增设本科专业）、自动化类（轨道交通信号与控制、机器人工程、智能工程与创意设计等,其中智能工程与创意设计为2020年增设本科专业)、计算机类(软件工程、信息安全、智能科学与技术、数据科学与大数据技术、网络空间安全、密码科学与技术等,其中密码科学与技术为2020年增设本科专业)、土木类(土木工程、建筑电气与智能化、铁道工程、城市水系统工程、智能建造与智慧交通等,其中城市水系统工程为2020年增设本科专业,智能建造与智慧交通为2021年增设本科专业)、水利类(水利水电工程、港口航道与海岸工程、智慧水利等,其中智慧水利为2021年增设本科专业)、测绘类(测绘工程、遥感科学与技术、地理国情监测等)、化工与制药类(化学工程与工艺、能源化学工程等)、地质类(勘查技术与工程、地下水科学与工程、智能地球探测、资源环境大数据工程等,其中智能地球探测、资源环境大数据工程为2021年增设本科专业)、矿业类(采矿工程、矿物资源工程、智能采矿工程、碳储科学与工程等,其中智能采矿工程为2020年增设本科专业,碳储科学与工程为2021年增设本科专业)、纺织类(服装设计与工艺教育、非织造材料与工程等)、轻工类(轻化工程、包装、印刷工程、生物质能源与材料等,其中生物质能源与材料为2021年增设本科专业)、交通运输类(飞行技术、航海技术、交通运输、智慧交通、智能运输工程等,其中智慧交通为2020年增设本科专业,智能运输工程为2021年增设本科专业)、海洋工程类(船舶与海洋工程、海洋资源开发技术、智慧海洋技术等,其中智慧海洋技术为2021年增设本科专业)、航空航天类(航空航天工程、智能飞行器技术、空天智能电推进技术等,其中智能飞行器技术为2020年增设本科专业,空天智能电推进技术为2021年增设本科专业)、兵器类(武器系统与工程等)、核工程类(核工程与核技术等)、农业工程类(农业工程等)、林业工程类(森林工程、木结构建筑与材料等,其中木结构建筑与材料为2021年增设本科专业)、环境科学与工程类(环境科学与工程等)、生物医学工程类(生物医学工程等)、食品科学与工程类(食品科学与工程等)、建筑类(建筑学等)、安全科学与工程类(安全工程等)、生物工程类(生物工程等)、公安技术类(刑事科学技术、食品药品环境犯罪侦查技术)等31个专业类。

(9)农学。农学是研究与农业生产相关领域的科学与技术,包括动植物生长发育规律及其与外界环境条件的关系,涉及农业环境、作物和畜牧生产、农业工程和农业经济等多种科学。

本科专业包括植物生产类(农学、茶学、园艺、植物保护、生物农药科学与工程、生物育种科学等,其中生物农药科学与工程为2020年增设本科专业,生物育种科学为2021年增设本科专业)、自然保护与环境生态类(农业资源与环境、野生动物与自然保护区管理、水土保持与荒漠化防治、土地科学与技术、湿地保护与恢复等,其中土地科学与技术为2020年增设本科专业,湿地保护与恢复为2021年增设本科专业)、动物生产类(动物科学、蚕学、蜂学、饲料工程、智慧牧业科学与工程等,其中饲料工程、智慧牧业科学与工程为2020年增设本科专业)、动物医学类(动物医学、动物药学、动植物检疫、兽医公共卫生等,其中兽医公共卫生为2020年增设本科专业)、林学类(林学、园林、森林保护、智慧林业等,其中智慧林业为2021年增设本科专业)、水产类(水产养殖学、海洋渔业科学与技术、水生动物医学等)、草学类(草业科学等)。

(10)医学。医学是通过基于物理、化学、生物等基础科学理论发展出来的知识与技术,用于预防和处理人体的各种疾病或病变,维护人们身体健康的学科。

本科专业包括基础医学类(基础医学、生物医学科学等)、临床医学类(临床医学、麻醉学、医学影像学、精神医学、儿科学等)、口腔医学类(口腔医学)、公共卫生与预防医学类(预防医学、食品卫生与营养学、卫生监督、运动与公共健康等,其中运动与公共健康为2020年增设本科专业)、药学类(药学、药物制剂、药物分析、药物化学等)、法医学类(法医学)、医学技术类(医学检验技术、医学影像技术、卫生检验与检疫、康复治疗学、生物医药数据科学、智能影像工程等,其中生物医药数据科学、智能影像工程为2020年增设本科专业)、护理学类(护理学、助产学)、中医学类(中医学、针灸推拿学、藏医学等)、中西医结合类(中西医临床医学)、中药学类(中药学、藏药学等)。

(11)管理学。管理学是系统研究管理活动的基本规律和一般方法的科学,是适应现代社会化大生产的需要而产生的,它的目的是研究在现有的条件下,如何通过合理组织和配置人、财、物等因素,提高生产力的水平,达成既定目标。

本科专业包括管理科学与工程类(管理科学、信息管理与信息系统、工程管理、房地产开发与管理等)、工商管理类(工商管理、市场营销、会计学、财务管理、物业管理、人力资源管理、审计学、劳动关系、体育经济与管理、创业管理、海关稽查等,其中创业管理为2020年增设本科专业,海关稽查为2021年增设本科专业)、农业经济管理类(农林经济管理、农村区域发展)、公共管理类(公共事业管理、行政管理、城市管理、劳动与社会保障、土地资源管理、交通管理、海关管理、海关检验检疫安全、海外安全管理、自然资源登记与管理、慈善管理等,其中海关检验检疫安全、海外安全管理、自然资源登记与管理为2020年增设本科专业,慈善管理为2021年增设本科专业)、图书情报与档案管理类(图书馆学、档案学等)、物流管理与工程类(物流管理、采购管理、供应链管理等)、工业工程类(工业工程、质量管理工程等)、电子商务类(电子商务等)、旅游管理类(旅游管理、酒店管理、会展经济与管理等)。

(12)艺术学。艺术是将个人的意愿、情感、想象力、经验、技能等独特因素加以整合,以创作包含审美体验的影像、动作、声音、器物、环境的表达模式。艺术学是指系统性地研究关于艺术的各种问题,包括研究艺术实践、艺术现象和艺术规律的专门学问。

本科专业包括艺术学理论类(艺术史论、非物质文化遗产保护等,其中非物质文化遗产保护为2020年增设本科专业)、音乐与舞蹈学类(音乐表演、音乐学、舞蹈表演、舞蹈学、音乐教育等,其中音乐教育为2020年增设本科专业)、戏剧与影视学类(表演、戏剧学、电影学、戏剧影视文学、播音与主持艺术、动画、曲艺、音乐剧等,其中曲艺、音乐剧为2021年增设本科专业)、美术学类(美术学、雕塑、摄影、美术、书法、中国画、纤维艺术、科技艺术、美术教育等,其中纤维艺术为2020年增设本科专业,科技艺术、美术教育为2021年增设本科专业)、设计学类(艺术设计学、产品设计、服装与服饰设计、公共艺术、数字媒体艺术、珠宝首饰设计与工艺等,其中珠宝首饰设计与工艺为2021年增设本科专业)。

12个学科门类又可划入四个学科领域。这四个学科领域是:人文学科、社会科学、自然科学、工程技术。其中人文学科包括:哲学类、文学类、历史学类和艺术学类;社会科学包括经济学类、法学类、教育学类、管理学;自然科学包括:理学类;工程技术包括:工学类、农学类和医学类。虽然有些学科属于边缘学科,介于几大学科的交界处,但大多数学科都是可以被归纳到这些类别中的(见表2-1)。

表 2-1　四个学科领域与 12 个专业类别的对应关系

人文学科	哲学类、文学类、历史学类、艺术学类
社会科学	经济学类、法学类、教育学类、管理学类
自然科学	理学类
工程技术	工学类、农学类、医学类

思考与练习

(1) 一个学习数学的同学，以后想做 IT，是否可以呢？

(2) 一个学法律的同学想转去做软件工程师，能否实现呢？

答案显而易见，前者也许相对容易实现，而后者实现的概率是非常小的。为什么会这样判断呢，原因是各学科之间的转换也是有一定规律的。

首先，基础科学（人文学科和自然科学）向应用科学（社会科学和工程技术）转换的道路比较宽，转换的过程相对比较容易；而应用科学向基础科学转换的道路比较窄，转换的过程相对比较艰难。比如文学类可以转到教育类或者管理类的专业，但是管理类向文学类或者哲学类转换就相对困难。同样，有很多学习数学或者物理的同学转到软件工程方向学习或者工作，但是学习软件工程专业的同学很难转到数学专业学习。

其次，由于社会科学大多属于交叉学科，其中同时包含理科（自然科学和工程技术）的内容，也包含人文学科的内容，因此从其余三大类专业转到社会科学的路径都是相对开放的。比如社会科学中有很多需要用到统计学的知识，因此学习理科的人转到社会科学领域进行深入研究和工作也是可行的。同样人文学科转到需要统计的社会科学专业，需要补充数学和统计学的知识。

图 2-1 表示了各学科间的专业转换路径。其中箭头较粗的表示学科间的"路"比较宽，也就是说学科间的转换相对容易。比如，从自然科学到工程技术的转换是最容易也最为常见的，如物理转到机械工程、土木工程，化学转到环境工程等。其他的几条转换路径相对较窄，不过也是存在的，包括人文学科向社会科学的转换，比如文学转到教育学；自然科学向社会科学的转换，比如统计学转换到经济学；还有工程技术向社会科学的转换，如工学转到管理学等。

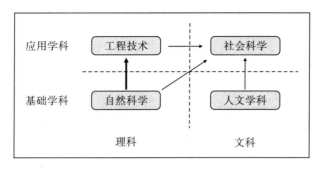

图 2-1 专业转换示意图

最后,有些学科间转换的路径虽然没有标出,但并不代表完全没有机会在这些学科间转换。比如有些同学从小喜欢文学或者音乐,上大学时由于各种各样的原因报考了工科专业,但只要他有能力和意愿,并且学校也有相关的政策,就可以尝试这种转换。

2. 专业培养目标

想要深入了解自己所学的专业,核心就是要了解专业的培养目标。明确了目标方向,将有助于化解学生在专业学习及职业生涯规划方面的"迷茫症"。比如,某高校植物保护专业培养目标是培养具备植物保护及相关学科的基本理论和基本技能,从事植物保护技术研究、农产品有机安全生产技术应用推广、农用化学品研发及营销、进出口植物的安全生产监控及植物产品的检疫或报检、植物有害生物疫情监测与防控、现代植物保护和植物检疫技术研究等方面工作的植物保护拔尖创新人才。某高校水利水电工程专业的培养目标是培养具有水利工程学科的基础理论、基本知识、专业技能及新工科意识,能在水利水电工程及相关领域从事勘测、规划、设计、施工、运行、科研和管理工作的创新型和复合型高级专门人才。某高校葡萄与葡萄酒工程专业的培养目标是培养适应新时代葡萄酒产业及相关领域发展需求,具有强烈的产业情结和社会责任感,掌握葡萄与葡萄酒科学的基础理论、基本知识和基本技能,能从事葡萄与葡萄酒生产技术管理、产品开发、工程设计、经营管理,德、智、体、美、劳全面发展的高级工程技术人才。各高校专业培养目标中还将学生毕业 5 年后预期达到的目标逐一列出,其实也是进一步明确了学生进入职场后的职业发展目标。

由此可见,各专业的培养目标具体地规定了各专业所要培养的专门人才应达到的基本素质要求和业务规格,其内容包括基本理论、专业知识、专业能力及身体方面的特殊要求和职业道德等。

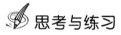思考与练习

请通过参加新生专业导论课、专业思想教育、查看学院官网、咨询专业教师等方式全面了解你所学的专业或专业大类所包含的专业,并填写在表2-2中。

表2-2 专业情况

专业名称	
专业所属学科门类	
专业所属学科领域	
专业培养目标	
专业培养方式	
专业培养特色	
毕业去向	

3. 专业课程体系

在专业培养过程中,最重要的环节就是构建课程体系及确定培养方式。课程既根据培养目标设置,同时又将培养目标具体化,把培养目标落实到具体的教学内容和教学环节之中,从而对专门人才的培养产生现实的定向和规范作用。课程体系是指同一专业不同课程门类按照门类顺序排列,是教学内容和进程的总和,课程门类排列顺序决定了学生通过学习将获得怎样的知识结构。高等学校各专业的课程体系主要反映在以下比例关系上:一是普通课程、专业课程和跨学科课程;二是必修课程和选修课程;三是理论性课程和实践性课程;四是显性课程和隐性课程;五是大、中、小型课程。不同院校的相同专业,所开设的课程体系可能也有所不同。建议学生要充分利用学校资源,仔细研读所学专业的培养方案,把每学期的基础理论课程、专业核心课程、实践课程等标注出来,绘制自己的大学课程图谱,制定清晰的学业发展路线图。

4. 专业的选择

有的同学在高考填报志愿时懵懵懂懂,不清楚该如何选择,最终听从父母安排,选择了所谓的"热门专业"。进入大学学习后,又感觉对所学专业并

不感兴趣，甚至学习起来很吃力，就会萌生了转专业的想法。但是又会有担忧，一是学校转专业名额有限，对学业成绩有一定要求，还需要进行面试选拔，害怕自己选拔不上；二是万一自己转错了专业怎么办，一旦专业又没有选好，毕业后找工作又是困难。

本科专业对学生未来事业发展确实有重大影响。专业选择对大学生来说无疑是一种生涯困惑。目前，大学生的专业选择大致分为两个阶段：第一阶段是在高考填报志愿之时，第二阶段是在进入大学学习的第一学年或第二学年末。第二阶段的产生源于我国开始实行大类招生、培养改革，以及转专业机制。

大类招生是指高考招生时按照学科大类或是将几个学科类似的专业合并在一起招生。学生入学后按照大类，在1学年时间内进行基础培养，再根据兴趣和双向选择的原则进行专业分流，展开具体专业的后续学习。2001年，北京大学成立元培计划实验班，开启了国内研究型大学大类招生与培养改革的序幕。随着国民经济的迅速发展，新产业、新业态不断出现，以往过度专业化的培养体系难以适应经济发展对人才需求的问题日益凸显。近年来，大类招生与培养再次成为高校人才培养改革的突破口，至2020年我国137所"双一流"建设高校已有114所实行大类招生与培养，占总数的83.2%。虽然高等教育界对实施大类招生与培养改革尚存争议，但大类模式通过赋予学生再次选择专业的权力，从制度上保障大学生的学习自主权和学习内容的选择权。

无论是高考志愿填报，还是进入大学后的第二次选择，学生都将面临如何选择专业的问题，在这里给各位同学以下建议。

(1)聚焦"小我"，准确认识自己的职业兴趣，并了解不同的职业兴趣对应的专业有哪些。结合自己的职业兴趣选择"适合"自己的专业，掌握专业选择主动权。

(2)深入了解，全面、多方位掌握自己"中意"专业的培养目标、培养方式、课程体系及近5年毕业生的毕业去向，做到知己知彼，以终为始，进行合理选择。

(3)保持冷静，不要过于追捧所谓的"热门专业"。热门专业和冷门专业是人们从主观上根据社会需要、就业前景而进行的分类。热门专业的社会需求量大，发展机会较多。一些热门专业往往是国家的发展战略、科技创新应用及社会经济发展趋势的综合体现，如5G、大数据、人工智能等技术，人才需求量较大，竞争也相当激烈。但社会发展较快，现在的热门专业有可能在你研究生毕业甚至本科毕业时就"冷"了。

(4)融入"大我"，将自己的职业理想追求融入党和国家事业发展中，将专业选择与国家发展需求相结合。新时代青年学生应打好专业基础，努力刻苦钻研，用真才实学为国家解决"卡脖子"问题，科学定位、校准和实现个人理想追求，由内化于心向外化于行积极转化，为今后建设科技强国贡献力量。

如果没能选择自己感兴趣的专业怎么办？

有些同学可能还有这样的困惑，因为各种原因，高考填报志愿时没能选择自己"中意"的专业，于是带着"专业偏见"进入大学，整天怨天尤人、自暴自弃，提不起学习兴趣，缺乏学习动力，对未来也是一片茫然。面对这样的"窘境"，我们要迎难而上，找到解决问题的突破口，重新掌握生涯规划主动权。

(1)先不要着急断定这个专业一定不适合你，花费一些时间和精力全面了解自己所学专业，比如认真上好新生专业研讨课或导论课，积极参加介绍专业发展前景的讲座和报告会，主动向专业教师咨询，与毕业年级或研究生学长学姐聊聊专业情况，利用网络收集一些专业方面的信息，逐步加深对专业的了解，同时激励自己先认真学习一段时间，再做判断。

(2)可尝试考虑转专业，但是要在理性分析的基础上。一些同学一进入大学就想着转专业，还有一些同学在学习上遇到一点挫折，就想着转个"轻松的专业"。要知道，求真学识、练真本领就没有轻松的。况且转专业的名额有限，而且要依据个人前期的学业成绩和转专业的考核成绩进行综合评判，有些专业要求转专业学生降一个年级把大学一年级的基础课程重新修一遍，所以同学们要慎重考虑转专业。

(3)可尝试辅修第二专业。转专业难度相对有些大，学有余力的同学可以选择辅修第二专业，满足自己的兴趣需求，有利于扩展知识面和促进学科交叉，提升自己的专业知识能力，有助于未来的职业发展。但是，辅修第二专业也会耗费很多时间和精力，如果不能平衡好，还会影响原专业的学习。

(4)继续留在本专业学习。保持积极的心态，在心理上接纳现实，专业并不是决定人生之路的唯一因素。同时，在保证所学专业成绩合格的前提下，掌握本专业所重点培养的通用技能，学习其他的专业或者技能，完成专业的过渡和转换。

除了以上方法，有些同学还会选择跨专业考研，或者毕业后选择自己感兴趣的职业。有些同学便会反问道："我没有进入这个专业进行系统学习，也能够从事相关行业的工作吗?"想要很好地解答这个问题，我们就要分析一下专业与职业的关系。

三、了解专业与职业的关系

学生和家长之所以如此重视大学的专业选择，是因为大家普遍认为大学所学专业将直接决定未来的职业，专业与职业是直接对应的，如果能够进入一个"好专业""热门专业"学习，毕业后肯定能够找到一份出色的工作。反之，如果没能选择一个"好专业"，日后的择业也会不尽如人意。产生这样的想法，主要是没有弄清楚专业与职业的关系。大学选专业虽然很重要，但是即便没有选择到合适的专业，也不至于毁了前途。

1. 专业是选择职业的重要依据

社会分工和劳动组织内部的劳动分工交互发展，决定和制约着现代社会的职业发展，劳动分工越发达，专业化程度越高，职业也就越多。因此，专业与职业都是社会分工的结果。社会分工体现在经济、社会领域，就是职业;体现在学习领域，就是专业。学生毕业时通常都是以一种职业身份进入社会从事各行业的活动，所掌握的专业知识成为其从事某种行业工作的专门人才，因此，选择专业成为人们选择职业的重要依据。

2. 专业与职业不能一一对应

职业的数量远远多于专业的种类。据统计，世界上相对成熟而稳定的职业有近 3 万种，不一定每一种职业的从业人员都需要受过高等教育的人来承担，但有相当一部分职业需要由接受过高等教育的人来从事。我们把每个专业可能对应的职业或行业情况称为专业口径。一个专业可以对应一种职业，也可以对应多种职业，专业对应职业种数多，表示专业口径大，该专业的适应性就强，但针对性就比较差;专业口径小，则表示专业对应行业或是岗位的针对性很强，适应性就比较差。

一个专业可以对应一个职业群，甚至是几个相关的职业群。所谓的职业群是由基本技能相通，工作内容、社会作用及从业者所应该具备的素质接近的若干个职业所构成的，如农业和自然资源、商业和公职、通信和媒体、建筑、消费者和家政、环境、艺术和人文、卫生、餐旅和娱乐、制造业、航海、市场和销售、私人服务行业、公共服务事业、运输等。比如计算机专业的学生毕业后可以从事编程、网络维护等技术岗位工作，也可以从事技术支持、网络编辑、互联网企业管理者等职业；建筑专业对应的职业群包括建筑师、土木工程师、制图员、机械工程师和测量员。职业群横向划分，是相同的职业存在于不同的产业或行业之中，如人力资源专业所对应的职业群广泛分布于国民经济的各个产业和行业之中。

一种职业可能涉及一种专业，也可能涉及多种专业。比如国际商务人员这个职业可对应的专业包括经济学、国际经济与贸易、英语等多个专业。而卫生专业技术人员类（如内科医师、外科医师、儿科医师等）的职业只涉及具体的专业。建议选择专业时，先了解职业，再有针对性地选择专业。

3. 专业与职业的对口问题

有些同学会有这样的疑惑：毕业后是不是必须要找和专业对口的职业？我中意的工作和所学的专业不对口，怎么办，是不是就要放弃这个职业选择？

大多数毕业生在择业的时候都会被此类问题所困扰。在专业对口问题上，有两种情况：一种是受制于专业，跳出本专业往往会有更好的发展；另一种是盲目扔掉本专业，殊不知专业往往是你胜算的保障。所以，在处理专业对口问题上，要根据具体情况进行分析，并结合兴趣、能力及社会的需求情况而定，既不能一味寻找专业对口的工作，也不能随意抛弃本专业找工作。

不同学科门类的学生，在就业过程中其专业、职业对口率是不同的。相关度最高的是医学类，毕业三年内的对口率在90%以上；其次是工科，对口率大约在70%~80%；然后是经济类、管理类、文学类、教育类、法律类；对口率较低的是历史、哲学、理学、艺术等。从学历层次上分析，研究生的专业对口率会高于本科毕业生的专业对口率。基础学科的对口率要低于应用学科，但这并不意味着基础学科的就业质量和职业发展前景要比应用学科差。基础学科尽管距离社会生产比较远，但由于其重视培养学生的批判性思维、逻辑思维能力等核心通用能力，使得这些学科的毕业生在很多领域都有创造性的表现，生涯适应力很高。

专业对口需要分程度。一是绝对对口，比如种子培育，只能学作物学的学生能胜任；文物修复，只能学文物保护专业的学生能做。二是相对对口，比如程序员，电子、信息、通信，乃至所有工科、数学、统计学都可以从事这个职业，学习文学、法律、经管的同学就相对较难；比如学习统计学、会计学、财政学、税务学、审计学专业的同学都可以从事会计工作，非经管类就比较难。三是无须对口，体现在管培生、运营、管理等非技术性岗位。

有些同学会说，现在很多岗位的招聘都"不限专业"，专业学习对于我们来说是不是不重要了？当然不是，大学期间你所学过的专业课程、阅读的专业文献、进行的各种实习实验，都可能与未来的职业发展有着意想不到的联系，在未来求职中派上用场，并且可能创造更多的职业发展机会。因此，大学学习不能过于功利化，我们要学好专业基础知识，培养专业能力，同时提高通用技能。

当今社会，从事的职业能与所学专业对口固然很好，但是专业间的鸿沟也不是不可跨越的，可以将专业之间相互打通，也可以把特定专业与不同职位相嫁接，或者把特定专业与管理职位相结合。比如一位生命科学专业的同学，虽然专业学习成绩不错，但是对本专业并不是很感兴趣，反而对财务类的工作很感兴趣，平时也会自学一些财务方面的专业知识，最近也打算辅修经济学双学位。对于这位同学，未来从事生物医药类公司财务工作也是一个非常不错的选择。专业决定我们的知识结构，而兴趣帮助我们进入一些行业和领域。把专业何不职位相联系可以拓展求职者的职业选择范围，这就是所谓"专业优势"的嫁接与扩展。

▶ 第二节 课外活动与职业发展

在认识了自己的专业，了解过专业和职业发展之间的关系后，大学中还有学生干部、实习实践、创新创业和文体活动等丰富多彩的课外活动可以参与其中。我们可以通过课外活动增长见识、增强体质、锤炼品质，锻炼综合能力，提升综合素质，明确职业发展规划，助推个人职业发展。

一、学生干部与职业发展

学生干部是校园社会实践、创新创业和文化体育等活动的组织者、实施者和参与者，对于广大学生群体具有榜样示范和价值引领的作用。学生干部应明确自身的历史使命和社会责任，确立远大抱负，坚定目标和选择，自觉勇挑重担，砥砺奋斗，练就本领，努力成为担当中华民族复兴大任的时代新人。

校内的学生组织主要包括校、院两级团委（包括组织部、宣传部和社会实践部等部门），校、院两级学生会（包括文艺部、体育部等部门），学生社团（包括美术社、心理社等兴趣类社团），大学生艺术团（包括舞蹈队、合唱队、民乐团等），以及学生党支部、学生团支部、学生会等多种学生组织。

请同学们思考一下自己心仪或已经加入的学生组织有哪些？自己对于该学生组织的了解和认识有多少？自己想要通过加入学生干部组织获得哪方面的提升？下面就带大家走近学生干部。

1. 学生干部任职的组织的类别

高校为学生综合素质提升搭建了广阔的平台，高校各级党、团组织及学生会、社团联合会和班委会等都有学生干部的身影。

(1)党组织。大学生在党组织中担任学生干部的主要平台是学生党支部。学生党支部是高校党基层组织的重要组成部分，是党密切联系学生的桥梁和纽带，是引领大学生刻苦学习、团结进步、健康成长的阵地。

大学生可以在学生党支部中担任党支部书记、党支部副书记、组织委员和宣传委员等职务。作为党支部的学生干部，主要职责是确保党的路线、方针、政策和决策部署的贯彻落实，协助上级党组织做好学生党员的发展、培养工作；同时也要发挥党支部的先锋带头作用，凝聚、引领、带动团支部和班级的建设与发展，切实发挥党建带团建的重要功能。

(2)团组织。团组织是党的助手和后备军。作为团组织中的学生干部，需要不断提升共青团的组织力、吸引力、凝聚力，把广大青年团员紧密团结在党的周围，更好发挥党的助手和后备军作用，为全面从严治团提供坚强组织保证。

高校中的团组织主要包括：学校团委、学院(系)团委、团支部等各级团组织。在高校中校团委干部一般由老师担任，大学生可以在学院(系)团委中担任学生干部职务。学院(系)团委下属部门一般包括组织部、宣传部、社会实践部和创新创业部等多个部门。

与学生党支部相对应的，学生团支部中也会设置团支部书记、团支部副书记、组织委员和宣传委员等学生干部职务。

(3)班委会。班委会的主要职责是配合学生团支部共同完成上级党、团组织的交代的任务，是学生进行自我教育、自我管理的关键基层组织。班委会的成员包括：班长、学习委员、生活委员、文艺委员和体育委员等。

(4)学生会、社团联合会等组织。学生会也同样包括校、院(系)两级，校院两级学生会成员除了主席团外，主要包括办公室、文艺部、体育部、学风建设部等多个部门。

除了学生会外，高校中的学生组织还包括社团联合会和大学生艺术团等组织，其中也会设置相应的学生干部职位。

2. 学生干部经历对职业发展的作用

(1)显性作用。就业过程中，在其他条件较为接近时，用人单位会更加青睐具有学生干部经历的求职者。尤其是对于选调生、管理培训生或者高校辅导员等特定岗位来说，学生干部经历已经作为申报的必要条件之一。

同时，在担任学生干部期间会有机会获得"优秀学生干部""优秀共青团干部"等多种荣誉表彰，这些荣誉表彰既是对于自己辛苦付出的肯定，同时也可以丰富简历内容，帮助自己在求职过程中获得优势。因此，在大学期间具有一定的学生干部经历会让自己在就业过程中有更多的出路可以选择，对于未来的职业发展起到了一定的帮助作用。

(2)隐性作用。丰富的学生干部经历除了会在求职中满足更多岗位的需求之外，更重要的是可以让自己的人际交往能力、组织协调能力、文字书写能力等多个方面的能力得到充分锻炼，让自己在进入职场后可以更快地适应岗位要求，更快地完成从学生到职场人身份的转变。

学生干部是老师和学生之间的纽带和桥梁，因此在担任学生干部时需要经常与老师和同学们交流沟通，这可以让自己的人际交往能力得到明显提升，在步入职场前提前熟悉社交礼仪。

学生干部往往是各项学生活动的组织策划者，从活动构思、前期准备、活动开展到活动总结等活动的全部流程都有学生干部的身影，在活动的组织过程中组织协调能力往往得到了充分锻炼。

作为学生干部，在大学期间可以借助活动策划、活动总结及新闻稿的撰写等各种机会进行文字书写工作，在工作岗位中，文字书写能力是十分重要的。

生涯困惑

嘉同学是一名大三年级的本科生，大三学年即将结束时，嘉同学看到周围的一些同学在准备考研，自己也想要"试一试"通过考研提升学历的想法。他是学院学生会主席团成员，平时参加学生活动较多，学习成绩不算十分突出，英语四级一直没有通过。嘉同学想要像其他同学一样尝试一下考研，但是又担心因为考研错过暑期单位见习和"金九银十"求职季。

嘉同学对自己未来的就业方向有些迷茫，不清楚自己的优势在哪里，对专业的就业形势也不了解，因此不知道考研和找工作哪个更适合自己。带着这些问题，他找到了辅导员进行就业咨询。

(1)根据嘉同学的情况，他产生就业方向迷茫的主要原因是没有对自身的性格、兴趣、能力和价值观等特质进行全面分析，在面临就业方向的选择时，对于自身没有一个准确的定位。同时，嘉同学对于目前的就业形势没有进行充分了解，欠缺全面细致的职业生涯规划，导致了就业方向不明确问题的发生。

(2)需要先结合嘉同学自身的实际情况，帮助其初步明确就业方向。嘉同学作为主席团成员，并且参与的学生活动较多，学生干部的经历让他具有较好的人际交往和组织协调能力，是嘉同学在求职应聘中的优势点和加分项；同时，嘉同学的学习成绩不算十分突出，且英语四级没有通过，因此嘉同学的专业课水平和英语能力对于考研来说是没有突出优势的。

(3)帮助嘉同学分析目前考研形势。对于当前毕业生的就业选择来说，考研逐渐成为主流。但是目前各高校录取推免研究生的比例在逐步上升，考研学生面临着研究生指标少、考研人数多的双重压力，对于学习成绩和专业能力不够突出的毕业生来说，考研的难度和风险是可想而知的，同时很多考研的同学是从大三就着手准备复习的，为了考研会准备一年甚至更长时间，对于距离考研只剩半年这个节点才开始准备时间是不充分的。

(4)分析当前的就业形势。在大三到大四期间的暑假是就业实习的黄金期，错过了这个暑假意味着在大四求职季到来之前没有时间再去单位进行实习锻炼。同时，大四学年一开始的"金九银十"求职季是各用人单位招聘最集中，就业岗位最多的时间段，对于意向求职的毕业生来说，抓住6月到10月这个大三到大四的关键过渡期，对于未来的就业会起到至关重要的作用。

3. 关于学生干部的几点建议

(1)牢记学习是主责、主业。学生干部经历往往会占用比较多的课余时间，因从事学生干部工作而耽误学业的情况时有发生。作为一名大学生，学习好专业文化知识是自己的主责、主业，学习是大学生活的根基，只有根基稳定了其他的课外生活才能开花结果。

(2)珍惜平台，充分锻炼提升自己。作为一名学生干部，要珍惜学校和学院提供的平台，充分发挥主观能动性，积极参与学生的自我管理和自我服务工作，让自己在每一次活动经历中有所收获和成长。

(3)争做青年友，不做学生"官"。学生干部应当是充满年轻朝气的群体，不能带有"官僚气"，凌驾于同学之上。要在帮助同学、服务同学和引领同学中实现自身价值，成为连接学生与学校之间的桥梁与纽带。

二、实习实践与职业发展

实习实践是学生将理论知识与实践相结合的重要过程，实习实践经历往往也是用人单位十分关注的。在学校中有十分多样的实习实践机会，例如"三夏"劳动实践可以让大家在劳动中体会农民的辛勤；生物学综合实习可以欣赏秦岭美景的同时培养自己生态文明观念；优秀学子回访母校活动可以让自己增加对专业的了解；暑期"三下乡"可以锻炼自己的人际交往能力。

丰富的实习实践经历可以让自己更好地将所学知识应用到实际当中去，不仅可以对自己的专业知识学习起到促进作用，更重要的是可以让自己的行动力得到锻炼，提前了解并掌握工作岗位所需要的技能，入职后更好地适应新角色和新岗位。

1. 实习实践的具体形式

(1)实习。实习可以分为单位实习和课程实习两个大类。单位实习主要是指在大学期间进入用人单位进行实习和见习，提前熟悉用人单位情况，了解岗位的具体工作职责和工作内容；课程实习主要是指在大学期间所修读的专业课程要求的相关实习内容，是理论知识应用到实践的重要环节。

(2)实践。大学期间的实践具有多种渠道，主要包括文化、科技、卫生"三下乡"、志愿服务、勤工助学及社会活动调研等多个方面。文化、科技、卫生"三下乡"具体开展的实践活动有乡村支教、乡村文艺表演及乡村知识科普等相关活动。志愿服务开展的主要形式为在政府部门或学校举办的各项大型活动中从事让自己可以有获得感和满足感的无偿工作。勤工助学主要是通过在学校或商家中从事兼职工作，在锻炼自己能力的同时获得一定的报酬。

社会活动调研具体是指通过走访调查、发放问卷及数据分析，对于社会热点或者专业领域课题进行分析研究。

2. 实习实践经历对职业发展的作用

大学是学习科学文化知识的场所，不论你是以何种学历毕业走出大学校园，目标都是为了找到一份满意的工作，且最终一定会走上工作岗位。在走上工作岗位之前，实习实践的经历对于个人从学生到职场人身份的转变，对于求职自信心的提升，对于个人综合能力的锻炼及理论知识的学习应用都具有十分重要的作用。

(1)为身份转变做好准备。大学是从学校过渡到社会的重要阶段，到了大学中已经不能"两耳不闻窗外事，一心只读圣贤书"。在大学中的实习实践经历是迈入社会前的提前准备，可以帮助自己提前做好从学生到职场人身份转变的准备，走出"象牙塔"，适应社会和工作岗位的环境。

(2)提升个人自信心。自信是求职过程中必不可少的素质，而具有丰富的实习实践经历会让自己提前了解到社会和工作岗位所需要的能力和技术要求，在经过实习实践的锻炼后，自己对于工作岗位会多一份了解和熟悉，少一份迷茫和恐慌，可以帮助自己及时转变就业观念，树立起求职就业的自信心。

(3)锻炼实操和应变能力。实习实践的过程中可以将所学知识与实际相结合，告别"纸上谈兵"，锻炼和提升自己的实操动手能力。同时，在实习实践的过程中往往会遇到形形色色的人或事，碰到自己无法预料到的突发情况，解决这些突发情况也会对自身的临场应变能力和自我保护意识的提升起到帮助。

(4)反哺理论知识学习。在实习实践的过程中往往更容易找到从理论到实践过程中的差距，发现自己专业理论知识方面的不足，从而对自己专业课程的学习起到激励作用。同时，实习实践的过程本身也是在对理论知识进行巩固补充。因此，合理适度的实习实践对于理论知识的学习起到促进作用。

3. 关于实习实践的几点建议

(1)实习建议尽早开始。有同学认为单位实习是在高年级才能完成的事情，实际上不论年级高低，都会有相适应的实习岗位和实习内容。因此，建议在大学期间充分利用寒暑假和课余时间尽早进入单位实习，提前适应工作的环境和节奏。

(2)借助多方力量，挖掘实习岗位。很多同学常常为找不到实习机会和岗位而发愁,这个时候可以抓住学校大型招聘会或者单位专场招聘会的机会,或者借助家长、老师等多方面的资源帮助自己介绍实习岗位。

(3)实习单位选择也有优先级。当面对多个实习岗位时,同学们又对如何选择岗位犯了难。建议将与专业相关的企业作为首选,这样既可以学习到专业相关的知识,也可以接受单位规范的培训。

三、创新创业与职业发展

"大众创业,万众创新"带动了我国经济提质增效发展,在大学期间创新创业意识和能力的培养就显得尤为重要。近年来,部分高校已经将修读创新创业类选修课或者参与创新创业项目纳入人才培养方案。

1. 创新创业活动的种类

大学是科学文化知识与人才的聚集地,具有十分丰富的创新创业资源,除了创新创业类选修课以外,高校中还有国际、全国或区域等多个级别的创新创业竞赛,包括大学生创新创业训练计划项目、中国"互联网+"大学生创新创业大赛、"挑战杯"全国大学生课外学术科技作品竞赛和"创青春"全国大学生创业大赛等。它们都是学习创新创业知识,培养创业意识、创新精神和创造能力的平台。

(1)大学生创新创业训练计划项目。"大创项目"起源于教育部发布的《教育部关于批准实施"十二五"期间"高等学校本科教学质量与教学改革工程"2012年建设项目的通知》。除了国家级项目之外,各省教育主管部门和高校也有相对应的省级和校级的创新创业训练计划项目。

(2)中国"互联网+"大学生创新创业大赛。中国"互联网+"大学生创新创业大赛是2015年4月李克强总理在吉林大学视察期间提议举办的,每年举办一届,首届在吉林大学举办,大赛打造了"产、学、研、用"紧密结合的新平台。

(3)"挑战杯"全国大学生课外学术科技作品竞赛。"挑战杯"是由共青团中央、中国科协、教育部、全国学联和地方省级政府共同主办,国内著名大学承办、新闻媒体联合发起的一项大学生创业竞赛活动和课外学术实践竞赛。举办层次高、开展历史长、影响力广。

(4)"创青春"全国大学生创业大赛。为适应大学生创业发展的形势需要,共青团中央、教育部、人力资源和社会保障部、中国科协、全国学联决定,在原有"挑战杯"中国大学生创业计划竞赛的基础上，自2014年起共同组织开展"创青春"全国大学生创业大赛，每两年举办一次。

2. 创新与创业的关系

创新与创业两个词汇虽然概念不同，但是创新活动与创业活动在性质上具有一致性和关联性，两者存在着本质上的契合、内涵上的相互包容，在实践的过程中促进发展，因此创新与创业具有密切的联系。

(1)创新是创业的根基。创新是发展的原动力，创新是实现创业的核心竞争力。只有在创业过程中不断创新，培养创新思维和创新意识，才可以在创业时在市场中占有一席之地，最终获得成功。

(2)创业是创新应用于实践的载体。从本质上来说，创业是将创新应用于实践的一种活动，创新的最终价值需要靠创业来实现。如何将知识和技术与市场需求相结合，实现生产力的提升和财富的增长，促进经济社会发展和进步，这个转化过程需要通过创业的途径实现。

(3)创新与创业相辅相成。创新是创业的根基，创业是创新的应用。创新与创业之间内在相关且密不可分，创业必须要有创新作为支撑和先导，自主创新是创业企业生存发展的保障；没有实际应用的创新就像是空中楼阁，也就失去了创新的意义，创新也必须通过创业这一实践路径得到验证。

3. 创新创业对于职业发展的作用

(1)培养创新精神。大学生要通过参与创新创业活动来培养自己的创新精神，掌握科学研究的路径和方法，在学习研究创新理论知识的同时提升自己的专业水平和能力。本科期间的创新创业训练可以帮助掌握数据收集和处理、实验设置方法和论文撰写方法等多个方面的技能，为今后继续深造、从事专业研究做好准备。

(2)提升就业竞争力。通过开展大学生创新创业活动，可以切实提升大学生创新创业能力，使学生就业竞争力获得提升，为学生今后更好融入社会提供保障。同时，学生在创新创业的过程中还可以创造更多的就业岗位，为高校大学生就业排忧解难。

(3)明确职业发展规划。创新创业的过程也是对自身潜力进行挖掘的过程，不仅可以让自己的综合能力得到锻炼提升，也可以让自身的能力特质得到发挥和展现，从而帮助自己在进行职业发展规划时更好做出选择。

4. 关于创新创业的几点建议

(1)创新要脚踏实地做研究。在进行创新研究时，切忌好高骛远，要严守学术纪律。创新研究没有捷径可走，要从最基本的研究开始，逐步培养自己的科研能力，让自己在创新训练的过程中由"专"到"精"。

(2)创业前要做好心理准备。创业对于个体心理素养的要求是很高的。在创业前要做好充足的心理建设，强烈的创业热情是创业的内在驱动力，沉着冷静的创业心理是处理化解问题的内在支撑，越挫越勇的强大内心在创业遇到困难和挫折时可以帮助自己迎难而上。

(3)创业前要做好知识储备。很多同学对于创业有激情、有想法，但是没有对创业的难度进行评估，因而极易遭遇创业失败。在决定创业之前，首先要通过查阅文献资料、请教专业老师、职场人物访谈等各种渠道对创业相关的基本知识进行系统学习，包括企业管理知识、法律法规知识、产品营销知识及财务管理知识等，为创业做好充足准备。

(4)及时防范创业风险。在创业的过程中，要提前规避以下风险：未做充分调查和研究就盲目冒进的风险；听不进有效建议，以自己为中心固执己见的风险；缺乏战略定力和耐心，半途而废的风险；没有提前做好规划偏离方向的风险。

四、文体活动与职业发展

在倡导"德智体美劳"五育并举的今天，用人单位对求职者的综合素质要求也越来越高。大学有文化讲座、书画展览、文艺表演和兴趣社团等丰富的校园文化资源，通过美育教育提升学生审美水平，培养学生发现美、欣赏美和创造美的能力。同时还有运动会、长跑、各种球类比赛等形式多样的体育活动，帮助学生增强身体素质，养成积极阳光心态，为今后的工作打下良好的基础。

1. 文体活动的类型

文体活动分为校园文化活动和校园体育活动两类。校园文化活动主要是指带有学校人文特色的活动，主要形式有文化讲座、演讲辩论、文艺表演、社团活动等。校园体育活动主要形式有校(院)运动会、专项类体育比赛以及各类体育训练等活动。

2. 参与文体活动对职业发展的作用

参与文体活动可以让自己提高审美能力、提升文化素养、发展爱好特长、增强身体素质和养成健康心态，同时可以帮助发现个人能力特质，提升个人综合能力，进一步明确未来职业发展规划。

(1) 提高审美能力。通过参加丰富多样的文体活动，可以提高欣赏美、创造美的能力，提升高尚艺术情操。根据一切外在的感知对象，结合自身的审美经验和审美情趣，通过美学意象施以情感的教化与心灵的启迪，端正人的思想观念，引导人遵守道德规范，从而达到塑造人格目的，是一种"润物细无声"的教育。通过分析艺术作品的风格特点和审美意蕴，从美中感悟人生，潜移默化地提升审美能力。

审美能力的提升可以让自己在简历制作、求职装扮等方面的水平得到提升，从而帮助自己在求职过程中占到优势。

(2) 提升文化修养。丰富的大学生校园文化活动，可以让学生真正感受到中国传统文化的魅力，并在此过程中提高文化修养，提升文化自信，增强民族认同感。对于大学生来说，良好的文化素质是形成良好的思想道德和业务素质的重要基础，这体现了一个人的文化涵养，为未来生活和工作提供坚实的文化基础。

(3) 发展爱好特长。学校丰富多彩的文体活动是培养个人爱好或特长的机会和平台。个人拥有文体方面的一技之长可以帮助自己在走上工作岗位后找到与同事之间的共同语言，更好地融入新的集体，增加职业归属感。

(4) 增强身体素质。"身体是革命的本钱"，良好的身体素质是一切的基础，参加校园体育活动可以让自己的体能和身体状态得到明显提升，在走上工作岗位后尽快适应工作节奏和强度。

(5) 养成健康心态。参与文体活动可以让身心得到放松和愉悦，在获得丰富的精神食粮的同时，还塑造了积极向上的健康心态，提升抗压能力，帮助自己乐观地面对在求职和工作中遇到的挫折和困难。

3. 关于文体活动的几点建议

(1) 平衡好学习与文体活动之间的关系。在参与文体活动的同时也要做好时间管理安排，在学习与文体活动之间找到平衡点，将文体活动作为促进自己学习的"催化剂"和让大学生活多姿多彩的"调味剂"。

(2) 在文体活动中发现自己的闪光点。文体活动可以帮助自己找到兴趣点，培养爱好，坚持下去就可以将爱好培养成为特长，而自己的能力特长也可以逐步发展成为今后职业发展的方向，让自己职业发展有更多选择。

第二章 大学生活与职业发展

思考与练习

在了解了课外活动的相关知识后,大家是否回忆起了自己参与过的课外活动?下面让我们用一个表格,回顾总结一下自己进入大学以来的收获吧!

序号	活动类型	活动时间	活动名称	活动收获
1				
2				
3				
4				
5				

第三章 认识自我

了解自己是成功的第一步。每个人都是独一无二的,有的时候我们看似了解自己,但在职业生涯发展的过程中也未必能够充分发挥自己的能力和潜质。本章将带领同学们从兴趣、性格、能力、价值观四个方面对自己进行探索,通过不同维度来全面认识自我,使同学们在职业生涯发展的过程中做到人职匹配。

▶ 第一节 兴 趣

歌德曾说:"哪里没有兴趣,哪里就没有记忆。"在开展职业生涯规划时,我们首先就要先了解自己的兴趣。

一、什么是兴趣

兴趣是指个人对研究某种事物或从事某项活动积极的心理倾向性,是在社会生活实践中产生和发展起来的。兴趣作为一种意识倾向和内心要求,不是先天就有的,而是在人们需要的基础上,由于对某种事物的了解和反复接触后产生的;不是靠外界强制力量形成的,而是出于个人的强烈愿望建立和发展起来的。

职业兴趣是指人们对某种职业活动具有的比较稳定而持久的心理倾向。职业兴趣对人们的职业生涯和生活都会有很大的影响,当人们从事自己感兴趣的职业的时候往往更容易获得幸福感和满足感,在工作中的投入程度和获得感也会更高。选择职业的时候,兴趣就成了重要的参考因素。从最初的有兴趣,渐渐发展为更加稳定和持久的乐趣,进而与自己的奋斗目标相结合,形成有明确方向性和一致性的志趣,遵循兴趣发展的"有趣—乐趣—志趣"三个阶段。

二、霍兰德职业兴趣理论

美国心理学教授约翰·霍兰德于1959年提出了职业兴趣理论,认为人的人格类型、兴趣与职业密切相关,兴趣是人们活动的巨大动力,凡是具有职业兴趣的职业,都可以提高人们的积极性,促使人们积极地、愉快地从事该职业,且职业兴趣与人格之间存在很高的相关性。

霍兰德将职业性格分为六种类型,分别为现实型(R)、研究型(I)、艺术型(A)、社会型(S)、企业型(E)和常规型(C)。个人的职业兴趣往往是多方面的,很少只是集中在某一种类型上。大家可能或多或少都具备这六种兴趣,只是偏好程度有所不同。为了比较全面地描绘个人的职业兴趣,通常用最强的三种兴趣的字母代码来表示一个人的兴趣,这个代码就成为"霍兰德代码"。这三个字母间的顺序表示了兴趣的强弱程度的不同。

现实型:喜爱具体明确、需要动手操作的工作环境。他们通常情绪稳定、忍耐力强,给人的印象是诚实、谦和、节俭、脚踏实地。喜欢用实际行动代替言语表达,重视现在胜于重视未来。对于操作机械、修理仪器等需要技术、体力的活动表现出浓厚的兴趣。喜欢从事机械、电子、建筑、农事等方面的工作,较不喜欢需要社交、与人接触的活动。如修理工、机械装配工、木匠、绘图员、厨师、技师、计算机硬件人员、农民等。

研究型:擅长运用心智能力去观察、分析、推理,喜欢与符号、概念、文字、抽象思考有关的活动。他们个性独立、温和、谨慎、保守、内向,头脑聪明,思考理性、有逻辑。在工作上,表现出优异的科学能力,能提出新的想法和策略。喜欢从事理化、生物、医药、程序设计等需要动脑的研究工作,较不喜欢领导、竞争等需要企业能力的工作。如科研人员、医生、系统分析员、工程师、程序员和教师等。如科研人员、医生、系统分析员、工程师、程序员和教师等。

艺术型:喜欢自由自在、富有创意的工作环境。他们喜欢借助文字、声音、动作或色彩来表达内心想法和对美的感受。个性热情、冲动,有丰富的想象力和创造力。在工作上,乐于独立思考、创作,不喜欢受人支配。他们对美的事物有敏锐的直觉,喜欢从事音乐、文学、戏剧、舞蹈、美术等艺气息浓厚的工作，较不喜欢从事文书处理等方面的传统性工作。如雕塑家、建筑师、演员、广告制作人、歌手、作曲家、乐队指挥、小说家、剧作家等。

社会型：喜欢从事与人接触的活动。他们个性温暖、友善，乐于助人，容易与人相处。对人慷慨、仁慈，喜欢倾听和关心别人，能敏锐察觉别人的感受。在团体中，乐于与人合作，有责任感，喜欢和大家一起完成工作，不爱竞争。他们关心人胜于关心与物接触，喜欢从事教师、辅导、护理等与帮助他人有关的工作，较不喜欢从事需要技术、体力等机械操作方面的工作。如社区工作人员、公共关系人员、教育人员、行政人员、顾问等。

企业型：喜爱冒险、竞争，通常精力充沛、生活紧凑，个性积极、有冲劲。他们的社交能力强，是沟通协调的高手。在工作上表现出强烈的野心，希望拥有权力、受人注意并成为团体中的领导者。做事有组织、有计划，喜欢立刻采取行动，领导人们达成工作目标、赚取利益。喜欢销售、管理、法律、政治方面的活动，不喜欢花太多时间做科学研究。如保险代理、律师、销售人员、政治运动领袖、营销经理、企业领导、电视制片人、法官等。

常规型：个性保守谨慎，注意细节，有责任感。做事按部就班、精打细算、清清楚楚。他们喜欢安定，奉公守法，不喜欢改变、创新和冒险。在工作上表现出有秩序、做事仔细、有效率、尽本分、值得信赖。他们喜欢在别人的领导下工作，乐于配合和服从。喜欢从事会计、秘书、银行等数字计算、文书数据处理方面的工作，较不喜欢从事艺术活动。如文字编辑、会计师、银行家、图书管理员、办事员、打字员、行政助理、出纳等。

霍兰德职业性格的六种类型之间并非是并列而且有明确边界的，以六边形标注出六大类型之间的关系，他们之间存在着相邻、相隔、相对三种关系（如图3-1所示）。

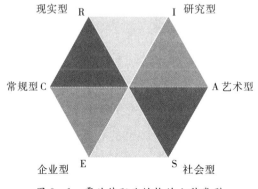

图3-1 霍兰德职业性格的六种类型

相邻关系比如 RI、IA、AS、SE、EC、CR、IR、RC、CE、ES、SA、AI，两种类型之间相似性相对较高，企业型 E 和社会型 S 的人都比较擅长和人交流，适合从事与人打交道的工作；相隔关系比如 RA、IS、AE、SC、ER、CI、RE、CS、EA、SI、AR、IC，它们之间的相同点比较少；相对关系包括 RS、IE、AC、SR、EI、CA、RS，两种类型之间的相同点就更少了，人们也很难同时对两种相对关系的职业环境产生兴趣。

三、兴趣与职业的关系

1. 兴趣影响职业选择

在影响职业选择的诸多因素中，兴趣属于动力系统，指引着人们选择自己喜欢的职业，并激发人们对于工作的动力和潜力。人们在进行职业生涯规划或者职业选择的时候，首先关注的一定是自己感兴趣的职业，也只有对自己感兴趣的职业才能够坚定追求。反之，如果我们选择了自己不感兴趣的职业，工作的积极性也会因此受到巨大影响，难以在工作中拥有获得感。

2. 兴趣保持职业稳定

兴趣能够使工作不再成为一种负担，而是一种享受，在这种情况下人们不会在意自己在工作中是否能够受到表扬、获得回报，而是整个人都能够忘我地投入，这种轻松、愉悦的感受会使工作变得更有意义。当一个人对某种职业产生兴趣时，就会全身心地投入，无论在工作中遇到什么样的困难和挫折都不会轻言放弃，大大提高职业的稳定性。

3. 兴趣促进职业成功

爱因斯坦曾经说过："兴趣是最好的老师"，兴趣能够带给人们极大的精神力量。研究表明：如果从事感兴趣的职业，人们能够在工作中发挥个人才能的 80%～90%，并且不会因为长时间的工作而感到疲惫；如果从事不感兴趣的职业，则只能发挥个人才能的 20%～30%，并且会因为工作而感到厌倦和无聊。从事感兴趣的职业能够更好地发挥个人的潜能，促进职业取得成功。

四、兴趣探索

1. 自我反思

白日梦：请摆脱任何现实的束缚，自由地列出三个你非常感兴趣的职业。想想这些工作的哪些特征在吸引着你呢？

爱好总结：你平时最喜欢看什么书籍、杂志？休闲时你最喜欢看网上的哪类信息？如果仅仅出于兴趣的考虑，你最想学什么？其中什么在吸引着你？上学时你最喜欢的科目是什么？为什么喜欢它们？这些都是我们兴趣的具体体现。

朋友分析：你的好朋友会如何描述你的兴趣？他/她觉得你在什么事情上最能迸发热情？你认同他/她的说法吗？

2. 畅享度假

如果你将获得一次免费度假的机会，你将在岛屿上自由自在的生活，在这六个月的时间里可以不考虑自己的工作、学业、家庭等，你将会选择以下6座岛屿中的哪一座岛屿呢？（如图3-2所示）

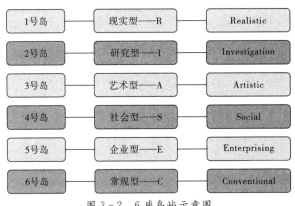

图3-2 6座岛屿示意图

1号岛是自然岛，岛上有良好的自然生态环境，保留了原始的热带植物林、动物园、海洋馆等。岛上居民有很强的动手能力，自己动手建筑房屋、种植蔬菜、培育花卉、打造器具，各种工具也都是自己动手完成的。

2号岛是冥想岛，岛上的建筑物多处于偏僻位置，地广人稀、人迹罕见，这里的环境静谧而安逸，适合思考。岛上有很多博物馆、天文馆、图书馆等。岛上居民善于思考、喜欢学习、追求真知，喜欢和来自各地的哲学家、地质学家、心理学家、科学家等交流研究成果。

3号岛是浪漫岛，岛上到处都弥漫着浪漫的气息，随处可见的音乐厅、美术馆、咖啡馆等彰显着艺术的气息。当地保留了原始的绘画、音乐、舞蹈，来自世界各地的艺术家都喜欢来这里寻找灵感，净化心灵。

4号岛是井然岛，岛上有完善的金融管理、户政管理、社会保障、地政管理系统，建筑充满了现代的气息，是进步的都市形态。岛上的居民善于创造和规划，冷静保守，处事井井有条。

5号岛是富庶岛，岛上的经济十分发达，彰显着繁荣的景象，遍布着高级的饭店、高尔夫球场、俱乐部等，律师、企业家、经理人、投资者们在此交流，相互合作。

6号岛是友善岛，岛上的居民之间相互交流十分密切，他们相互帮助，相处融洽。岛上充满了人文气息，处处都让人感受到和谐和友善。

每座岛屿都代表了一种兴趣类型，你属于哪种兴趣类型呢？请根据自己的兴趣选择三个你最想去的岛屿。

3. 兴趣测评

职业测评工具，应用最为广泛是霍兰德研发的职业偏好量表与职业自我探索量表两种。职业自我探索量表由四部分组成，包括192个题目。第一部分测定被试人所感兴趣的活动；第二部分测定被试人所擅长或胜任的活动；第三部分测定被试人所喜欢的职业。以上三部分各包括六大类60种活动，用选择"是"或"否"的方式回答。第四部分是被试人的能力类型自我评价，包括12个题目。测验完成后，可以得到自己在六大类型中分数最高的前三项，根据分数高低依次排列字母，得到自己的霍兰德兴趣代码，并对照职业索引表，判断被试人的职业兴趣及适合被试人的职业类型，填写在表3-1中。

表3-1 个人的霍兰德兴趣代码

项目	具体内容
根据职业兴趣测评得出的霍兰德代码	
与该兴趣类型相关的职业	
对照《霍兰德职业索引》找出与兴趣类型相符的其他职业	

值得注意的是，以上三种方式都是帮助同学们探索了解自己兴趣的途径，为职业生涯的规划和发展提供参考和指引，同学们不能完全依照探索结果确定职业目标，还需要在实践中进一步的验证和确认。

第二节 性 格

一、性格的定义

性格是一个人对现实稳定的态度，以及与这种态度相应的、习惯化了的行为方式中表现出来的人格特征。一个人的性格是在遗传、环境、教育、文化等因素的交互作用下共同塑造而成的,每个人都有其独特的性格特点。

职业性格是人们在长期特定的职业生活中所形成的,与职业相联系的、稳定的心理特征。例如对待工作踏实认真、待人接物热情周到、行事果断等。性格没有好坏之分,但是我们可以在职业发展的过程中"扬长避短",找到更适合自己的发展方向。

俗语说,"江山易改,本性难移",是指人的性格在长期生活经历中形成,就渐渐稳定下来,却也并非绝对不可改变,环境和重要事件都会在一定程度上改变我们的性格。在职业发展过程中,成熟的工作者可以通过自我调节不断完善自己的性格。

二、性格的分类

迈尔斯-布里格斯类型指标(MBTI)是美国心理学家伊莎贝尔·布里格斯·迈尔斯和她的母亲凯瑟琳·库克·布里格斯制定的人格类型理论模型。从精神能量指向、信息获取方式、作决策方式、喜好的行动方式四个维度,外倾、内倾、感觉、直觉、思维、情感、判断、知觉八个方向将人的性格分为 16 种类型,每种类型对应着一种特征和价值观(如图 3-3 所示)。

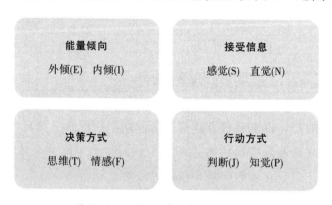

图 3-3 迈尔斯-布里格斯类型指标

从精神能量指向的角度来看,性格可以分为外倾型和内倾型(见表 3-2)。外倾型的人能量指向来源于外部世界,内倾型的人能量指向更多的来源于自身。外倾的人比较活泼开朗,比较喜欢将注意力放在外部世界;而内倾的人比较内向,心思相对来说更细腻,更加关注情感等。

表 3-2 外倾型和内倾型

外倾型（E）	内倾型（I）
喜欢与他人相处	喜欢独自度过时光
喜欢成为注意的中心	避免成为注意的焦点
行动，之后思考	思考，之后行动
喜欢边想边说	在心中思考问题
随意地分享个人情况	更封闭，更愿意在挑选的小群体中分享个人的情况
说的多于听的	听的比说的多
高度热情地社交	不把兴奋说出来
反应快，喜欢快节奏	仔细考虑后，才有所反应
重视广度而不是深度	喜欢深度而不是广度

比如小王和小李是好朋友，他们经常一起去图书馆上自习，小王喜欢去图书馆上自习是因为图书馆人比较多，他更喜欢待在人多的地方，而小李喜欢去图书馆上自习却是因为觉得图书馆比较安静。

从信息获取方式的角度来看，性格可以分为感觉型和直觉型（见表 3-3）。生活中，每个人每天都会收到大量信息，但接收信息的方式有所不同。感觉型的人通过他们的五种感官，即听到、看到、闻到、感觉到和品尝到真实和有形的事实和信息，而直觉型的人关注"第六感觉"和"暗示"。

表 3-3 感觉型和直觉型

感觉型（S）	直觉型（N）
相信确定和有型的东西	相信灵感和推断
不喜欢新想法——除非它们有实际意义	喜欢新思想和新概念
重视现实和常情	重视想象和独创
喜欢使用和琢磨已知的技能	喜欢学习新技能，但掌握之后很容易就厌倦了
留心具体的和特殊的事物，进行细节描述	留心普遍的和有象征性的事物，使用隐喻和类比
循序渐进地讲述有关情况	跳跃性地展现事实
着眼于现实	不愿意维持事物的现状，着眼于未来

电影《寻梦环游记》开头有一段冲突性极强的对白，影片中一心想要追随梦想的米格和家人形成鲜明的对比。米格是一个漫无边际的梦想家，对未知的事务充满了想象，而她的家人们则更相信现实存在的事物，更加脚踏实地。当感觉型的人和直觉型的人获取信息的方式不同的时候，矛盾就这样一触即发。

从决策方式的角度来看，性格可以分为思维型和情感型（见表3-4）。思维型的人比较注重依据客观事实的分析，一视同仁地贯彻规章制度，不太习惯根据人情因素变通，哪怕做出的决定令人难以接受。情感型的人常常从自我的价值观念出发，变通地贯彻规章制度，做出一些自己认定是对的决策，比较关注决策可能给他人带来的情绪体验，人情味较浓。

表3-4 思维型和情感型

思维型（T）	情感型（F）
退后一步思考，对问题进行非个人因素的分析	超前思考，考虑行为对他人的影响
重视符合逻辑、公正、公平的价值，一视同仁	重视同情与和睦，重视准则的例外性
被认为冷酷、麻木、漠不关心	被认为感情过多，缺少逻辑性，软弱
只有情感符合逻辑时，才认为它可取	无论是否有意义，认为任何感情都可取

比如某部门因编制问题需要裁掉一名员工，部门主管给出了两个方案：一是裁掉45岁的老张，老张从大学毕业开始为单位工作了22年，但是因为年龄较大、接受新事物的能力远不如年轻人；二是裁掉30岁的小李，小李研究生毕业、在单位工作了4年，工作能力很强、思维活跃，总是能想出出众的点子。部门领导因为此事争论不休。如果是你，你会如何抉择呢？

从喜好的生活方式角度来看，性格可以分为判断型和知觉型（见表3-5）。判断型的人做事情目的性很强，做事之前会先盘点当下的情况，制定合理的计划之后行动，他们更喜欢有计划的、有条理的工作，不喜欢自己的计划被打乱；知觉型的人做事凭借感觉，遇到事情的时候凭借直觉直接着手，更享受计划开始的时候，他们适应性更强、更灵活。

表3-5 判断型和知觉型

判断型（J）	知觉型（P）
做了决定后感到高兴	当各种选择都存在时感到高兴
"工作原则"：工作第一，玩其次（如果有时间）	"玩的原则"：玩和享受，然后再完成工作（如果有时间）
建立目标，准时地完成	随着新信息的获取，不断地改变目标
愿意知道自己将面对的情况	喜欢适应新情况
注重结果（重点在于完成任务）	注重过程（重点在于如何完成工作）
满足感来源于完成计划	满足感来源于计划的开始
把时间看作有限的资源，认真地对待最后期限	认为时间是可更新的资源，而最后期限也是有收缩的

假设星期日你要考一门专业课,星期五你的发小突然从 1000 公里外坐火车过来,想要给你一个惊喜,星期六的时候你是会让发小等等你,你再继续巩固一下复习的内容呢?还是会带发小在校园里面四处转转,和他聊聊天、交流一下思想呢?此时判断型的人和知觉型的人会有不同的选择。

根据以上描述思考你更倾向于哪种选择方式?你的家人及朋友是属于哪种类型?你们之间的这种差异是否会影响相处?你的性格类型与所学习的专业和要从事的职业有怎样的关系?

三、性格与职业发展的关系

不同的职业对从业者的性格要求不同,如果性格和所在的职业环境相匹配,那么完成工作时能够更加轻松、得心应手,取得不错的业绩;如果性格和工作环境、工作要求格格不入,则容易在工作时产生较大的心理冲突和资源消耗。知道自己的 MBTI 类型,可以帮助我们了解职业倾向。

SJ 型的人有很强的责任心和事业心,能按时完成任务,关注细节,强调安全、规则和服从,尊重权威和等级制度,持保守的价值观,喜欢服务于社会需要,充当着保护者、管理员、稳压器、监护人的角色。

SP 型的人有冒险精神,反应灵敏,在任何要求技巧性强的领域中游刃有余,常常被认为是喜欢活在危险边缘寻找刺激的人。喜欢处理大量的事情和紧急事件,为行动、冲动和享受现在而活着。

NT 型的人天生有好奇心,喜欢梦想,独创性强,且有极强的分析问题、解决问题的能力。关注自己的观点和成就,喜欢被他们所尊重的人看重,是独立的、理性的、有能力的人。

NF 型的人热心而有洞察力,喜欢帮助别人成长和进步,在精神上有极强的哲理性,善于言辩,充满活力,有感染力,能影响他人的价值观并鼓舞其激情。

思考与练习

根据 MBTI 理论,我的性格类型是_____。

这是否符合我的认知?在平时的生活中我的性格特点是_____。

我可能适合的职业发展方向是_____。

第三节 价值观探索

价值观是影响职业选择的重要因素之一，体现了个体行为背后的深层次动机。现实中人们往往根据自己的价值观，选择不同的职业发展道路。

一、认识价值观

1. 价值观和职业价值观的含义

价值观是我们在生活和工作中所看重的原则、标准和品质。价值观往往容易被看作仅属于认知的范畴，其实它通常是充满着情感和意志的，反映人的需求，它直接影响和决定一个人的理想、信念、生活目标和追求方向的性质。

价值观为人自认为正当的行为提供充分的理由，是浸透于整个个性之中、支配着人的行为、态度、观点、信念、理想的一种内心尺度。一个人的价值观往往受到社会、家庭、他人的影响，而且随着环境、认知和年龄也将发生改变。

价值观是一股内在的无形力量，牵引着我们的人生，尤其是人生的关键时刻，它决定着我们的选择和人生发展方向。比如：大学生在毕业时，是选择升学还是就业？是去挣钱多的外企还是稳定但薪酬一般的公务员事业单位？是去机遇更多的中东部大城市还是回到更加熟悉舒适离父母近一点的家乡？作为农林院校大学生，是选择学以致用进入农林行业就业还是选择薪酬待遇更好一些非农林行业？这都是摆在大学毕业生面前的现实问题，最终促使我们做出决定的都是个人的价值观。

工作价值观，是指无论你从事什么工作，都会努力在工作中追求的东西，也就是你最期待从工作中获得的东西。比如：稳定的收入、可观的薪资、工作家庭平衡、平等的机会、宽松的环境、发展空间等。

工作价值观决定了个体对工作相对稳定性的、内在的追求，对于个体的职业选择与发展起着方向导引及动力维持作用。对大学生而言，职业价值观直接影响就业观念、就业目标和就业行动。

2. 大学生的职业价值观

当今社会呈现出文化多元化的特点，多元文化发展激发了社会成员的不同价值诉求，个体价值选择呈现多元化趋势，出现了唯利是图、精致利己等非主流价值观。比如，面对突发新冠肺炎疫情，有人选择做"最美逆行者"，有人冒着被感染的风险充当志愿者，而有人却选择逃离工作岗位。人们之所以会有不同的选择，究其原因，就是个人的立场和价值诉求不相同，由此导致了不同的价值选择。

"我在乡村出生长大，农村生活的点点滴滴，乡里乡亲的和蔼可亲、自然风光的无穷韵味，这些都深深烙刻在我的记忆当中，繁华的都市固然热闹，但农村和基层更需要我们去挥洒青春，我热爱家乡，面临毕业择业，我更加坚定了自己的志向，家人的深明大义和理解支持也给了我莫大的动力，让我义无反顾踏上了到西部基层就业的征程。"这是西北农林科技大学一名2020届毕业生的职业选择。

中国现代化离不开农业农村现代化，农业农村现代化关键在科技、在人才。新时代，农村是充满希望的田野，是干事创业的广阔舞台，得其大者可以兼其小，作为农林院校大学生，只有把自己的职业理想融入国家和民族的事业，投身乡村振兴战略，到祖国和人民最需要的地方奉献青春，才能成就一番事业。

二、探索价值观的意义

马斯洛的需求层次理论是行为科学的理论之一，由美国心理学家亚伯拉罕·马斯洛在1943年的《人类激励理论》的论文中提出，他构建了一个人类需求层次金字塔，金字塔从下到上将人的需求分为五种：生理需求、安全需求、社交需求、尊重需求及自我实现的需求（如图3-4所示）。一般认为，低层次的需求得到相对满足后，就会向高一层次发展，在每一个时期会有一种需求占支配地位，这些需求是强大的内在驱动力，促使人们做出不同的选择和行动。一般会认为，这五级需求要逐级进行满足，只有满足了基本需求，才会转向次级需求和高级需求。但这并不完全正确，因为现实中还存在有的人在未满足生理需求的情况下早已追求自我实现。

根据马斯洛的需求层次理论，不同的阶段有不同的目标，职业生涯发展的过程也是逐步实现目标、满足自我需求的过程。大学生在毕业时，往往都把生理需求和安全需求作为首要目标，强调薪酬报酬、福利待遇、工作稳定性和工作条件，因为在这个阶段，面临经济独立、买房成家等任务，这些都

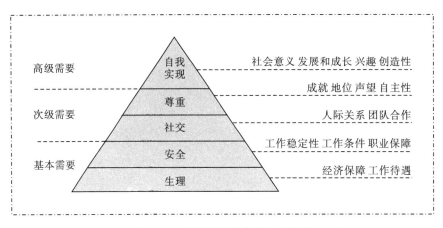

图 3-4 马斯洛的需求层次金字塔

需要经济支持。随着年龄增长，当有了一定经济基础，生理需求和安全需求得到满足后，个体开始追求更高层级的需求满足，例如得到尊重、实现自我价值等。当前大学生以"00后"为主，父辈的拼搏奋斗为他们创造了良好的生活条件，因此大学生在进行职业生涯规划和职业决策时，除了考虑报酬、环境、条件等因素外，更考虑个人的长远发展和更高层级的需求。他们强调选择自己喜欢，能够发挥自身最大能力，体现自身价值和意义的职业，为社会创造价值，从而更好地实现自我。

对照马斯洛需求层级金字塔，可以看出，不同层级的需求对应着不同的价值观。作为人们内在的驱动力，价值观在职业选择和职业发展中起到极其重要的作用。

1. 价值观影响职业选择

每个职业都有其独特性，因工作环境、收入水平、劳动强度、薪酬待遇不同，在人们心中的地位也不同，对职业千差万别的主观评价，就代表个人的职业价值观。不同的人会因家庭背景、成长经历、教育情况、兴趣爱好不同，产生不同的职业价值观，又因价值观不同做出不同的职业选择，可以说职业价值观决定了人们的职业期望、职业目标和求职行动。

2. 价值观推进职业发展

职业价值观决定了个体在职业发展中的投入和表现，为职业发展提供持续动力。当个体所从事的职业符合自身的价值追求时，就会全身心地投入，在某个领域不断精进，把职业当作自己的事业，甚至转化为个人的使命，推进职业生涯持续发展。

三、价值观探索与澄清

1. 价值观探索

价值观在人们的职业生涯发展中起着关键性、决定性和方向性的作用,甚至超过了兴趣和性格对职业生涯的影响。当人们在职业中有矛盾冲突,选择妥协与放弃时,常常也是出于对价值观的考虑。

很少有工作能够完全满足一个人所有的重要价值观,因此我们总是要不断地做出取舍。一个人越清楚自己的价值观,越了解自己在工作和生活中想要寻求什么,什么对自己来说是最重要的,其生涯发展目标也就越清晰。

2. 价值观澄清

个人由于所处的生涯发展阶段、社会环境的不同,他的需求会发生改变,从而可能导致价值观的变化。因此,价值观需要不断地审视和澄清。

拉舍等学者提出,真实的"价值"需要具备以下基本要素:

(1)选择。
- 它是你自由选择的,没有来自任何人或任何方面的压力吗?
- 它是从众多的价值观中挑选出来的吗?
- 它是在你思考了所做选择的结果后被挑选出来的吗?

(2)珍视。
- 你是否珍爱你的价值观,或者为你的选择感到自豪?
- 你愿意公开向其他人承认你的价值观吗?

(3)行动。
- 你的行动是否与你选择的价值观一致?
- 你是否始终如一地根据你的价值观来行动?

对于某件事情,如果你能对上述所有问题都给出肯定的答案,那么说明你确实认为它有价值;如果对其中的一些问题给出否定的答案,那你就需要认真思考一下,自己真正看重的、想要的是什么。比如小张常说"独立"很重要,但是在实际生活中,大事小事都是听父母的,父母说社会竞争激烈,有高学历才能找到好工作,他就决定考研,按照父母意见填报志愿,也没有对个人的能力进行全面评估。如果进一步分析,就会发现,小张其实非常看重与父母的关系,这种"亲密关系"更为重要。

价值澄清需要投入时间和精力,但这样的投入是值得的,因为它会有助于个人从整体出发，更好地为自己的全面发展作出考虑和选择。当个人依照自己健康发展要求下的真实价值观行动时，会感到很大的满足。

作为大学生，应该培养自己的人生态度。大多数人曾下意识地从父母、老师及过往经历当中接受了一套价值观，成年后，他们开始对这些价值观进行审视和筛选，把其中的某些作为自己的价值观，这些价值观有可能与父母之前灌输的价值观相冲突，但是成熟和独立的人总是按照自己的价值观行动，而不是依照别人的价值观。因此大学生应当对自己的职业生涯和生活进行不断地思考，加强个人价值观的探索和澄清，只有这样才能减少无谓的纠结和犹豫，从而建立对人生的掌控感，培养独立人格，获得人生的满足感和价值感。

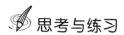 思考与练习

我眼中的好工作

请在一分钟的时间内，尽可能地写下你联想到的词语。

下面是一些大学生所写的例子：

• 工作环境良好，有团队凝聚力，可以发挥自己优势，薪资符合自己的要求，具有一定的挑战性，提高自身能力并获得成就感。

• 晋升、外出交流机会多，同事们都很好相处，各司其职，薪资待遇和业务能力成正比，可以体现自己的工作价值。

• 自己比较感兴趣，满足自身基本生活需要的同时，能在工作中实现自身价值、获得成长和情感归属。

• 能不断学习到新的专业知识，工作时间可自由安排，能让自己感到充实，不会觉得无聊。

• 薪酬合适，可以实现自我价值，拒绝"996"、不带薪加班，最好有挑战性。

• 离家近，有稳定收入，有社会地位，单位领导正直，单位同事心地善良，不用东奔西走。

• 有良好的发展平台，和谐的人际关系，稳定的工作收入。

• 是自己所热爱工作，同事相处融洽舒畅，得到应有的尊重，满足自身日常需求，有提升自己的发展空间。

以上词语反映了个人在工作中所看重和追求的标准和原则，体现了我们

的工作价值观。

请思考：你在工作中寻找的是什么？你判断工作"好""坏"的标准是什么？它们代表着你怎样的价值观？

价值观分类卡

使用"价值观分类卡"做参考（如果没有现成的卡片，也可以自己制作，列举56项重要而常见的价值观，然后写在扑克牌大小的卡片上），根据自己的感觉快速将这些价值观卡片按照"非常重视""比较重视""有时重视""很少重视""不重视"进行分类。要根据自己的真实意愿进行分类，明确对自己来说什么是最重要的，不要考虑别人会怎么说，或者别人希望你怎么选择。"非常重视"栏中不能超过8张卡片。

对每个纬度项下的卡片进行排序，把你认为最重要的价值卡片放在最顶端，其他按照重要程度降序排列。

仔细查看价值序列，分析这些价值观有什么联系，思考你之前的职业决策和你的重要价值观之间是支持、否定、刚好匹配，还是完全没有关系，写下你的思考。

- 根据价值分类卡挑选出的重要价值观。
- 根据价值分类卡挑选出的不重要价值观。
- 根据价值分类卡挑选出的居中的价值观。
- 仔细查看价值序列，思考职业选择与价值观的关系，如果存在冲突，请深入分析，并写出解决价值冲突的方法。

▶ 第四节 能力探索

能力不仅是用人单位最关心的问题，也是大学生干事创业，担负强国使命的必然要求。对每个大学生来说，都应当积极探索、并不断培养和提升自己的能力。

一、能力的定义和分类

1. 能力的定义

能力是人们顺利实现某种活动的心理条件，它不仅包含了一个人现在已经达到的水平，而且包含了一个人所具有的潜力。它是顺利地完成某种活动的必要条件，能力和活动紧密联系，人的能力在活动中形成和发展，又在活动中表现出来。按照其获得的方式，能力可以分为能力倾向（天赋）和技能两类。

能力倾向（天赋），每个人都有个体特殊的才能（潜能），如音乐、运动能力，它是与生俱来的，不过也会因为未被开发而荒废。人们往往把那些天生有天赋的人称为天赋异禀，比如有的人，因为父母是篮球运动员，源自强大的基因，他从一出生，体重和体型就比别的孩子大，被认为天生适合打篮球。

技能是指经过学习和练习而形成的能力，通常表现为某种动作系统和动作方式。如一名优秀的专业车工，加工精度能达到0.08毫米，也就是接近一根头发丝的直径。还有我们平时所使用的表达能力、阅读能力、人际交往能力、组织管理能力等。

现实生活中，个人的能力水平往往是能力倾向和技能两方面的结果。比如某人成为一名优秀的篮球运动员，除了身高优势和发达的肌肉力量等这些先天优势外，也离不开后天长期刻苦的训练。技能主要是在后天学习和练习而成，即使有天赋，后天不努力发展也会丧失。数学家华罗庚曾说过："勤能补拙是良训，一分辛苦一分才。"有些人虽然先天不足，但后天通过辛苦努力收获了才能，实现了很好的发展。比如2021年感动中国年度人物江梦南，她半岁时双耳失聪，但她通过唇语学会了"听"和"说"，经过勤奋的训练和刻苦的努力，她不仅考上了重点大学，还成为清华大学的博士生。

与能力相关的还有一个很重要的概念就是自我效能感。所谓自我效能感是指个人对自己的能力及运用该能力将得到何种结果所持有的信心或把握程度。自我效能感是预测个人行为的重要指标。在实际生活和工作中，对个人行为起决定作用的往往不是个人实际能力的强弱，而是个人自我效能感的高低。比如部分女大学生在数学、科学学习方面缺乏自信，也倾向于花费更少的时间去学习，随着社会对高科技发展需求的加大，高精尖技术领域的数学、科学应用越来越广泛，这也是目前社会中报酬较高的工作，但女大学生对这部分岗位的自我效能感较低，在求职时往往主动回避或放弃这些岗位。还有一些同学，其实本身能力不错，也得到很多人的肯定和认可，但因为自我效能感不强，限制束缚了自己的发展空间，错失了很多机会。

如果说一个人的能力像燃料，自我效能感就像是火种，没有火种，即便燃料再足也很难燃烧。如果我们一直告诉自己是有能力的，那么在实际中可能也会游刃有余，相反如果我们一直告诉自己不行，那么实际中我们的表现可能真会让人失望。因此大学生应当重视提高自我效能感。一般而言，有以下几个途径：一是先从做成小事开始。根据自我效能理论，我们现在的成功正是因为我们曾经有过的小成功，因此可以先从小事开始，做一些成功的事情，积累成功的经验。二是让个人形象更优秀一些。情绪状态可以反过来影响自我效能状态，如果我们每天都有一个成功的样子，成功就会慢慢向我们靠近。三是与成功者为伍。替代性经验研究告诉我们，个体能够通过观察他人的行为获得关于自我可能性的认识，学习者如果观察到他人成功和被赞扬的行为，就会增强产生同样行为的倾向，而相似群体的示范作用更大。因此大学生可以把优秀校友、学长学姐、舍友作为榜样，当看到他们取得成功时，个人内心的动力也会激发出来。四是寻求专家、老师等他人的支持。找到权威的人鼓励自己，比如父母、老师、领导、前辈等，他们的鼓励和认可，都可以给我们增加前进的动力。

2. 技能的分类

美国心理学家辛迪·梵和理查德·鲍尔斯将技能（经过学习和练习而培养形成的能力）分为三种类型：知识技能、可迁移技能和自我管理技能。

（1）知识技能。知识技能是指那些需要通过教育或者培训才能获得的特别的知识或能力，也就是个人所学习的科目，所懂得的知识。比如你所掌握的育种学、种子学、植物营养学、中国近现代史、电脑编程等知识。知识技能一般用名词表示。

知识技能不可迁移，它们是一些特殊的词汇、程序和学科内容，必须经过有意识的、专门的培训才能掌握。它们常常与我们的专业学习或工作内容直接相关。

知识技能不仅可以通过学校专业课程获得，还可以通过课外培训、专业会议、讲座、研讨会、自学、资格认证、考试培训等方式获得。此外很多公司会为新员工提供岗前培训，一些职场人士参加的在职教育都可以获得知识技能。因此如果对所学专业之外的工作感兴趣，可以通过很多途径来增加相关的知识技能。

当今世界，信息和技术发展日新月异，对大学生而言，对知识技能的掌握不能只满足于所学专业知识和已经掌握的知识，还要不断学习时代所需要的新知识，掌握不同的学科、专业的知识，争做"复合型的人才"。比如现代种业发展趋势就要求复合型高端种业人才，既需要有扎实的生物学和生命科学的基础理论，还需要积累分子生物学、合成生物学等方面的知识。

（2）可迁移技能。可迁移技能是一个人会做的事。比如教学、组织、说服、涉及、安排、帮助、计算、考察、分析、搜索、决策、维修等。可迁移技能一般用动词表示。

可迁移技能的特征是可以从生活中的方方面面，特别是工作之外得到发展，也可以迁移应用到不同的工作之中。比如当宿舍里因为作息时间不一致产生矛盾时，宿舍舍长可以通过组织全体舍友开会讨论、协商通过制定作息时间表解决问题。宿舍舍长在解决矛盾过程中运用到了组织管理、沟通表达、分析、协商、处理问题、制定规则等能力，这些都是可迁移技能，现在可以用于解决宿舍矛盾，进入职场后，这些能力也可以得到运用。因此可迁移技能也被称为通用技能。

可迁移技能是个人最能持续运用和最能够依靠的技能。与知识技能相比，可迁移技能无所谓更新换代，而且无论你的需求和工作环境有什么样的变化，它们都可以得到应用。随着我们工作经验和生活阅历的增加，它会得到不断发展。事实上，知识技能的运用都是在可迁移技能基础之上的，学习知识技能的过程也是培养可迁移技能的过程，比如你所学的是动物医学专业，你可以"教授"动物医学知识、"治疗"小动物、"检验"动物疫病、"研发"兽药、"宣传"人畜共患病防治知识等，通过可迁移技能来运用自己所学的专业知识。

从某种意义上说，在求职的时候，尽管你从来没有从事过某个职位，但只要你实际上具备这个职务所要求的各类技能，你就可以证明自己有资格去从事它，即使你不是"科班"出身，仍然有可能跨专业从事你想从事的职业，尤其是那些对知识技能要求不是很高而可迁移技能占重要地位的职业。比如针对营销岗位，虽然不是营销专业的学生，但是在校期间从事了很多有关品牌代理和营销的活动，取得了突出的销售业绩，培养了良好的人际交往能力、沟通能力和应变能力等，就可以应聘销售岗位。又例如虽然不是师范专业，但是通过当家教、在教辅机构兼职、参加支教活动等，具备了讲授能力、研究能力和学习能力，你依旧可以应聘教师岗位。

（3）自我管理技能。自我管理技能被用来描述或说明人具有的某些特征，它涉及个体在不同环境下如何管理自己。良好的自我管理技能能够帮助个体更好地适应周围的环境，应对工作中出现的问题，因此往往被称为"适应性技能"。自我管理技能一般用形容词或副词表示。

一个人掌握丰富的知识技能，也会做很多事情，但是如何使用知识技能，以什么样的态度做人做事，往往比完成工作更重要。自我管理技能正是体现一个人的精神品质和工作态度，它帮助人们积极适应新的环境和规则，不断取得成就，获得职业成功。自我管理技能是影响职业生涯取得成功的关键因素，因此有人称它为"成功所需要的品质、个人最有价值的资产"。

现实生活中，有些人被解雇，很多时候是因为缺乏自我管理技能，比如工作不积极主动、适应性不强、很难跟他人相处等。部分用人单位评价刚毕业的大学生是"缺少敬业精神、没有服务意识、眼高手低、不认真、不踏实、没有主动进取精神"，这都是说明缺乏自我管理技能。

自我管理技能无论是一个人先天具有的还是后天习得的，都需要练习，它们可以从非工作（生活）领域迁移转换到工作领域。也就是说，耐心、负责、热情、敏捷这些技能并不是通过专门的课程学习到的，而是在日常生活中随时随地培养的。

一名见习的研究生这样写道："这次见习我收获了很多，到工作岗位后，不要急于表现，要多观察、多聆听、多和同事沟通请教，真诚待人，把握好分寸感；有时工作不像我们想得那么精彩，更多的是琐事，这时就要有螺丝钉的精神，认真对待每一份细小的任务，小到一份文档里的空格、标点，都要仔细检查，多核对、多推敲，只有这样才能给自己积累更多经验。"

越是大的公司越是看重毕业生的个人综合素质，也就是自我管理技能和可迁移技能。可以说，最终获得工作机会，并在工作中能够长久发展的，是自我管理技能和可迁移技能。大学生在校期间，一定要在学好专业知识的基础上，加强对自我管理技能和可迁移技能的培养，争做复合型的人才。

二、技能探索

当一个人的能力和工作要求相匹配时，更容易发挥自己的潜能，并且获得一种满足的感觉。相反，当一个人去做自己力所不及的工作时，就会感到焦虑，甚至会有挫败感。而当一个人能力超出工作要求太多时，极容易感到工作缺乏挑战、比较乏味。因此我们需要采取一些方法来探索自己的技能，这样可以清晰地了解自我，更好地确定未来发展方向。

1. 自我的肯定

自我的肯定就是指梳理自己在专业学习、实习实践、业余活动、科研项目等过往经历表现，通过自己实际取得的成绩和在工作中获得的可衡量的业绩，看到自己在某一方面的技能，这种方式最直接、最简便。比如曾经获得英语演讲比赛第一名，因此具备较高的英语水平。在大学学习的是什么专业？除了专业课，还选修了什么课程，参加过哪些培训？这些都是肯定我们所获得的知识技能。你会做什么？参加过哪些实习实践？哪些能力能够帮你找到工作？自己身上最明显的特点是什么？这些问题可以有效探索可迁移技能和自我管理技能。

2. 别人的赞许

我们还可以通过与别人相处来发现自己未能意识到的自我技能。比如我们常常听到来自他人的赞许，比如"你表达沟通能力很强""你特别积极上进，遇到困难从不退缩"，在老师眼里，你是一个什么样的学生？你的同学通常怎么评价你？通常你给别人留下最深刻的印象是什么？这些问题可以帮我们收集他人的评价，比如你可能从来没有当过学生干部，但是老师和同学们都认为你是一个有责任心、有耐心、有组织管理能力的人，这个过程也是探索自我技能的过程。

3. 用 STAR 法来书写成就故事

在技能探索时，可以回忆曾经遇到过什么样的困难和挑战，自己是怎样克服和解决的，通过这些经历的总结，就能够清晰地发现自己到底拥有什么样的技能，这就是 STAR 法，主要从以下四个方面思考：

(1)当时的形势(Situation)：描述背景，即当时所处的环境或者面临的挑战。

(2)面临的任务/目标(Task/Target)：描述当时的任务或目标，即在当时环境下承担的职责、遇到的困难等。

(3)采取的行动/态度(Action/Attitude)：针对这样的情况，采取了什么样的态度，实施了什么行动，要求体现具体的步骤，即如何一步步克服困难，达成目标的。

(4)取得的结果(Result)：最终产生了什么样的结果，从中学到了什么。

三、如何在大学生活中提升能力

1. 加强专业知识学习

专业知识技能是大学生就业的核心竞争力，也是大学生职业生涯的起点，体现了他们未来在专业领域的发展潜力，因此大学生要重视专业知识学习，夯实专业基础知识，努力把专业知识转化为专业技能。尤其是农林院校大学生，是实施乡村振兴战略的生力军，肩负着强农兴农的重要使命，更要好好学习专业知识，掌握服务"三农"的真本领。

2. 积极参加校园活动

校园活动是大学生锻炼成长的重要途径，大学生在校期间应该积极参加社团、志愿者、勤工助学等各类活动。这些活动可以培养和发展个人能力，比如语言表达能力、组织管理能力、综合协调能力、人际交往能力等，能够促进大学生不断完善自我，为未来职业发展奠定良好的基础。

3. 开展社会实习实践

"纸上得来终觉浅，绝知此事要躬行。"实习实践是大学生学以致用，进一步认识社会，了解职业世界，全面提升素质和能力的重要环节，它能够进一步增强大学生的社会责任感和使命感，促进大学生树立合理的职业期望，主动提升能力，实现从校园人到职场人的角色转变。农林院校大学生应当深入农村、深入基层积极参加社会调研、政策咨询、生产劳动、科技下乡等活动，了解国情农情，感受农业农村发展现状，有针对性地提高专业知识技能和个人综合素质。

思考与练习

仔细回想过往经历中，自己认为最有成就感的 3 个故事，这些故事可以是学习或工作上的，也可以是课外活动或家庭活动，比如一次旅行、一次家庭聚餐等。你不需要考虑是否挣钱，或者事件大小，只要符合以下两条标准，就可以被视为"成功"，一是你喜欢做这件事；二是你对结果感到自豪。

看看这些故事中是否有重复出现的技能，并将这些技能分类，按照优先顺序加以排列，这就是个人所拥有的技能。

第四章 探索外部世界

探索外部世界，是职业生涯规划的重要环节，也是决定未来能否找到合适工作的关键。对于新时代大学生而言，"知己知彼"是职场"百战不殆"的法宝，"知己"即从性格、兴趣、技能、价值观等方面进行自我探索，"知彼"即了解外部的职业世界，探索外部世界。将自我探索与对外部世界的探索相结合，才能充分开发潜能，不断突破障碍，达到自我实现。那么，怎么探索外部世界呢？

▶ 第一节 外部世界的构成

外部世界是在自我探索的基础上，充分了解自我之外的世界。社会环境、学校环境、家庭环境、职业环境、偶然事件、朋辈影响等均属于外部世界的范畴，又是与自我探索紧密联系的因素。我们要多途径、多层次、多方位了解外部世界，为未来的求职决策做准备。

毕业生在求职找工作时，学历和能力哪个更重要？

用人单位给出的答案是：对职业的认知更重要。求职者对应聘职业及相关工作有明确的认识比学历层次水平更令用人单位欣赏。

学历、能力、对职业的认知都已成为影响求职的重要因素。很多毕业生进入工作岗位后不适应工作环境或有强烈挫败感，导致频繁跳槽，多数是由于前期对职业认知不清楚造成的。大学生想要顺利应聘一份好工作，除了在性格、技能、兴趣、价值观等方面有正确的认识，还要对职业有清楚的认知。对职业的认知是动态的，并非一次性完成的，需要结合自我探索的过程，不断地进行评估和调整。

大学生在求职过程中，对于外部世界的探索是非常有必要的，要在行动中了解职业、了解外部世界。

随着经济全球化和信息技术的快速发展，各行各业的结构性调整和重组不断加快，大学生就业市场呈多元化发展格局，就业市场和用人单位也在逐渐趋向成熟。在这种背景下，大学生就业与外部环境的联系愈发紧密。因此，积极探索外部世界，包括对社会、学校、家庭、职业、偶然事件、朋辈影响等环境的探索，无论是对大学生的职业探索及认知，还是促进大学生个人成长，都具有十分重要的现实意义。

一、社会环境

1. 社会环境与职业价值观的关系

人的价值观作为一种意识，来源于所处时代的社会环境，大学生职业价值观的形成受多种因素的影响，其中社会环境是一个重要的因素。随着脱贫攻坚取得全面胜利，我国已经进入脱贫攻坚与乡村振兴有效衔接的阶段，国家出台一系列促就业政策，鼓励大学生就业、创业，给当代大学生就业真正带来了"实惠"，尤其是对家庭经济困难大学生的就业产生了积极而深远的影响。

在经济快速发展和融媒体时代背景下，丰富多彩的社会生活，形形色色的人生状态，潜移默化地影响着人们的日常生活和行为方式，人们的生活水平和精神追求不断提高，社会生活和价值观念在多元化发展。一方面，中国传统文化思想观念植根于大学生的文化心理之中，对大学生的思想观念的形成具有较大影响，大学生的求职价值观呈现出多元化趋势，如平等竞争、效益优先、创新务实、尊重个性等。另一方面，崇尚自由、关注自我、张扬个性等西方价值观念也不断影响着大学生。现有部分大学生能够在现代与传统、积极与消极、主流与非主流交织的社会价值观体系中进行自由选择，具体表现为更加关注薪酬、看重工作环境、崇尚个人发展，而在一定程度上淡漠了对责任承担、社会效益、无私奉献等因素的关注。因此，社会上各种思潮的交融起伏，无形中都会引发大学生职业价值取向的变化。

2. 社会环境与就业机制的关系

社会环境也影响着就业机制的变化。随着脱贫攻坚取得全面胜利，在我国中西部地区，尤其是宁夏、新疆等多民族聚居的地区，受经济、文化、民族风俗习惯等因素的制约，高校毕业生就业制度改革持续稳步推进，已经实现由政府调控、市场导向、学校推荐、毕业生和用人单位双向选择、自主择业的新机制。就新疆高校而言，按照国家和自治区的相关招生政策，结合农林院校专业特色，在招生中针对性的编制国家专项、南疆单列、地方专项等地区招生计划。针对毕业生群体，积极开展求职创业补贴工作，帮助家庭经济困难、身体残疾等困难群体顺利就业。同时，鼓励和支持毕业生到西部、到基层、到祖国最需要的地方就业创业，把个人理想追求融入祖国建设发展的新征程。

近年来，"慢就业"成为热门词。客观来讲，随着生活水平的明显提升，对于一部分学生而言，就业不是一个亟待解决的问题，所以就业质量成为他们关注的重点。对于另外一部分学生而言，"慢就业"是自己逃避社会竞争的"缓兵之计"。看起来，"慢就业"只是晚一段时间就业，其实需要付出更多的经济和时间成本。即便在刚毕业时不知道自己想找什么工作，与其坐而思不如起而行，要有不怕失败的精神，通过实战不断打磨自己，逐渐找到就业方向。如果一味地"慢就业"，可能会带来一系列的问题，比如从"慢"到"拖"，越慢越迷茫，在犹豫中错失了就业机会。

在全面深化教育改革的背景下，政府采取重大举措来提高大学生综合素质和就业、创业能力，开展"订单式"紧缺人才培养模式，培养了一批批稳定、有效的实训人才。比如，在新疆某高校，学校结合"三进两联一交友"活动，即"进班级、进宿舍、进食堂，联系学生、联系家长，与学生交朋友"活动，推动学校形成全员参与、各部门配合、各教育环节统筹协调的就业机制，对大学生身心发展、道德品质培养、学业帮扶、就业指导等方面给予更多的关怀和引导，促进大学生成长成才。

新的就业机制的确立也引发了用人单位人才招聘机制的变革，越来越多的用人单位对人才的需求也由学历导向转向综合素质能力导向。在全面促就业的同时，学校还引导广大青年学生深入基层、服务社会，进一步激发青年学生成才报国的责任感和使命感，提升立德树人成效。组织开展"文化下乡"系列活动，安排大学生艺术团等学生组织利用假期深入贫困村开展社会实践；通过"红领巾小课堂""志愿服务"等活动，帮助新疆南疆地区开展文明乡村建设，丰富基层群众文化生活；组织学生到学校"访惠聚"工作队实习、锻炼，同时协助开展群众文化活动；致力于脱贫攻坚与乡村振兴有效衔接，组织脱贫攻坚实践团队，深入贫困地区尤其是南疆贫困县，解决生产生活实际问题，提供技术咨询和技能培训，进一步提高学生实践能力和就业竞争力。

新的就业机制对大学生的就业产生了积极影响。新时代大学生在国家促就业的惠民政策下，可以自由选择与自身专业、兴趣和特长相适应的岗位。但在就业形势较为严峻、就业环境还需进一步改善的情况下，大学生求职择业的压力和难度也与日俱增。新的大学生就业机制的确立也引发了国家机关和企事业单位用人机制的变革，更多的用人单位对人才的需求也由过去的重学历文凭转向重实用技能、综合素质和职业认知。因此，为了在激烈的竞争中就业，大学生必须提高求职择业的主动性和积极性，从观念、能力、行动上自觉适应社会环境的变化。

3. 信息化时代与大学生求职变化趋势

随着信息技术蓬勃发展和信息化时代的到来，人工智能、5G、大数据、"互联网＋"等新兴产业不断发展，产业转型升级不断深入，大学生毕业后在不同地域、行业职业和用人单位就业的特点也发生了新变化。同时，各种文化在不同领域内交流碰撞，这一切都冲击着身在其中的大学生。2021年中国本科生就业报告显示：从毕业生就业情况来看，"新一线"城市对本科毕业生的吸引力不断增强，毕业生就业的重心持续下沉。从行业职业上看，教育、信息、文体娱乐等服务性行业需求增长，以互联网开发、新媒体运营、在线教育为代表的新兴职业成为毕业生就业增长点，新兴行业的岗位需求量增长也是造成"王牌专业"的主要因素。民营企业、中小微企业是吸纳毕业生的主体，释放了更多的就业机会。

信息化时代使企业发展的节奏发生了变化，线下招聘逐渐被"云招聘"所替代，这些都促使大学生在求职行为上必须做出相应改变。

二、学校环境

学校是培养人才的重要之地，大学教育需要强化学生对专业知识的学习，培养学生匹配经济社会发展需要的能力。学校一般都会重视实践教学，提升学生的实践能力，有目的、有计划、有组织地教育和引导大学生学习专业知识、参加社会实践，推动大学生积极主动地进行就业能力的提升和职业技能的培养，为其职业价值观和求职能力的培养创造有利条件。

1. 学校教育与大学生职业探索的关系

学校教育在青少年的成长过程中扮演着极其重要的角色，承担着教书育人、传承文化、培养精英的使命。通过学校教育，青少年的思维方式、知识储备、能力素质及价值观等都得到全面的拓展和提升。特别是在高校中，大学生在学习文化知识、掌握专业技能的同时，个人价值观也逐步确立和完善，开始有意识地深入了解、探索相关职业世界的信息，并初步形成自己的职业价值观。

大学期间的目标，离不开对职业世界的认知。大学校园学习氛围浓厚，软硬件设施完备，专业交流探讨机会较多，校园文化活动丰富多彩，大学生可通过了解学长学姐的就业情况及发展状况认识更多的就业方向，这些都会在潜移默化中对求职目标的形成产生影响。

大学的教育不仅仅是向大学生灌输专业理论知识，还应进行学业规划和求职目标的指导，引导大学生根据自身特点，结合专业知识、社会需求、学校现有资源和对职业的认知，对职业进行探索，确立大学期间的学业目标，以此为依据制定具体方案并付出努力。

2. 专业教育与择业之间的关系

大学教育是按照一定的学科专业来培养人才的，大学的专业学习内容都是为培养适应某个行业或产业发展人才需求而设定的。因此，大学生应打好坚实的专业基础，坚持理论联系实践、积累与协调相统一的原则。大学生在专业学习及教学实习实践中，一般都会涉及专业知识在生产和生活中的实际应用，不可或缺地会联系到某些产业发展、行业现状、技术应用、典型人物等与职业密切相关的知识信息，这时需要在知识认知和积累的过程中，不断协调自身特点与择业之间的关系，最终达到顺利就业。

专业性质对大学生的求职价值观、职业认知、思维方式也会产生影响。如经济、商贸、金融等专业的学生在择业时会更务实，更追求财富与价值，更追求如何让效益最大化，如何创造更多财富。学习医护、师范等专业的学生更多体现奉献意识、利他主义、集体主义。因此，在学校教育中，学生专业知识的积累对学生职业价值观的培养和认知外部世界都有一定的影响。学习本身就是个体价值观与专业所体现的职业价值观不断碰撞、认同与融合的过程。

大学生可以通过大学专业教育获得与择业相关的能力，一名优秀的大学生应把培养科学的思维能力、构建合理的知识结构、锻炼较强的实践能力和提高全面的综合素质统一起来，不断提升职业所需要的基本能力（学习能力、适应能力、团队协作能力、人际交往能力、决策能力、创新能力、执行能力、信息处理能力等）和从事特定专业性工作的能力（专业理论能力、专业应用技能）。任课教师在教学或指导学生实习实践过程中，一般针对学生的各种问题和迷惑，根据自己的人生经验及对行业、职业的认识和评价，在潜移默化中实施价值引导和观念教育。因此，大学生在专业教育中习得的综合能力与择业之间形成密切关联。

3. 专业教育融合实践教育

作为大学生，首先积累的是自己所学的专业知识，而后在既定的专业知识学习和专业实践过程中，储备专业知识、提升专业素养、习得专业技能，进而可能会对本专业所面向的行业、产业、单位的发展状况和人才需求趋势获得更多的信息反馈。

专业教育融合多种形式的实践教育，使大学生的职业价值观在发展中得到修正。大学期间学生在完成专业学习之余有较多的时间和机会参与实践教育，比如专业实习、生产实习、顶岗实习、社团活动、勤工助学、社会调查、志愿服务等。在这些实践教育活动中，大学生有机会走进职业世界，了解职业环境，身历其境地观察、体验职业生活，同职业人士深入交流。在越来越多的社会实践中，大学生将巩固课堂专业知识，拓宽专业领域，并提高运用自身所学、所思、所想来解决生产实际问题的创新能力及实践操作能力，在此过程中，大学生的职业价值观会不断地得到检验和修正，在动态发展中趋于平衡和稳定。

4. 生涯教育引领求职目标

生涯教育主要是基于大学生职业生涯规划课程开展的。近几年，随着教育改革的深入，基于学生的学情分析和对课程教学中存在的问题进行分析，学校教学设计与实施逐步立足学校实际，秉持"融合、创新"理念，多维度创新课程实施，充分发挥学生主体地位；基于成果导向，重视生涯引导，树立正确的就业观、择业观，激发自主就业意识，探索就业兴趣，增强就业信息；注重融入思政元素，增强大学生的社会责任感。即将毕业的大学生面临考研、考公务员、创业等多个选择，这时引导学生先运用职业生涯规划相关原理分析自身的特点和信息化时代的背景，围绕国家社会需求和国家有关政策文件，树立"到基层去，到西部区，到祖国最需要的地方建功立业"的意识。

生涯教育的实施促进了大学生求职目标的确立和职业价值观的发展，对大学生职业生涯规划及个人发展有着重要的引领作用，为大学生在大学期间尽早唤醒职业意识、积极了解职业世界、深入开展职业探索、合理确定职业目标产生了巨大的推动作用。大学生通过职业生涯规划教育课程的学习，能够了解和掌握较为丰富的职业生涯发展理论及其应用方法，从而使得他们的自我探索更为科学而富有成效。随着学生自我认知的逐步深入和对职业信息掌握的日益丰富，其职业价值观将在探索中得到发展和完善。

三、家庭环境

家庭环境对大学生人格发展和价值观的形成有着重要作用。大学生在进入大学前基本和父母生活在一起，从小耳濡目染、潜移默化，主动或被动接受着家长的价值观。而这些来自家庭的价值观念，必然会对青少年的思想观念、人生态度和行为习惯产生影响。

1. 家庭环境对大学生了解职业世界的影响

大学生最初对职业世界的了解，一般来说是从父母或亲人所从事的职业开始的。如果父母或亲人热爱自己的职业，对自身所从事的职业高度认同，职业发展前景良好，其子女也可能从小就在内心深处对职业有了一定的认知。另外，家长的职业价值观倾向，会通过与各行各业或身边熟悉人物的交流不知不觉中传递给子女。从这个角度看，家庭环境对于大学生职业价值观的确立和影响作用不容忽视。

家长对职业世界的认识和评价及切身的职业经验会对大学生职业选择产生直接或间接的影响。家长一般具备较为丰富的职业体验和人生感悟，因此，他们往往会根据自己对职业的认知教育引导子女对职业的选择。而家长的个人素质、文化程度、职业经历、家庭教育理念等也会在有形或无形之中对子女的职业价值观产生影响。一些家长在职业问题上思想保守、谨小慎微，其子女在择业时就有可能过度关注职业的稳定性，忽略自身的特点；一些家长急功近利，强调自我，就有可能强化子女在求职价值观上的功利意识，一切以自我为中心，过度关注薪酬待遇，社会责任感较弱；有些家长教育子女要树立远大理想，奉献社会，本人却是享乐主义、拜金主义甚至是极个人主义，在这种表里不一、矛盾的价值观引导下,其子女在自己的求职择业问题上有可能产生矛盾心理。

2. 亲情依恋对大学生择业的影响

亲情依恋一般指父母与子女之间亲密的、持久的情感联结,对大学生职业价值观的影响是隐秘而恒定的。亲情依恋较强的人,个体更容易产生较强自信心和较高自我价值感。有研究认为,职业决策自我效能感在亲情依恋与大学生职业决策困难之间起部分中介作用,也有研究认为亲情依恋对大学生职业决策自我效能感有正向预测作用。

亲情依恋对大学生就业的影响体现在两个方面:一是大学生在其价值观探索中,一般都认同"百善孝为先",父母在自己心目中的地位是至高无上的。这种职业价值观倾向与传统文化思想观念之间有着紧密的联系,在他们考虑自己的职业问题时,很重要的一个方面就是单位是否离家太远,是否有利于更好地照顾父母。二是在择业问题上不辜负父母期望,为家庭增光添彩成为求职内驱力。大学生出于对家人的尊重和依恋,在就业问题上尊重父母意愿,同时把照顾家人、亲情和睦作为自己平衡职业发展与生活幸福的重要指标。

随着经济社会的发展,人们的生活水平日益提高,当代大学生以独生子女居多,他们在家庭的呵护和关爱中成长,相对的自我意识较强,缺乏集体生活经验和独立生活能力。还有部分大学生过多地关注自我,亲情依恋较为突出,并且在成家立业后还会面临要承担更多的赡养老人的责任,所以在其职业价值观倾向上有着受家庭环境影响的特点。

在职业价值观中,家庭需要始终是绝大多数大学生在评价和选择职业时重点考虑的因素。其中有作为大学生与父母的亲情依恋的潜在影响,也有作为未来的父母对自己的子女建立亲情依恋环境条件的需要。一个人要更好地孝敬父母和哺育后代,就需要通过从事一定的职业活动来实现。因此,大学生成长过程中对亲情依恋的看重程度,必然会在其具体的职业价值观倾向上有所反映。

3. 家庭环境对就业心理的影响

影响大学生就业心理的因素有很多,除大学生主观因素外,家庭环境也是重要影响因素。许多家长对子女过分溺爱,平时仅仅满足于提高子女的学习成绩,忽视思想素质和实践能力的培养和训练,往往造成大学生在择业过程中出现"高成绩,低能力"的情况。还有一些家长在大学生择业过程中控制感较强，为其"全方位安排"，这使得部分大学生在择业时出现矛盾心理，往往会影响学生正常的心理活动和价值判断。毕业生在就业过程中容易形成家庭依赖，不能实现真正意义上的"自主择业"，就业后也容易出现不适应工作岗位的情况。

还有个别大学生，家庭经济上的负担容易导致大学生就业心理不稳定，易引发紧张、自卑、焦虑等不良的心理状态。一是不明确自身的实际需求，有的过于看重职业的功利价值，还有的对步入社会产生焦虑心理，极大地打击了就业信心。二是自我认知主客观不一致，面对就业问题缺少对自己的客观评价和理性思考，低估或高估自身能力。尤其是女大学生热衷于公务员、事业单位等"铁饭碗"，将大部分精力投入到考编制上。三是一味顺从家人意见，部分学生来自边疆农牧区，由于受环境、家庭观念、国家通用语言水平的影响，他们只注重专业知识的学习，轻视职业规划和综合素质的培养，导致找工作时碰壁，错失就业机会。

四、职业环境

1. 职业概念

从社会学角度来看，职业是具有劳动能力的人为了获得经济收入而从事的具有社会价值的持续性活动，是个人在社会中所从事的主要生活来源的专门性工作。因此，职业具有以下内涵。

(1)职业是基于一定的生产关系而从事的社会活动，符合一般的社会规范，得到社会的承认，在社会中必须是合法存在的。

(2)能够让劳动者持续工作较长的一段时间，并且能够使其维持生计的工作属于职业。

(3)不是所有工作都能称为职业。对于劳动者而言，那些能够吸引劳动者长期、稳定地投入其中的工作才算一种职业。

2. 职业分类

《中华人民共和国职业分类大典(2022年版)》中将职业分类为8个大类、79个中类、449个小类、1636个细类(职业)、2967个工种。随着经济社会的发展，职业在不断发生变化。在了解一个职业时，需要掌握以下几个方面的信息：(1)职业现状：①喜欢或不喜欢干；②能不能干好；③在哪些单位工作；④薪资水平；⑤如何成为从业者。(2)职业前景：①岗位需求；②职位发展要求。

关于霍兰德的职业兴趣理论里谈到的职业兴趣，即对不同类型的工作、活动的心理偏好程度，说明的是心理能量的具体指向。

霍兰德说："虽然我们做了几十年的研究，但预测个人职业选择最有效的方法却是询问这个人自己想做什么。"

3. 职业形势

在高校毕业生规模逐年攀升、经济增长速度放缓的情况下，毕业生人数逐年增多，2021年应届本科毕业生达到了909万，2022年达到了1076万，所以应届本科毕业生就业形势严峻。根据2021年中国本科生就业报告显示，应届本科毕业生读研和计划读研的比例持续上升，读研对就业的缓冲作用明显。

随着人工智能的发展，产业转型升级不断深入，社会经济结构不断优化，信息服务、教育医疗、文体娱乐等产业对相关专业人才需求增长较快，为毕业生就业与发展提供了更多选择。同时，当前社会对高素质医护人员、基础教育教师及工程技术人员具有迫切需求，医学、师范、工科等相关专业人才发展机遇增多。

五、偶然事件

偶然事件是指发生在正常情况和计划之外，或者超出当事人能力可控范围的不可预期的事情。每一个人在其成长发展过程中，都不可避免地会经历一些偶然事件。这些偶然事件对人的成长和发展产生了一定的影响，甚至总是如影相随地陪伴着大学生的成长。偶然事件不仅可能影响大学生的成长，也可能造成其整个人生或职业生涯的突变，甚至是逆转。

六、朋辈影响

除了偶然事件外，大学生的生涯发展也会因为"重要他人"而发生转折，这些"重要他人"中包括父母、配偶、朋友、师长、同事等，而朋友、同学、兄弟姐妹等朋辈群体的影响则更为直接和明显。朱安安在《同辈群体对大学生价值观影响的社会学研究》中指出，朋辈群体是指年龄与社会地位与个体相接近者的结合体。大学生在外求学开始独立生活，首先要融入的就是朋辈群体，并在这种群体中面对和解决与个体成长及发展息息相关的各种问题。朋辈群体因其易沟通、共鸣多、安全感强等特点，让大学生在其中感受到平等、真实、亲切的感觉，并通过相互交流的加深产生深厚的感情，因此更容易对大学生的职业价值观产生影响。朋辈群体对大学生职业价值观的影响主要体现在以下三个方面。

首先，在于朋辈之间的相互价值认同。由于朋辈群体中年龄层次、心理特征、知识结构和兴趣爱好等相似性，使得个人的价值观念逐渐被认同并被融入统一的群体价值规范中，同时也会促使大学生对朋辈群体中共同价值取向产生认同。例如，一个宿舍的大学生中大部分决定考研，渐渐地原本不打算考研的同学也会动了考研的念头，加入同宿舍的考研队伍；即使仍然不考研，也会潜移默化地认同考研同学们的价值取向，从而表现在行为上的支持与配合。同一专业的毕业生职业价值取向趋同现象较为突出，从根源上分析，也是由于共同的生活学习使同学之间有了共同的价值认同。

其次，在于朋辈之间的价值观传播与影响。大学生在朋辈群体中活动及与朋辈之间的交往中，不仅可以获得丰富的社会信息，促进知识与能力的提升，也会帮助大学生积累社会经验。在朋辈群体之间价值互认的基础上，容易对不同的价值观相互理解并逐步开始接纳与传播。在此过程中，朋辈之间随着价值观层面的接纳和认同，朋辈群体的归属感也进一步增强。而价值观传播往往需要借助一定的场所和形式，以此来实现彼此价值观念的影响与渗透，如社团、班级、宿舍等。在一项针对大学生加入社团等组织的主要目的调查中，学生参加社团的积极性主要来自发展兴趣、锻炼能力、结交朋友等。这说明大学生社团的蓬勃发展，正是由于这种朋辈之间相近或相同的价值追求带动起来的。由于朋辈之间价值观的传播和相互影响更容易实现，朋辈交往对于青少年职业价值观形成的影响极其明显。在毕业生就业时，如果有学长学姐代表用人单位回母校招聘人才，往往会取得良好的招聘效果，其中就有朋辈之间的职业价值观倾向容易互相影响和认同的原因。

最后，表现于朋辈之间的价值观差异化影响。尽管大学生通过各种生活和学习活动对朋辈群体价值观念与行为方式进行着反反复复地否定和认可，趋同之处有可能不断得到巩固和强化。但是，由于很多大学生都有个性张扬、追求独一无二的特点，他们的价值观和个性倾向又会无意识地区别于朋辈群体，走向差异化发展的道路。如同宿舍六个大学生中只有一人不准备考研，尽管在宿舍群体关于考研的群体价值取向在不断被反复认同和强化，但不考研学生的关于考研之外的选择也可能在相互比较分析之后越发坚定。这种差异化的价值观倾向，同样需要得到宿舍群体的认同与接纳，否则必然衍生矛盾与不和谐。价值观的差异化丰富了朋辈群体中不同个体价值观念的碰撞与融合。与此同时，不同大学生个体职业价值观倾向的差异化，也增进了朋辈群体对个人职业价值观养成的促进和影响。

思考与练习

在你成长的过程中，你和朋友之间有哪些事件，对你的职业价值观影响最深，产生了什么样的影响？

第二节 探索外部世界的方法与途径

一、将认识自我与外部世界相结合

1. 在认识自我中探索外部世界

来自个人的因素可以调整，但是来自外部的变化因素，会使个人的职业选择变得复杂、多变。因此，在认识自我中探索外部世界显得尤为重要。大学生在某方面的特长会带来优于常人的表现，从而激发兴趣，强化从事该类活动的动机；同时如果一个人愿意将更多的时间与精力投入到专业学习和实践之中，随着时间的推移必然也会强化了自己的专业技能。如此良性循环，伴随着个体专业技能的提升，对其可能走进的职业世界和发展前景越来越了解，从而在求职择业时目标性更强，也就是说其职业价值观倾向更清晰、更稳定。专业技能强或有一技之长的人在选择工作时，往往愿意选择与专业技能联系紧密的职业，看重职业本身对自我成长和专业技能提升的作用。如农科类院校毕业生如果专业技能优秀，参加过各种农业生产研究，就业时选择"服务三农"就顺理成章。

思考与练习

（1）请进行思考或画一张图表示：你眼中的工作世界是什么样子？

A. 谈谈填报高考志愿时一些情况。

B. 请谈谈在填报专业前是否对该专业概况、就业前景有过调查和了解。

C. 你对所学的专业了解多少？（主修课程、能做什么，需要取得哪些职业资格证书）

(2)你在选择职业时，考虑的因素有哪些？

A. 这个职业为什么吸引你？（你看重职业的哪些特质）

B. 你希望能从工作中获得什么？（钱、自由、兴趣、自我实现等）

C. 你希望将来拥有怎样的生活状态？

2. 自我探索与外部世界相结合对职业发展的关系

在大学生就业入职后，个人的技能特长会与职业发展之间形成良性循环。如果个体技能强、特长突出，了解外部世界，能较快适应职业和岗位工作，并能通过专业技能的不断提升获得更多、更好的发展机会，个体的自信心和主动性都会得到增强，对职业的认同也会越来越高，职业价值观倾向也越来越稳定。个体对自己所从事的职业认同度越高，职业价值观倾向越稳定，则越有利于个人专注于本职工作，从而使自己的能力和特长得到更好的发挥，也就开启了职业发展的良性循环模式。

职业发展的良性循环也会对其职业价值观产生良性影响，或者是正向强化。相反，如果因为专业技能不足而导致挫败感增强、自信心下降，不能很好地适应本职工作，必然会影响到个体对于职业的认同及其职业价值观的稳定性。如果陷入"技能不足—效率低下—发展受阻"的恶性循环，这样也就会使个体对最初的职业选择产生怀疑，进而对决定选择的职业价值产生动摇。

二、探索专业与职业的对接

大学生在求职择业时面临着如此多的烦恼、困惑和矛盾。秉持什么样的价值取向往往会决定如何面对和解决这些问题。马克思说过："在选择职业时，我们应该遵循的主要指针是人类的幸福和我们自身的完美。"这就为毕业生思考求职择业问题提供了思想指南。

1. 大学生对职业世界的认知水平

大学生对职业世界的认知水平与认知状况，是其形成职业价值观倾向的前提条件。在职业探索的过程中，大学生首先要通过自我认知、客观评价，并辅以科学的认知方法和工具，来客观全面地认识自己，包括职业兴趣、能力、性格和职业价值观倾向等。要综合自身各个方面的特质和条件，对自己有一个客观全面的分析和评价。在此基础之上，大学生还要通过搜集职业信息、访谈生涯人物、深入岗位实习、实践等途径，尽量详实地了解目标职业的内容、性质、发展前景、行业规范等，并对其做出科学合理的判断和评价（如图4-1所示）。

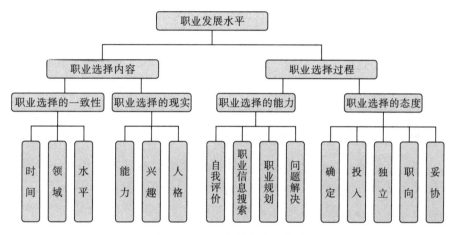

图 4-1 职业发展水平结构图

职业认知的过程，其实就是大学生对职业属性的了解和探索。只有在对职业属性有了全面而深入的分析和认识之后，才能与自己的内在需求进行深层次的匹配和对接，并在两者不断碰撞和对接过程中，有取有舍，有重有轻，逐步形成自己的职业价值观。不同的职业认知水平会直接影响到不同的职业价值观倾向。目前在大学生群体中炙手可热的公考，有的人看重的是体制内职业的稳定性；有的人看重的是公务员的社会地位和声望；有的人则更希望能够实现个人价值，为社会作出自己应有的奉献。由此可见，即便是同一职业，也会吸引不同职业价值观倾向的个体。

职业探索的目标应该分以下层级：

(1)认知。了解职业、行业特征、企业差异、工作内容和优劣评估。

(2)形成判断。自我探索和职业探索的关系，是否符合我的兴趣、技能、价值观等。

(3)深入体验。验证是否匹配自我探索。

(4)深度思考。我期待通过职业过怎样的人生？

大学生对不同的职业属性的关注程度，体现了不同的职业价值观倾向。比如教师的职业属性具有收入稳定、生活有规律、工作变化小、时间自由、发展前途有限、直接与人打交道、能够实现帮助他人及道德层面上的人生意义等；而与农林相关的职业属性则更突出勇于吃苦、献身农业的精神、掌握种植等专业基本技能、社会活动能力、经营管理能力，才能适应农业不断发展的需要。更多关注教师职业属性的人与更多关注农林相关职业属性的人，必然在他们的职业选择上有着显著的差别。不同的职业因其属性的差异吸引着不同职业选择的求职者。

不同的职业选择可以对同一职业及其属性产生不同的认知。只有在全面、客观的自我认知基础上，进行深入、细致的职业认知，将自己的职业选择与社会的现实需要联系起来，力求自身条件、主观愿望和外部环境之间的匹配与协调，才会形成客观合理的职业选择。作为职业价值观形成的重要前提，职业认知的广度和深度直接影响着个体职业价值观的形成，还在很大程度上决定了职业价值观倾向的合理与否。如果缺乏全面而客观的职业认知，必然会影响到个体的职业决策与职业发展。

2. 大学生就业信息搜索

了解行业的关键信息，可以从以下两个方面着手：第一，现状：包括历史追述、行业内容、行业的经济和社会价值、产业链结构、领军单位。第二，前景：包括岗位需求、政策支持。

（1）求职的一般步骤。求职一般分为五个步骤：一是积极主动，二是锁定目标，三是收集信息，四是立即行动，五是调整适应。其中锁定目标往往成为大学生求职中的难题。大学生由于缺乏经验，对自己、对职业世界不了解，不知道如何给自己定位，往往在求职中要么定位过高，要么定位过低。这就需要先进行自我探索，探索自己理想中的职业是什么，性格、兴趣、价值观、能力探索分别适合什么样的职业。根据以上线索逐步形成自己的预期职业库，然后结合对职业世界的探索，逐步锁定目标职业。

（2）就业信息搜索的途径和方法。就业信息搜索有以下几种方法。

第一，网络资源。①获取一份行业目录。国家统计局网上有关于行业的目录和分类。尤其关注国家战略性新兴产业，因为行业的发展受国家政策的扶持和影响较大，需要关注国家大政方针。②获取某行业关键信息。选择了一个行业之后，持续性关注这个行业的信息；找学校或学院负责就业的老师了解本专业学生的毕业去向；关注其他高校的就业指导中心的网站；关注行业报告，尤其是管理咨询公司的行业报告。③获取一份某行业领军单位的名录。了解一个行业的信息之后，去关注一个行业的领军单位，关注财富世界500强，财富中国500强。④选择一个有意向的单位，具体了解职位或职业。可以关注其单位的网站，尤其是校园招聘模块，具体了解职位的性质、职位描述等信息。关注单位的组织架构图，看单位的核心岗位和发展路径。不同的专业，可能进入一个单位的不同位置，清楚知道自己的职位在这个单位中的位置和重要性。

第二，校园招聘。以参与者的态度去参加一次校园招聘会。①事前准备。可以提前在就业中心网站上收集整理信息，根据自己的意向与专业背景进行公司筛选。准备好简历，寻找实习机会。②现场探索。观察海报、单页、求职者的言行、招聘者的职位需求；倾听面试的问题与回答；访问招聘者、求职者。③认知收获。与高年级同学多交流，总结收获。④后续行动。联系单位，寻找实习机会；制定大学计划；锻炼自身综合素质，提高抗挫折能力。每次参加完校园招聘会，认真写一份总结，不断改进后续行动。

第三，人物访谈。可以进行某行业领军人物的简历分析，了解人物的成长路径。寻找职业楷模，约谈采访职业楷模。周边的职业人物可以是师兄师姐、亲朋好友、行业会议或讲座的嘉宾。通过人物访谈，可以获取两大方面的信息：①职业资讯，包括工作性质、任务或内容、工作环境、工作地点、所需教育、训练或经验、所需个人资格、技能、收入或薪资范围、福利等。②生涯经验，包括个人教育或训练背景、投入该职业的决策过程、生涯发展历程、工作心得（乐趣和困难）、对工作的看法、获得成功的条件、未来的规划、对后进者的建议等。

第四，工作体验。实际参与到职业世界中，用自己的亲身经历收集信息，这是最直接、最有效的方法。大学生可以利用寒暑假时间通过身边的资源寻找专业相关的社会实践，在不断的实践中验证自己的职业选择，找到自身与职业之间的差距，并不断地修正自己的目标。

第五章 探索职业发展方向

第一节 什么是职业发展

各位同学，你们都有目标吗？在结束了今天最后一堂课之后，你打算去哪里？是回宿舍，还是约同学去餐厅，还是前往图书馆学习？无论如何，你的脚步总有跨出去的方向。

美国教育家本杰明梅斯有句耐人寻味的名言："生活的悲剧不在于没有达到目标，而在于没有想要达到的目标。"明代学者王守仁说："志不立，天下无可成之事。"以上意思均指人一旦有了目标，就有奋斗的欲望，就有前进的方向。在我们因为成长而烦恼、懵懂、迷茫的青少年时代，我们不懂得甚至不了解自身有什么人生目标。然而，在经历过大学阶段后，我们不得不在就业、深造、定居等具体的人生节点上不断设定属于自己的目标。

选择职业就是选择将来的自己，成就未来。然而，并非人人都能如愿以偿。如何才能科学地进行职业选择，使得个人立足社会，甚至干出一番事业？本章为你讲授探索职业发展的理论知识和方法实践。

一、职业发展的定义

职业发展是致力于个人职业道路的探索、建立、取得成功和成就的终身的职业活动。职业发展就是在自己选定的领域里，在自己能力所及的范围内，成为最好的专家。所谓专家并不一定是研究开发人员或技术顾问，而可以是在某一领域有深入和广泛的经验，对该领域有深刻而独到的认识的人。

二、职业发展的宏观背景与微观环境

认识和了解个人职业发展的宏观背景和微观环境是大学生探索职业生涯发展方向的基础。通过对社会大环境和学校、家庭等小环境的分析，有利于大学生科学、合理地制定和适时地调整自己的职业生涯发展规划。

1. 职业发展的宏观背景

人的本质是一切社会关系的总和。大学生不是生活在真空世界里，每个人的未来职业选择和最终就业目标的实现都将受到社会宏观背景的制约。具体来说，影响个人职业发展的宏观背景主要是指由政治、经济、文化传统等社会环境因素构成的一个有机网络体。在这个有机网络体中，各个因素之间是相互关联的，它不是一种知识体系，却是大学生职业生涯发展规划的基点。中国现在是一个政治稳定、经济文化高速发展的发展中国家，国家为每一位大学生都提供了一个良好的发展机遇，但同时也对大学生的就业和发展提出了挑战。通过对社会大环境的分析，了解国家或地区的政治、经济、文化、科技、法制建设、政策要求与发展方向，有助于大学生确定个人职业发展目标与纠偏。

2. 职业发展的微观环境

个人职业发展的微观环境是指由学校、院系、家庭、亲戚、朋友及同学等构成的，对大学生自身的职业选择、就业实现和职业发展产生直接或间接影响的小环境。中国是个礼仪之邦，重视亲情友谊，人际关系网络在我们个人的就业和职业发展中发挥着重要的作用。因此，我们的职业发展目标必须正视微观环境的影响。

三、影响职业生涯发展的因素

职业的变化和发展主要由以下三个因素驱动：个人因素、环境因素和社会因素。这三个因素同时存在又相互影响，导致和形成了明显的职业变迁和发展，最终表现为传统职业的消失或更新，现代职业的形成和发展。

(1)个人因素。个人因素在职业生涯发展中起着基础作用，决定着人的发展方向和前景。其中包括个人健康、性别、年龄、性格、兴趣、教育、自我价值观等。

(2)环境因素。环境对个人的职业影响有直接或间接的影响，它影响个体所从事的行业、改变着人生的发展轨迹。而环境又有地理环境、行业环境、企业内部环境、家庭环境之分。

(3)社会因素。社会因素包括社会及管理的变革、技术变革、经济社会的发展、产业、行业的演变。伴随着传统产业更新及科学技术的发展，现代服务业快速发展，新的社会分工和职业生产者不断涌现，如传统的人事管理职业更新为现代的人力资源管理职业；专业技术人员的职业细化产生网络工程师、网管员、职业信息分析师、劳动保障协管员等；形成了新的服务性职业，如美甲师、宠物护理师、会展员、送餐员等。

我们每个人都是自己人生的主角，有权选择自己人生的脚本。然而，在迈向客观成功和主观幸福旅途时，青年人成长规律的确是有章可循的。

(1)把握机遇。在生活中，我们要尽可能地去把握机会，或者创造机会。可客观上来说，很多机会是可遇不可求或者用心创造的，因此不管这个关键时刻我们是否碰到，当决定接受它的时候，我们都应该全力以赴，去掌握这个机遇，并且快速调整自己迎接这个机遇所带来的正面还是负面的问题。如果一个人不能全力以赴，在竞争激烈的环境中是很难成功的。

(2)重新审视成功的标准。我们在学校定义"好学生"，有一条非常重要的标准，那就是学习成绩好。可一般在毕业10年后，有人开始反思，为什么我是这个样子，他是那个样子。进入社会，还有其他社会上所认知的、认可的主观标准或者是客观标准，在每个时间点、每个行业、每个角色都是不一样的，因此我们要试着去理解其他人所认知的看法。

(3)发挥自己的优势。进入社会后，我们会发现在某个领域里都会碰到非常强的高手。我们在某一个专业分工里，要努力做到最好。所以这时要问自己哪些方面能考60分、哪方面要考100分、我该如何突出自己的优势。

因此，在毕业后的十年黄金期内，从初入职场到建立事业，早一天"顿悟"，多一些行动，就会少一分迷茫和困惑。下面我们将讨论如何确定职业发展目标，并试着用实际行动寻找自己独有的答案。

第二节　如何确定职业发展目标

阅读材料

做最喜欢做的工作，到最需要你的地方去

当你确定了职业理想，就等于有了一个目标。这时，你还需要有一张路线图和一个驶向目标的载体。如果你要过海，你就需要轮船；如果你要登月，你就需要飞船。这个"船"，不是别的，就是知识，就是能力，就是素质，就是经验。你有多大的差距，就要拿出多大的勇气、决心和干劲，去进行学习、积累和提高。除了把课程学好，把试验做好，把论文写好之外，你还需要做一些别的事情，这样，当你毕业的时候，你就会有一份优异的成绩单、若干有含金量的证书、内容丰富的履历表，以及面试时的从容自信和侃侃而谈。

也许，在做了上述一切之后你仍然发现找遍了北京和上海的大街高楼，你看重的岗位早已坐满了人，而伸出橄榄枝的地方你又不甚满意。当你满怀着精英的豪气却发现面对的只是一个普通的岗位时，你可能会愤愤地想，我们是"985大学"培养出来的高层次人才，我们是想当"将军"，可你们却想让我当士兵！不错，不想当将军的士兵不是好士兵，可绝大部分将军是从士兵做起的。

也许，会有一些地方提供出比士兵更重要的岗位，也许是排长、连长甚至营长。但问题是，这样的岗位不在北京、上海，而在中西部的某个地方。于是，你又犹豫了。

世界上没有完美的事情，我们必须在两难之间做出选择。每个人都有自己的价值判断，都有自己的选择标准。但如果可以，我建议你做自己最喜欢做的工作，到最需要你的地方去。前者，保证你工作快乐；后者，保证你人尽其才。如果在那里，能有你喜欢的工作，又最需要你的岗位，那么，你就会有一个较大的舞台，可以施展你的才能，你将在以后的岁月中不断感受到事业发展所带来的快乐和满足。

——节选自原中国农业大学校长柯炳生的《职业理想与就业选择》

一、挖掘职业发展目标的基础

前面章节我们讲到，确定职业目标很重要，但怎样来确定职业目标并不是一件容易的事，挖掘职业发展目标的前提就是发现自己，了解自己所处的工作世界。

1. 分析自身条件

首先，我们要弄清楚自己的职业理想是什么？这其实就是自己的人生目标，也是人生追求幸福最重要的条件。你是想当个农业科学家、食品企业家、动物大夫、政府官员还是创业老板？决定职业理想的主要因素是个人兴趣、爱好、特长和性格等特质。因此，我们必须要了解自己的内心，只有充分"知己"，规划中的"目标定位"才能较为准确。在前面的章节中我们通过科学认知的方法和手段，对自己职业兴趣、气质、能力、价值观等进行全方位的认识，清楚自己的优势和特长、劣势和不足。下面，给大家介绍一种快速有效地了解自己的方法，即 W 分析法。

What are you? 你是一个什么样的人？

这是自我分析过程。包括个人兴趣爱好、性格倾向、身体状况、教育背景、过往经历等。

What do you want? 你想要什么？

这是目标展望过程。包括职业目标、收入目标、学习目标、名望期望和成就感等。

What can you do? 你擅长做些什么？

这是建立自信的过程。根据自己所学的专业去寻找职业，因为到目前为止，专业学习是一个人花时间最多的事情，发挥自己的专业特长，在这方面你是内行，或者有一定的理论基础和实践经验。当然，这需要你从内心中感到真正的快乐才行。

What can support you? 什么是你的职业支撑点？

这是寻找资源的过程。包括你自身具有哪些职业竞争力，以及个人、家庭、学校、社会等各种资源和社会关系等。

What fit you most? 你适合从事什么样的职业？

在众多行业和职位中，哪一个才真正适合你呢？从你最感兴趣，在业余时间花时间最多的事件入手。

What can you choose in the end? 最后你该如何选择？

通过上述一系列自问自答，你要客观冷静的进行自我剖析，根据个人爱好、价值观、理想和成就动机等主观因素，计划出自己希望朝哪个方向发展；再分析外部社会环境、经济文化环境、行业发展趋势等确定自己能够按照哪些路线发展；然后再根据自己的专业、能力、特长、家庭因素、经济环境等客观条件选择哪条路线最适合自己；圈定自己希望和适合的发展路线后，再进一步综合考虑自己身边的资源优势，判断自己在这条职业目标的实践路线上是否可以取得发展进步。

2. 观察外部环境

在本书前面章节中，通过对外部世界的梳理，我们了解到所学专业及其对应职业群和相关行业，在确定职业发展目标前，我们不仅要提前对行业发展动向进行了解，更要密切关注区域经济发展动向。外部环境包括国际环境、国内环境、所在具体地区或城市、行业情况及企业发展和岗位工作环境、薪金待遇等。我国正处于经济发展迅猛的快速期，职业流动和就业环境受社会经济、政治发展的影响，所以我们在做职业决策时，要看到当前社会需求，了解自己所选择的职业在未来行业发展中变化情况，洞悉职业在本行业中的地位、市场占有及发展趋势等。职业指导之父帕森斯曾指出："要做好职业生涯规划，确定自身职业发展目标，除了解自我外，还要了解身处的生涯环境，然后综合两方面的考虑进行实践匹配，这样才能有助于我们把握时代需求，紧跟时代脚步。"

二、掌握职业发展目标的方法

1. 循环决策理论

循环决策理论(CASVE)提供了一种能用于职业生涯中问题解决的通用方法，能够为个人、团体提供帮助。你的职业生活质量是以你怎样进行职业决策和怎样解决职业问题为基础的，学习生涯决策中的 CASVE 循环，可以帮助你提高这方面的能力。CASVE 循环决策论的优势在于动态分析，流程如图 5-1 所示。

(1)沟通(Communication，C)。通过对自身情况和社会需求信息的了解，确定在多个需求中进行选择。

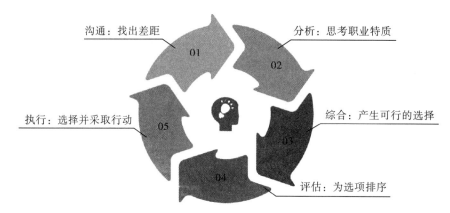

图 5-1 CASVE 循环图

(2)分析(Analysis，A)。澄清自身择业观与社会需求之间的契合程度，对不同的选择进行评价和分析。

(3)综合(Synthesis，S)。通过放大或缩小选择范围，对照不同单位的要求和特征，总结出社会需求的共性。

(4)评估(Valuing，V)。通过假定的选择方式，详细列出不同选择的目标、工作地区、待遇水平、提升空间、工作环境、单位文化、所处行业等对自我具有重要影响的项目，逐一评价，得出较为全面的评价，进行综合评价，进而在不同单位之间排列出选择的先后顺序。

(5)执行(Execution，E)。即开始落实前面的选择，递交个人自荐材料，并针对所应聘职位的情况，有针对性地准备参加考核；通过一轮循环，如未能如愿，即进入新一轮的循环。

2. 态势分析法

态势分析法(SWOT)中的四个英文字母分别代表优势(Strength，S)、劣势(Weakness，W)、机会(Opportunity，O)、威胁(Threat，T)。其中，SWOT 分析法包含了内部个人因素的优势和劣势，还有外部环境因素的机会和威胁。利用这种方法可以从中找出对自己有利的、值得发扬的因素和对自己不利的、要避开的因素。发现存在的问题，找出解决办法，并明确以后的发展方向。

如何利用 SWOT 分析法帮助你的职业生涯？为了使大家更好掌握此类分析方法，我们利用下面的案例进行说明。

一位学习计算机信息工程专业的硕士毕业生张同学考虑毕业后是否要从事

短视频小编这一工作。他可以利用SWOT分析法进行决策,具体方法如下。

(1)选定分析问题。可以是某个职业选择,也可以是希望实现的其他方面的某个目标。案例中张同学首先要明确解决的问题是什么,即是否适合从事短视频小编这一工作。

(2)针对职业目标,评估个人性格、能力、兴趣等内在因素方面存在哪些有利于目标达成的优势,以及存在哪些不利于目标达成的劣势。根据自己的求职目标评估自己的优势和劣势并列在表5-1中,注意每个方格内的多种因素按照重要性排序,将重要的、影响大的、紧迫的因素排在前面,将间接的、次要的、不紧迫的排在后面。经张同学思考,自身有学历、专业基础、综合能力突出等3点优势,同时,也总结出自身存在具体的3点不足。

表5-1 评估自己的优势和劣势

	机会(Opportunity)	威胁(Threat)
内部环境和外部环境分析	(1)大众对短视频认知的兴起; (2)就业机会逐渐增加,岗位需求量增多; (3)多媒体在人们生活的每个方面都凸显出越来越重要的作用	(1)比起学历,用人单位更看重工作经验和工作能力; (2)竞争者众多; (3)优秀作品制作成本高,需要长时间的实践积累
优势(Strength) (1)硕士学历,成绩优秀; (2)特长为文案写作、后期视频制作; (3)丰富的学生干部管理经历	优势机会策略(S.O.) (1)继续学习媒体制作等专业技术,努力掌握图形处理、动画制作等基本方法和技巧; (2)提高自身艺术鉴赏力与节目策划能力,努力提升行业素养	优势威胁策略(S.T.) (1)强调自身文案写作、视频制作技术优势; (2)强调作为学生干部,自身综合能力强的优势
劣势(Weakness) (1)不会手绘、函数不好; (2)没有相关工作经验; (3)性格比较内向,想象力不够丰富	劣势机会策略(W.O.) (1)利用较强的学习能力,弥补自身短板; (2)寻找机会到相关岗位进行实习; (3)继续保持自身专业技能,加强团队沟通,发挥文案写作优势	劣势威胁策略(W.T.) (1)加强专业技能提升; (2)提高自信、沟通表达能力; (3)积极寻找相关岗位积累工作经验

(3)围绕目标,分析环境中存在哪些有利于你实现目标的机遇,存在哪些

不利于实现目标的威胁或挑战。张同学结合现实总结了外部环境的机会和挑战。

(4)构造 SWOT 分析矩阵图。在此过程中,仅仅列出内部环境和外部环境的优缺点是不够的,最重要的是思考交叉部分的相应策略,如在内部优势与外部机会相结合情况下,我们如何利用自身特长在有利的外因下做出使自己职业发展更有利的举措(优势机会策略部分 S.O.),更要思考在外部环境对自己不利的情况下,如何弥补自身不足(劣势威胁策略部分 W.T.),以及在好机会下补足劣势(劣势机会策略部分 W.O.)或者在优势中规避威胁(优势威胁策略部分 S.T.)。

(5)根据分析矩阵拟定行动计划。拟定行动计划的原则是发挥优势因素,克服弱点因素,利用机会因素,化解威胁因素。根据相应策略拟定近期、中期、远期的职业目标,并为之设计行动计划。

当做完类似上述案例的个人 SWOT 分析后,你将有一个连贯、切实可行的个人职业策略供你参考。就像案例中张同学一样,经过此番分析,他对从事小编这个工作有了全面的思考和认识,并知道下一步要努力的方向以便达成目标。注意,SWOT 分析法只作为某一项特定的问题,如案例中张同学还有考博的意向,那么他需要重新绘制一个矩阵图重新再进行一次 SWOT 分析。

3. 决策平衡单

上述我们讲述的 CASVE 循环决策理论和 SWOT 分析是当我们针对一个问题时,可以运用上述两种工具进行分析。而当我们面对多种选择时,每种选择对我们都会产生不同影响,我们需要利用平衡单进行比较,从而进行有效的职业决策。平衡单是把这些选择可能产生的影响放到统一的框架中进行分析,引导个体认真思考每种选择对自身和他人造成的精神和物质方面的得失,并按照重要性给每个因素赋予权重,之后对每个选项给出分数。具体步骤见表5-2。

(1)列出你潜在的两个及以上职业选项。

(2)判断各个职业选项的得失,集中于四个方面进行评估,分别是自我物质方面的得失、他人物质方面的得失、个人精神方面的得失、他人精神方面的得失。

(3)设置每个方面的具体因素和权重。

(4)打分。根据每个选择方案中的要素进行打分，赋分越高说明你越重视这个因素，分值在$-5\sim+5$之间。

(5)算分。将每一项得分乘以权重，计算出每一职业选项的总分。

(6)比较各种选择方案的总分，排出职业抉择的优先级。得分越高，说明这种方案更适合你。

表5-2 职业决策平衡单

考虑因素		权重 $-5\sim+5$	职业选择1		职业选择2		职业选择3	
			得分(＋)	失分(－)	得分(＋)	失分(－)	得分(＋)	失分(－)
个人物质方面	1. 优厚的经济报酬							
	2. 较高的社会地位							
	3. 足够的社会资源							
	4. 合理的休息时间							
	5. 其他							
个人精神方面	1. 兴趣的满足							
	2. 工作内容具有多样性							
	3. 自我实现的程度							
	4. 理想的生活状态							
	5. 其他							
他人物质方面	1. 家庭经济情况							
	2. 家庭地位							
	3. 孩子受教育的资源情况							
	4. 对家庭成员投入的精力情况							
	5. 其他							
他人精神方面	1. 有利择偶，以满足父母要求							
	2. 带给家人的自豪感							
	3. 带给家人的安全感							
	4. 对社会的贡献							
	5. 其他							

三、树立职业发展方向的注意事项

确定职业发展方向要根据不同个体的主客观条件加以综合考虑。发展方向也可以说是发展目标，就是你想要到达的目的地。每个人的条件不同，目标也不可能不同，但确定目标的方法是基本一致的，树立职业发展目标需要注意以下原则。

1. 树立目标要清晰

人生不能没有目标，目标是动力的源泉。当你有了明确的目标，你的生活才会有清晰的前进方向。就像航行的船，没有确定的目标到哪都是逆行，一个人不知道去哪，那么他将会哪也去不了。目标要清晰，就是要最适合自己。不要过于重视大学的专业，大学不过四年，而人生的职业生涯，却有四十年。追求目标要坚定，志向要远大，目标越远大，挑战越是艰巨，而克服了挑战之后的成就感、满足感和幸福感就越强。

2. 树立目标需取舍

目标清晰之后，就要敢于选择。我们每天都在选择，而每个人所拥有的时间、金钱、社会资源都是有限的，所以我们为了得到某一样东西，通常会不得不放弃其他一些东西。因此，所有选择都有机会成本，所谓鱼和熊掌不可兼得，想要面面俱到，必然是面面不到。因此我们在选择职业发展方向时认清你最看重的方面，不要将过多时间浪费在自我斗争和摇摆中。

3. 树立目标分长远

由于人生具有发展阶段和职业生涯周期发展的任务，职业发展目标可分为人生目标、长期目标、中期目标、短期目标，他们分别与人生规划、长期规划、中期规划、短期规划相对应。因此，我们制定的目标一定要有明确的时间规定，否则会使规划成为空谈。

4. 树立目标难度要适中

适宜的目标能起到激励作用，促进我们的发展，如果所定目标过高，脱离自己能力范围，有可能会因好高骛远而挫伤自信心，妄自菲薄；目标过低，就会影响自己职业发展速度，缺乏动力。因此，要依据自身实际情况，量身定做，目标定到恰到好处才好。

5. 树立目标要有适应性

目标应能符合环境的发展。环境是在不断发展中变化的，目标应能随这种变化而做出调整，比如不可在求职时为了既定目标一味地执着到底。目标要适应自身特点，树立的目标应与自身的性格、兴趣、特长等条件相适应，这样更容易在以后的职业生涯中发挥出自己的才干与潜能。

第三节 职业生涯规划的评估与修正

确定职业发展目标是取得职业成功的前提。上一小节我们掌握了确定职业目标的理论和方法,你是否胸有成竹,理性地做出决策呢?事实上现实世界充满了各种不确定、不可控的因素,同学们制定自我职业规划时尽管有时会存在一些生涯迷思,它们会正向推动我们正向前进,也会影响我们做出不明智的判断。

一、对职业生涯的认识纠偏

职业生涯是我们一生中职业、职位变迁及实现工作理想的过程。同学们在做职业思考或生涯规划时,有时会产生一些非理性的结论,下面我们帮助大家剖析根源(见表5-3)。

表5-3 职业生涯迷思原因剖析

生涯迷思	原因剖析
我不知道该干什么,我真的很没用	自我否定心态,在求职中表现出不自信、犹豫不前
只要努力,我可以做任何事	过于相信自己的能力,忽视职业生涯的选择和个人定位
我的个人价值与从事的职业有密切关系	错误地把职业定等级,高低贵贱之分,没有认识到职业生涯的发展性
在工作领域,我必须得到他人的认可	对外在评价过于看重,却忽略了自身的价值取向
我无法从事与专业、兴趣不匹配的工作	错误缩小职业范围,用静态的眼光看待职业生涯
我一定要找一份非常适合我的职业,否则不签约	认为"一签定终身",忽视今后的自我发展和进步
我的职业由父母、老师、伴侣等人决定,因为他们非常了解我,并且工作有成就且经验丰富	任何外力只能帮助自己,不能代替自我
只有在绝对有把握的情况下,我才会采取行动	缺乏执行力,犹豫不决,可能会退而求其次,造成错失良机的现象

二、职业发展规划评估

1. 正确看待评估

成功的职业生涯需要一种叫作"预警"的控制系统,用来检查职业生涯规划是否如所想的那样进行。很多人错误地认为,只要制定一个科学详尽的职业生涯规划就能一劳永逸,其实不然。职业发展如登山,山的高度决定了期望值大小和目标高低,也影响着人们的激情和动力,理想远大者选择有高度的山作为自己的目标,因为海拔2000米的山即使只攀登了一半,也可俯视已爬上500米顶峰的成功者。当然,高山不可能一口气攀登上顶峰,得有个计划和日程,这就是职业生涯规划。因为计划在先,实施在后,所以攀登了一个阶段后你得歇一下,想一下什么是错的,什么是对的,对计划进行修正,这就是职业生涯评估的含义。在现实生活中不少人不懂职业生涯评估,或者评估不当,还有人因不能正确对待职业生涯评估而导致种种困惑,这些都不同程度地影响了个人的发展。

(1)正确的评估可以检查职业生涯策略是否适当,更真实地了解这一策略是否能够让人更接近目标。我们在制定职业生涯规划时,是在客观分析自我的基础上为自己定下目标,并根据目标制定相应的实施策略,包括学习计划、培训计划、工作计划等。但是,这些策略的制定都是建立在主观分析和经验的基础上的,实际效果如何不得而知。这就要求在实施过程中,定期地对策略的实际效果进行检验。

(2)正确的评估可以检查目标本身是否合适。正确的评估可以让人们判断是否能够继续坚持这一职业生涯目标,并有望实现,目标的制定来源于对自我的全面认识和对环境的客观分析。然而,世事多变,世界每天都在发生变化。远到社会经济结构的发展、科学技术的飞跃、政治形势的突变、国家政策的调整,近到企业组织的制度调整、机构改革、领导更换,乃至个人家庭、健康水平的变化,我们所处的环境存在太多影响个人目标制定的客观因素。再者,对自我的认识是一个长期、持续、复杂的过程,在校大学生由于心理的不成熟和经历的单一性,对自身价值观、兴趣、性格、能力的认识尚不全面,这就造成了很多人在制定职业目标时极度盲目,特别是学校与社会的差异性造成很多大学生就业后才发现自己的职业目标缺乏可操作性。所以,这些实际情况要求我们必须进行阶段性的职业生涯评估,总结经验教训,甚至在必要的时候修正自己的职业目标。

(3)经常性地进行评估很容易使我们发现改善的途径。这些途径包括：确定精确位置，判断实际效果与期望值的偏差；探究导致失败结果的根本原因；采取及时、适当的纠正措施；调整策略，并相应改变行动计划。

一般而言，根据自己的职业生涯规划，宜在每一个规划阶段进行一次系统全面的评估，一般每年或每半年进行一次。也就是说，在按照计划努力一段时间后，要有意识地回顾得失，检查验证前期的策略执行的效果，纠正分阶段目标中出现的偏差。进行持续的职业生涯评估最基本、最难的一点是：看清形势，在适当的时间，对目标和策略做出修改。在管理决策领域存在一种"升级效应"，即尽管不可能成功，但人们仍坚持采取行动。这是为什么呢？研究表明，一些人对于"理由越来越不充分的做法"仍坚持不改，无非是为了向自己和别人证明，自己以前的决策没有错。存在这样想法的人在处于青春叛逆期的大学生中比例越来越高。这种做法与有效的职业生涯管理是相悖的。有效的职业生涯管理要求经常性的"回头看"，收集尽可能多的信息进行分析，必要时修改以前的决策。

2. 评估的步骤

在确定了什么时候对自己的职业生涯规划进行评估之后，面临的问题是如何条理清晰地开展评估工作，即职业生涯规划评估的步骤和具体操作问题。很多人对此感到非常迷惑，常常不知道该怎样着手展开。其实，职业生涯规划的评估和其他评估工作一样，都是为了检查工作的开展情况和实施效果，因此，在具体操作流程上有着类似之处。

(1)确定评估的目的和任务。在每次正式的职业生涯规划评估工作开始时，都应该首先确定下最主要的目的和最重要的任务是什么。评估应该围绕着以下三个任务进行：①检查目标的设定是否合理；②检查计划、措施的制定是否科学；③检查实际的执行情况是否顺利。

(2)进行自我评价。任何评估工作最基础的部分都是自评。因为从某种意义上来讲，自己是最了解自己的人，特别是针对自己制定的职业生涯规划，应该更容易把握一些。

(3)全面收集反馈信息。要做到对信息的全面收集，至少应该抓住两个方面：工作领域与非工作领域。工作与非工作活动构成了一个人生活的全部，并且工作与非工作活动也是相互影响的。因此要了解全面的反馈信息，必须包括这两个方面。

①工作领域。工作领域包括上级主管、同事、下属、客户等其他存在密切接触的人员。这实际上就是要人们尽量形成一个网络来提供相互反馈、相互指导、相互支持和相互鼓励的信息。我们应该尽量从上级那里了解自己当前的表现,包括自己的优势和劣势及单位对自己有哪些需要,也要把自己的经验和感受讲给信赖的人听,同事之间坦率的讨论对大家都是有益的。首先,别人能看到自己不了解的一面;其次,别人亲口说出来的目标、愿望、意见和战略,能帮助自己理清思路;最后,其他人也可能因此愿意把自己工作中的成功、失败和启迪讲给你听。

②非工作领域。这是从工作之外寻求信息反馈。职业目标的实现离不开工作,更离不开社会、家庭、朋友等工作之外的因素。不仅工作决策会影响家庭生活,家庭状况也会影响人们的工作生活。例如,有的人为了表现自己的勤勉和忠诚,经常会主动加班,可能这是他职业生涯规划中举措的一个部分。一开始他假设这样做不会影响家庭关系,然而时间长了,就有必要检验一下这种假设是否还正确。因为人们常容易误解家人、朋友的感受和态度,从而产生一些误会影响到个人情绪。所以,与家人、朋友沟通,是协调工作与非工作活动的必要手段,也是制定职业生涯目标和措施的前提。

(4)反馈信息的准确性和可用性进行分析。全面收集到的信息,由于客观原因存在一定的偏差和误差,一定要就反馈信息的准确性和可用性进行仔细的甄别与分析,筛选对自己有用的,去除一些负面的影响。在对反馈信息进行分析时,一定要结合自我认识和评价进行,这样得出的结论才会是全面而客观的。

3. 评估的方法——PPDF 评估法

在了解了职业生涯规划评估的一些相关内容后,对职业生涯评估的作用和主要内容已比较清楚,但具体应该运用什么方法科学有效地进行评估呢?下面将介绍在职业生涯管理领域中广泛认可的方法——PPDF 评估法。

PPDF 的英文全称是 Personal Performance Development File,翻译成中文是个人职业表现发展档案,也可译成个人职业生涯发展道路。PPDF 评估法主要用于组织对员工的职业生涯管理,可以将其运用到个人的职业生涯管理上来。首先介绍一下 PPDF 评估法在企业中的应用。

国外不少企业都为员工建立了个人职业表现发展档案。这个档案看起来很简单，但是作用却非常大。有不少的企业靠它使自己的员工形成一股合力，为了单位的目标去努力实现自我价值。为什么它能起到这样的作用呢？主要是它将员工个人的发展同企业的发展紧紧地联系在一起，它为每个员工都设计了一条经过努力可以达到个人目标的道路，使员工明确只有公司发展了，个人的目标才可以实现。这实际上是一种极有效的人力资源开发的方法。每个人对自己的一生都有良好的理想设计，这些理想有的可以实现，有的可能不会实现。当个体在单位工作时，如果这个单位的管理者能够为他去进行设计，他就会有一种追求感。管理者给员工进行具体的设计时，要使员工的职业生涯计划建立在现实的、合理的基础上，并且通过必要的培训、职务设计及有计划的晋升或职务调整，为员工个人的职业生涯发展创造有利条件。

下面来看一个简单的个人职业生涯 PPDF 评估法。

(1) PPDF 评估法的主要目的。企业中 PPDF 评估法是对员工工作经历的一种连续性的参考。它的设计使员工和主管领导对该员工所取得的成就，以及员工将来想做些什么有一个系统的了解。它既指出了员工现时的目标，也指出了员工将来的目标及可能达到的目标。对于个人而言，它表明，如果员工要达到这些目标，在某一阶段应具有什么样的能力、技术及其他条件等。同时，它还帮助员工在实施行动时进行认真思考，看自己是否非常明确这些目标，以及应具备的能力和条件。

(2) 怎样使用 PPDF 评估法。当员工希望达到某一目标时，PPDF 评估法为员工提供了一个非常灵活的档案。将 PPDF 评估法的所有项目都填好后，交给直接领导一本，自己留下一本。员工可以通过 PPDF 评估法告诉领导自己想在什么时间内，以什么方式来达到目标；通过分析其中的每一项，它会指出哪一个目标设计得太远，应该再近一点儿；哪一个目标设计得太近，可以将它往远处推一推；它也可能告诉员工，在什么时候应该和业余培训单位联系，并亲自设计一个更适合于员工的方案。总之，不管怎样，利用 PPDF 评估法，员工将单独地和他信任的领导一同探讨今后该如何发展、奋斗。对于个人而言，在实际操作中可以将 PPDF 评估法的所有项目填好后，交给职业指导老师（可以是学校的辅导老师、工作上的良师或者值得信任的长辈）一本，自己留下一本。

PPDF 评估法的主要内容包括个人情况、现在的行为和未来的发展。

(1)审视个人情况。

①个人简历：包括个人的生日、出生地、部门、职务、现住址等。文化教育：初中以上的校名、地点、入学时间、主修专业、课程、所修课程是否拿到学历、在学校负责过何种社会活动等。

②学历情况：填入所有的学历、取得的时间、考试时间、课程及分数等。曾接受过的培训：曾受过何种与工作有关的培训（如在校、业余还是在职培训）、课程、形式、开始时间等。

③工作经历：按顺序填写自己以前工作过的单位名称、工种、工作地点等。有成果的工作经历：写上自己认为以前有成绩的工作是哪些，不要写现在的。以前的行为管理论述：写出自己对工作进行的评价，以及关于行为管理的事情。评估小结：对档案里所列的情况进行自我评估。

(2)回顾目前现状。

①现时工作情况：应填写自己现在的工作岗位、岗位职责等。

②现时行为管理文档：写上自己现在的行为管理文档记录，可以在这里加一些注释。

③现时目标行为计划：设计一个目标，同时列出和此目标有关的专业、经历等。这个目标是有时限的，要考虑到成本、时间、质量和数量的记录。如果有什么问题，可以立刻同上司(职业指导老师)探讨解决。

如果你有了现时目标，它是什么？怎样为每一个目标设定具体的期限。

(3)预测未来发展。

①职业目标：在今后的3～5年里，自己准备达到什么目标、做到什么职务。所需要的能力、知识：为了达到自己的目标，认为自己应该拥有哪些新的技术、技巧、能力和经验等。

②发展行动计划：为了获得这些能力、知识等，自己准备采用哪些方法和实际行动。其中哪一种是最好、最有效的，谁对执行这些行动负责，什么时间能完成。发展行动日志：此处填写发展行动计划的具体活动安排，所选用的培训方法。如听课、自学、所需日期、开始的时间、取得的成果等。这不仅仅是为了自己，也是为了了解工作、了解行为。同时，还要对照自己的行为和经验等，写上从中学到了什么。

从个人职业生涯的PPDF评估法的内容中，可以看出，如果严格按照它的要求去做，在记录PPDF评估法手册的同时，也就相应完成了职业生涯规划的评估工作，非常简便，也容易操作。个人职业生涯的 PPDF 评估法不仅运用于企业员工的职业生涯规划，而且对大学生的个人职业生涯规划同样有着积极的意义，可操作性极强。

三、职业生涯规划的修正

1. 职业生涯规划修正的目的

通过修正，应该达到这样的目的：决定放弃或者坚持自己的目标，并进行必要的调整；明确影响实施效果的关键因素，对实施方案的合理性加以认识；对需要改进之处制定调整计划，以确定修订后的实施方案能帮助自己达成生涯目标。

2. 职业生涯规划修正应考虑的因素

对职业生涯规划进行修正的内容包括：生涯目标的重新选择、生涯发展路线的重新确定、阶段性生涯目标的调整、生涯发展目标的调整、生涯目标实施方案的变更等。

在此过程中，应注意回答以下问题：自己的人生价值是什么？拥有哪些知识、技能和条件？最感兴趣的事情是什么？人格特质是什么？是否好高骛远？是否建立了自己的就业信息网络？具体应注意考虑以下因素。

(1)环境因素，包括社会环境、政治环境、经济环境、科技环境、自然环境、法律环境等。从宏观层面认识到职业生涯发展的局限性和可能性，通常情况下个人只能适应环境而不可能改变环境。

(2)组织因素，包括组织规模、组织结构、组织文化、组织发展状况、人力资源规划、人力资源管理系统类型、晋升政策、人际关系等一切与职业生涯发展有关的组织因素。要改变组织因素非常困难，但个人可以选择到最适合自己发展的组织中工作。

(3)个人因素，包括年龄、性别、学历、工作经历、家庭背景、人格等。一方面要正确认识自己，另一方面要不断完善自己。组织和个人只能适应第一因素，正确认识和分析第二、第三因素，寻求个人发展和组织发展的最佳匹配。

3. 职业生涯规划修正的方法

职业生涯规划的调整，实际是职业生涯规划步骤的再循环，但再循环不是原有设计过程的简单重复，而是根据现实的自身条件、外部环境，对原有职业生涯规划的反思和再创造。

（1）重新剖析自我。掌握个人条件的变化及其在职业实践中检验的结果，加深对自己的认识，检验自己的职业素质是否适合所从事的职业，弄清"我能干什么"这一问题。在此基础上选择更适合自己的方向，调整自己的职业生涯规划，从而为自己的长期发展奠定基础。调整职业生涯规划时的自我条件剖析，不同于第一次进行职业生涯规划时的"分析发展条件"。主要表现在以下两个方面。

第一，自我条件重新剖析，是在经过职业活动实践检验的基础上进行的，即对原目标有了不满之意。学生时代的发展条件分析，多半是理论的分析，对自身条件和外部环境的分析往往带有脱离实际的"非理性"色彩。大学毕业生在求职实践或从业实践中，切身感受到发展目标、发展台阶或发展措施脱离实际，有必要对原有职业生涯规划进行调整。

第二，自我条件重新剖析，是在对原定规划已有调整意向的前提下进行的，即已对新目标有了初步想法。这种调整意向，往往是在有了新的发展目标，至少是对第一阶段目标已经有了调整决心时产生的。大学毕业生在求职实践或从业实践中，与职场有了"零距离"接触，开阔了视野，对职业这个大千世界有了进一步的了解，因而产生了调整发展目标或阶段目标的决心，甚至已对新目标有了初步想法。在校大学生在初次进行职业生涯规划时，应先分析发展条件，后确定发展目标，以避免"眼高手低"。已有求职实践或从业实践的从业者，想进行职业生涯规划调整，则应先确定发展目标，再重新剖析自身条件，以检验初定目标是否符合实际。

（2）重新评估职业生涯机会。在从业过程中，内外环境会给个人的职业生涯带来机遇和挑战。对此，个人要认真地进行重新评估，如分析当前经济社会发展趋势会是什么样子，所从事的职业在目前与未来社会中的地位将如何，社会发展对自身发展的影响有多大，自己所在企业的内外环境和个人的人际关系怎么样等。弄清了这些，就会明白对于自己来说什么是可以干的，什么是不能干的。

在校大学生在进行职业生涯规划时，对外部环境的分析，大多依靠第二手资料，而在调整职业生涯规划并进行职业生涯机会重新评估时，从业者不但已掌握了许多第一手资料，而且已经有了亲自体验的感受。对职业生涯机会重新评估，除了对原规划的职业生涯发展机会进行再评估外，更要围绕新的初选目标实现的可能性，进行外部环境的分析。

(3)修正职业生涯目标即调整远期目标或阶段目标。在重新剖析自我和重新评估职业生涯机会的基础上，修正职业生涯发展目标及职业生涯阶段目标，即对远期目标、近期目标进行调整。

对职业生涯目标的修正，除了自我和环境再分析是重要依据外，更侧重于目标的价值取向。已有求职或从业实践的大学毕业生，与缺乏求职或从业实践的在校生相比，发展目标的价值取向不再是虚拟的、理论的，而是实在的、务实的。实在、务实的价值取向，对于修正职业生涯发展目标或阶段目标，是十分有益的。在取得求职或从业实践经验的基础上，对原有的价值取向进行深刻的反思，是职业生涯目标修正的重要保证。

选择更适合自己的发展方向，从而为自己的长期发展奠定基础，彻底解决"我为什么干"的问题，是调整职业生涯规划的关键。只有在求职或从业实践中得到感悟，才能使职业生涯规划更加符合自身实际，才能做到有的放矢，获得成功。

(4)修订落实计划。通过"干得怎么样""应该怎么干"的自我审视，根据修正后的发展目标和阶段目标，制定新的自我提升措施。

规划的设计、制定很重要，规划的贯彻、落实同样重要。反思原规划中发展措施的针对性、实效性，回顾自己对原规划中发展措施的落实情况，既有利于新措施的制定，也有利于新措施的落实。这种反思和回顾，不仅是调整职业生涯规划的需要，也是自我管理能力提高的过程。

科学、务实的目标和严谨、周密的措施是职业生涯规划的核心内容，也是评价一份职业生涯规划优劣的主要标准。每过一段时间，职业人要审视内在和外在环境的变化并且及时调整自己原定的职业生涯规划。调整并非放弃，而是与时俱进。当一个人的职业生涯并非一帆风顺时，调整不但会有"山重水复疑无路，柳暗花明又一村"之感，而且调整的过程往往可以使人的多方面能力得到提高。

第六章 职业能力提升

职业能力是个体在职业活动中各种能力的综合,认识职业能力结构、了解职业能力培养,能够使人们更好地适应岗位需求,优化职业生涯规划。拥有高水平的职业能力可以更好地适应职业岗位要求,提高工作效能。本章将从职业能力、职业能力结构、职业能力培养三方面出发,深入分析职业能力结构的四个组成部分,并以专业知识技能、通用技能、就业人格、职业发展能力为切入点,聚焦个人职业能力培养的方法与路径。

通过本章的学习,同学们对能力结构会有一个较为全面的了解,可以利用本章所学知识,有针对性地提高自身的职业能力,从而为规划、调整自身的职业发展提供理论依据和现实指引。

第一节 了解职业能力结构

职业能力结构主要包括专业技能、通用技能、自我管理技能和职业发展能力四部分。对职业能力结构的学习有助于学生完整全面地了解职业能力需求,更好地认识能力的概念与内容,有助于大学生有目标性地做好专项能力提升,为职业与能力相适配奠定坚实基础。

一、职业能力的内涵

1. 职业能力的概念

职业是随着社会分工而出现的,并随着社会分工的稳定发展而构成人们赖以生存的工作方式。从社会学意义上来看,职业不仅是个体谋生的手段,更是个体之间，个体与外在社会环境之间的联结点，承载着人在社会化过程中所扮演的社会角色与承担的社会责任。简言之，职业是人们在社会中从事的赖以获取生活来源的工作。如：教师、医生、司机、会计等。

能力是个体将所学的知识、技能在特定的活动或情境中进行类化迁移与整合所形成的能完成一定任务的素质。简单来讲，能力就是会做的事，能否完成是它的证明，速度和质量是它的评价标准。

职业能力是人们从事某一职业所要具备的本领和技能的总称，是从业者在职业岗位上所积累并在开展职业活动时所呈现出的各种能力的集合。它是个体从事职业活动的基础条件与职业资质标准，也是完成职业范围内多种任务的必然要求，更是个人实现职业发展与自我发展的基本保障。在内涵上，职业能力包含以下几方面的内容：第一，职业能力是行为者拥有的主体能力；第二，职业能力是多方面能力的综合；第三，职业能力包含着知识、技能、心理态度、身体等多个构成要素；第四，职业能力的发展具有动态性，贯穿个人职业生涯发展的全过程。因此，对于职业能力的考察要置于多维动态的空间视野内，将职业能力的形成与发展紧密联结在职业活动之中。

在认识职业能力中，我们要认真梳理"职业"与"能力"的概念。因为在选择职业时，个人能力与职业技能要求相匹配是极为重要的。只有找到与自己能力相适配的工作，才能持续培养和发展自己的能力，实现个人与事业的双重发展。从认识能力出发，到确定职业，再到形成个人的职业能力是一个连续发展的过程，贯彻融入职业生涯全过程。

思考与练习　认识能力

1. 请尽可能多地写下自己所拥有的能力，并与同学分享，思考如何分类？

_____

2. 请认真思考，并写下1~3个自己将来想要从事的职业。

_____

3. 请将能力与职业相匹配，描述职业所需要的能力有哪些？

_____

通过能力词汇的汇总归纳，能够从自己以往的各种经验中辨识个人擅长的技能。在将职业与能力结合时，便可以梳理出职业能力要求与个人能力发展的直接联系。因此，在认识能力、塑造能力的过程中，要以职业技能要求为导向，清楚地认识自己具备什么样的能力，职业又要求什么样的能力，如何做到二者的适配与同向发展。

2. 职业能力的分类

能力是一个抽象的概念，从分类角度出发可以更加全面地认识它。总体来看，能力按照获得方式可分为先天具有的与后天习得的两大类；按具体表现形式，可分为显性能力和隐形能力。

(1)按能力获得方式分类，能力可分为先天具有的能力和后天习得的能力。

①先天具有的能力。先天具有的能力是指上天赋予每个人的特殊才能，是与生俱来的。具体可表现为运动能力、音乐能力等，通常称为天赋。在对人的天赋进行评价时，传统智力理论常以语言能力和数理逻辑能力为标准。发展心理学家加德纳提出的多元智力论中指出，人至少有七种不同的智能，包括语言—语言智力、逻辑—数理能力、视觉—空间智力、音乐—节奏智力、身体—动觉智力、交往—交流智力和自知—自省智力。以上七种智力构建了人的智力结构，且处于同等重要的地位。在七种智力的不同组合中，人的智力也呈现出个体差异性。但需要明确的是，天赋并不等于能力，天赋是一种潜在能力，如果缺乏后天的开发与训练，就不能发展为实际能力。

②后天习得的能力。后天习得的能力是指在后来学习与实践中逐步形成的能力。如写作能力、演讲能力、交往能力等。个人成长的过程是一个不断习得技能、运用技能的过程。比如，中国首个单板滑雪冬奥冠军苏翊鸣在拥有良好运动天赋的基础上，通过后天的勤奋刻苦与大量训练，不断提高个人竞技状态，进而在世界顶级赛事中取得多项佳绩。通常我们所听到的"能力不行"之类的话语，往往是只强调天赋的作用，而忽略了后天学习、训练、培养的效用。

(2)按能力变现形式分类，能力可分为显性能力和隐性能力。

①显性能力。显性能力是指在一定阶段的学习、训练、实践后获得的实际能力，具体表现为对基本知识、基本技能的掌握。它在实际工作中能够直接表现，并得以测量、观察和评价。以教师为例，在拥有良好的文化素质和知识的基础上，其直接外显的能力包括组织能力、教育教学能力、语言表达能力、管理协调能力等。这些能力的运用都可以通过一定的指标体系来进行直观的评价。因此，显示能力的直接作用对象是向外的，在实施行为的过程

中必然会出现明显的结果。

②隐性能力。隐性能力是指个体在实践过程中所形成、积累、塑造的价值与理念的综合,主要包括社会角色、自我形象、个人特质、动机等。它内含于自身,能力作用的效果难以测量。从关系上看,隐性能力是显性能力的基础,决定着显性能力的发展。一个人所掌握的知识与技能很大程度上取决于特质、动机等。优秀的大学生一般都具有清晰的自我认知、能够从目标出发激发强大的成就动机,进而在知识掌握与技能运用上具有优势。在个人发展中,那些不为他人看到的品质往往起到关键性作用。

总的来看,显性能力所承载的知识与技能是和岗位要求直接相关的,可在较短的时间内通过学习培训等方式提升,并能以资格证书、考试、观察等具体形式来测量。而隐性能力是具有主观能动性的变化,往往只能以心理学测试的方法来衡量。

借助冰山模型,能让我们更好地理解显性能力与隐性能力的关系。冰山模型是由美国著名心理学家麦克利兰在1973年提出的,它细致地描述了一个人所有的内在价值要素,并将人员个体素质的不同表现形式划分为表面的"冰山之上"和深藏的"冰山之下"两个部分(如图6-1所示)。依据冰山模型原理,可知冰山之下的角色认知、态度、个人品质与动机直接关系到整体能力的外在表现。在缺乏人格特征与价值理念的支撑下,能力是无从谈起的。对大学生来说,要懂得在求学过程中塑造强烈的求职动机,完善自我的认知特质,才能为知识技能提升和找到理想的工作岗位奠定坚实的基础。

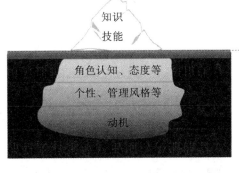

图6-1 冰山模型

2. 职业能力的特征

分析职业能力的特征,能够更好地把握职业能力的丰富内涵。从主体、内容到实践，职业能力的形成与发展在不同阶段都具有显著的特征。

(1)职业能力的可塑造性。职业能力在纵向上，随着时间地推移，实践活动能为个体职业能力的塑造与发展提供宝贵的经验基础。在横向上，人所具有的学习能力、探究能力、反思能力及职业内在的更新要求，会激发出个体主动提升职业能力以寻求长远发展的动能。

(2)职业能力的指向性。职业是社会分工的产物。随着社会生产力的飞速发展，社会分工越来越精细，行业发展与职业分类的精准匹配度也越来越高。因此，在分析职业能力时必须要指向到具体的职业岗位。

(3)职业能力的发展性。在职业能力的储备期、形成期、提升期、成熟期等各个阶段，职业能力的结构、内容都处在不断地丰富之中。随着社会生产力的发展与科学技术的不断进步，职业岗位所需求的能力都处在持续更新之中，个体要适应职业发展，就必须将职业能力处在动态更新发展之中。

(4)职业能力的可测性。职业能力在量上具有可测度性，能通过一定的量度来呈现能力水平。在职业岗位上，人们完成工作绩效的量能够体现出职业能力的高低。在所处职业组织内，成熟的测试和评价体系能对于主体的知识基础、技能水平和个人所呈现的综合能力进行全面考察。而且，关于职业能力的测试贯穿于个人职业生涯的全过程。

(5)职业能力的差异性。职业能力在本质上是主体人格特质的总和，不同个体必然带有个体的差异性。首先，在性别、教育背景、培训经历等不同条件下的个体所表现出的能力水平不同。其次，就职业能力承载主体而言，其各方面能力也在质和量上存在差异，呈现出优势能力和劣势能力的鲜明区别。最后，不同岗位对职业能力的要求具有差异性，在选拔职工时要实现岗位与职业能力的高度匹配。

二、职业能力的结构

依据对职业能力概念的界定和现有职业能力结构分析模型的参考，可以将职业能力结构划分为四个构成要素：知识技能、通用技能、个人品格和职业发展能力。职业能力结构的构成要素之间是相互连接、彼此促进的，任何一种能力结构的构成要素提高或下降都会在整体上影响到职业能力的形成。

1. 职业能力结构的知识技能

知识技能是指需要教育或者培训才能获得的特别的知识或能力。它是个体在工作中具备胜任力的关键,也是个体能够长期获得稳定收入的保障。比如,能否熟练进行电脑编程、是否掌握一门外语等。专业能力是职业能力的基础性构成,与教育、培训、岗位实践等活动密切相关。

知识技能不可迁移,它大都是一些特殊的词汇、程序和学科内容,必须要经过专门的学习和培训才能掌握。比如,熟练掌握 C/C++ 语言开发、熟悉使用 Visual Studio 或 GCC 进行软件相关开发及调试。这些技能都具有专业性和范围性。对大学生而言,自己所学的专业课程与知识技能紧密衔接,大学四年里所获得的知识基础与技能训练,直接关系到未来的职业选择。

大学生知识技能主要包括知识应用能力、学习能力、创新能力和逻辑分析能力。知识应用能力包含对于知识和技能运用两方面。在专业能力中,知识积累和技能掌握是前提条件,而能够熟练运用知识和技能解决实际问题是能力考察的核心环节。大学中所学到知识以理论为主,而应聘者更关注的是理论与实践相结合,目标聚焦于问题解决。

学习能力是个体依据工作岗位和职业发展,制定学习目标和实施方案,以通过多种学习方式,持续进行自我培养、自我提升的能力。学习能力是大学生依据新形势、新要求,不断更新自我知识结构,应对外在挑战的关键。

创新能力是个体运用创新性思维,提出具有革新性的工作方案或途径,以开辟事业发展新格局的能力。在知识与技能的学习中,大学生要能够在现有经验基础上开拓创新,不只是停留在接受知识,而具备一定的创新精神,能够让知识技能在由外而内的转化中呈现出新的形态。

思考与练习　知识技能

1. 结合自己的专业与所学课程,列出 5 项最重要的知识技能。

_____

2. 在学校的各类活动中你学到了哪些知识技能?

_____

2. 职业能力结构的通用技能

通用技能是指适用于任何专业的学习,且能够在不同的情境中迁移的技能。其主要特征是能够体现在生活的方方面面,特别是在工作以外的领域得到发展,如管理、协调、组织、商讨等都是重要的通用技能。

在日新月异的信息时代,知识呈现出爆炸式增长态势,其更新换代亦在不断加快。借助互联网技术,人们获取知识的途径不断拓展,网课、慕课等线上学习方式已成为新兴途径。在知识密集型导向的产业发展中,人人都处在"终身学习"状态。与知识技能相比,通用技能无所谓更新换代,不论外在环境如何变化,都可以得到应用。从通用技能的组成结构上看,可分为方法能力和社会能力两大类。方法能力是指具备从事职业活动所需要的工作方法和学习方法,包括制订工作计划的步骤、解决实际问题的思路、独立学习新技术的方法、评估工作结果的方式等。社会能力是指具备从事职业活动所需要的行为能力,包括人际交往、公共关系、职业道德、环境意识等。

通用能力是雇主们重点考察的方面。在招聘时,雇主一方面要寻找在教育背景、知识技能方面与组织相匹配的专业能力,另一方面更为关注那些具有普遍性、一般性的技能与素质(即通用技能)。员工的自我管理能力、积极的心态、创业革新精神、团队协作能力、商业与客户意识、计算能力、沟通读写能力、信息技术运用能力、问题解决能力等都是在人才选拔中关键性考察指标。总体来看,通用技能可分为以下几个维度:沟通能力、团队合作与领导能力、信息管理能力、创新创业能力、如何学习的能力、开发创新解决方案的能力、独立识别问题的能力等。

思考与练习　通用技能

1. 请写出你学习生活中有成就感的一件事,并谈谈你在其中使用了哪些通用技能?

2. 谈谈在上述事件中你遇到了哪些困难和障碍,是如何运用通用技能解决问题的?

3. 职业能力结构的自我管理技能

自我管理技能是个人品质的表现而非能力,主要用来描述或说明人具有的某些特征。品质,在词义上指物品的质量规格。在职业能力结构的概念范畴中,其与情商、性格特征等紧密联系,呈现为个体所具有的软技能。所谓个人品格是指在职场环境内能够及时准确地识别自身或他人情绪,从而适时适势有效调节,以沟通、交往、协作等为方式以达到工作有序推进的能力。良好的自我管理技能能够帮助个体更好地适应周围环境,应对工作中的问题,因此也可称为"适应性技能"。

在职场环境中,品格是影响个人职业发展的重要因素。高情商从业者能在工作机会与职场竞争中获得更大的优势。同理,当个体在扮演职业角色时,拥有高适应力、高内驱力、高满足感的特质更容易帮助其取得高绩效。对大学生而言,培养自我管理技能是个人成长中的重要一环。而这一技能无论是先天具有的还是后天习得的,都需要联系。它可以从个人生活领域迁移到工作领域,并持久地发挥效用。自我管理技能无法刻意地通过专业培训获得,它存在于日常生活的点滴之中,能够在日常的自我省思和交流交往中得到提升。

思考与练习　自我管理

自信	乐观	耐心	细致	慎重	负责	坚定	亲切	善良	理性
感性	机智	朴实	热情	稳重	幽默	友好	严谨	冷静	好奇
果断	独立	宽容	温柔	敏锐	灵活	机灵	执着	坚持	真诚
勤奋	积极	坦率	客观	直爽	忠诚	活泼	主动	豪爽	独立
投入	勇敢	公正	正义	随和	有创意	有远见	有抱负
有想象力	善于观察	足智多谋	多才多艺	善解人意	吃苦耐劳

1. 请从上面词汇中选出符合自己的自我管理技能词汇。

2. 谈谈这些品质在自己的学习生活中起到什么样的作用?

4. 职业能力结构的职业发展能力

拥有良好的职业发展能力可以使职业发展之路更具延展性和可塑性,也能使个体更好地应对多重职业角色及职业角色转换所带来的挑战。因此,在具备专业技能、通用技能、自我管理技能的基础上,还应该具备良好的职业发展能力。这一能力是瞄准未来的,具有一定的预见性和规划性。简单来讲,职业发展能力主要由识别职业目标能力、职业管理能力与职业规划能力三部分组成。

首先，识别职业目标是要在获取知识、增长技能、培养职业能力的过程中尽早确定职业目标，让职业能力与个人职业发展更具契合性。其次，职业管理能力是要通过信息搜集、归纳等环节准确定位、获取、维持职业机会，并在此基础上统筹职场资源以拓展发展空间，获得理想的职场发展结果的能力。需要强调的是，职业管理能力是大学生进入职场后维持工作状态，获取事业成功必不可少的基础性能力之一。在层次上，主要包括就业市场形势识别能力、未来职业角色认知能力和职业提升机会识别能力三方面。最后，职业规划能力是要在一定工作经验基础上能够及时识别职场变化，敏锐地调整职业发展节奏，前瞻性地规划个人职业生涯发展的能力。

三、职业能力的培养

在了解职业能力概念、特征、结构的基础上，需要从专业技能、通用技能、自我管理技能和职场发展能力四部分出发探讨职业能力的培养。职业能力具有可塑造性，在个体成长、学习、实践的不同阶段会有差异化的表现。因此，重视职业能力的培养能使个体更好更快地融入职业环境，适应岗位要求，获得职业发展。

从自我能力培养出发，大学生要有提升职业能力的自我意识，在充分利用好校内外资源的基础上，认真接受职业能力教育，在专业能力、通用技能、个人品格、职业发展能力等方面形成阶段性、递进性、综合性的整体提升，在积极参与就业市场竞争中磨炼提高职业能力。

职业能力发展是在学习与实践过程中由外在的感知与训练持续内化为自身人力资本的过程。个体作为能力的承载者和养成者，对其形成与发展起着关键性作用。除外在影响因素外，大学生的自我职业规划、职业意向等都将与个人的就业结果密切联系。因此，在促进职业能力发展过程中，大学生要具备思想与行动的自觉性，能在外部资源的支持下，以强烈的自我培养意识和源源不断的自我内驱力去提升专业能力和通用技能，塑造就业人格，持续增强职业发展规划的能力。需要明确的是，大学时代的学习决不能是局限于书本知识和应试的学习，而必须是培养和发展各方面技能的广义的"学习"。

1. 专业技能的培养

对大学生而言，专业技能培养与专业学习密切相关。大学四年能否掌握专业领域的知识与技能，积累下职场所必需的核心本领是影响专业能力形成的关键所在。进入高等教育阶段，大学生是自我学习、自我教育的主体。

在此阶段，首先要明确好学业目标与职业目标的关系，将职业意识引导下专业学习融入求学全过程。学业目标是以校内课程考核为基础的，具有短期性的特征。而职业目标是在社会化过程中对于未来职业选择的长远性目标。在二者关系处理上，要准确把握一致性。不能"唯学习"，而忽视就业。大学生要提前了解所学专业的就业去向及社会需求，能够将学业目标更加精准地对接社会发展趋势及市场需求，进而在多变的外部环境中及时调适学业目标。学业是专业技能形成的坚实基础，职业是个人实现自我价值的重要载体。学业与职业的紧密衔接既是个人正确学业观与就业观形成的重要契机，也是个体将自我价值与社会价值相结合，树立职业理想的必经过程。

其次，专业技能的培养需要一定的方法和路径。在专业学习中应把握好"精"与"泛"的联系。在专业"学习区"内必须秉持"精"的理念和原则，要依据专业学习的课程设置，精学精练，对已掌握的初步技能开展大量重复训练，让通过学习获取得到的知识内化为能力。在此基础上，要进行持续的检验和反馈，使得自身可以在能力竞争中取得优势。与此同时，要适度的"泛"。在知识密集型的岗位需求中，专业能力的广度正在拓展，要在精技能的前提下，具备解决其他复杂问题的能力。

最后，专业技能的形成是一个持续性的过程，在不同的阶段会呈现出差异化的表现。大学生在专业学习中要懂得把握专业能力的阶段性特征，适时地调整学习策略，以实现能力提升成效的最大化。与此同时，在一定周期的专业学习中，要具备良好的心态和坚毅的品格，懂得应对各种挫折挑战，磨炼出专业能力提升中的掌控力。

2. 通用技能的培养

通用技能的培养要深刻理解"可迁移"这一根本特征，在提升方法能力和社会能力上下功夫。相较于专业能力培养范围的"限定性"，通用能力则更具延展性。大学生要在专业学习中敏锐地把握运用方法的重要性，通过学习新信息、尝试新环境、迎接新挑战等方式提高方法运用的熟练度和准确度。在大学期间处理各种问题时，有意识地培养自己制定工作计划的能力，解决复杂问题能力、独立思考的能力等。对社会能力而言，大学生要从课堂走向更广阔的空间，积极参加各类对成长有益、对提升综合素质有帮助的校园文化活动。在更大范围的社交情境中，历练人际交往、协同合作、团队行动等方面的意识与能力。在大学生活中要有意识地锻炼可迁移技能，在保证学习时间的基础上，积极参加组织各类校园文化活动，在与老师、各年级同学的交往中锻炼沟通交流、组织协调能力。在学校的生活场域内，通过处理各类问题，有意识地提升自己的组织、协调、问题解决、管理、领导等能力。

3. 自我管理技能的塑造

自我管理技能是职业能力结构的重要组成与核心要素，大学生首先要有充分的自我认知进而据此设计个体培养方案。在塑造就业人格时，要将国家和社会的发展深刻融入个人选择之中。面对世界百年未有之大变局和日益激烈的国际竞争环境，每位大学生都要有"胸怀家国"的理想抱负，在不负时代、不负韶华中坚定信念，主动服务国家重大战略需求，到祖国和人民需要的地方去建功立业。再者，塑造自我管理技能需要有自我意识的觉察，在学习生活中开展多方位的兴趣探索、技能探索和价值观探索，充分发挥主观能动性，以更加全面地认识自我，为职业选择做好充足的准备。

4. 职业发展能力的培养

职业发展能力是职业能力结构的较高层级，需在专业技能、通用技能、自我管理技能的基础上逐步形成自主规划职业发展的能力。职业发展在内涵上是指向未来的，具有一定的预见性与计划性。因此，职业发展能力的形成要有明确的目标指引，在学习实践中，能够依据自我认知制定长远的发展方向和明确行动计划，并在职业实践中持续优化。职业规划能力则同时联结着学校与职场两个场域，能够一以贯之地促进个人职业发展。在大学期间，学生要有意识地培养，有计划地锻炼，积极融入市场环境，走进企事业单位，通过主动参与就业竞争等形式来提高自己对职业发展规划的感知度，在不断地自我成长中形成职业发展的潜力与职业规划的自我能力。在大学期间，要积极参加实习实践，利用校企合作、教学科研基地、实习实践基地等提前感受职业环境，逐渐明确职业发展方向，设计职业发展路径。

四、案例

张同学是西北农林科技大学大三的学生，她在进行个人技能探索中有以下收获。

1. 专业技能

（1）在学校课程学习中，勤奋努力，刻苦上进，专业课成绩优异，打下了坚实的知识基础与技能基础。

(2)利用闲暇时间自学了法语，掌握了一定的法语阅读和口语交流技能。

(3)参加学校支教公益社团，前往乡村小学开展支教活动，具备一定的教学技巧。

(4)担任班级的心理委员，参加学校组织的课程学习与专题培训，掌握了心理学方面的知识和相关技巧。

2. 自我管理技能

(1)在与老师和同学们的相处中，张同学总是能听到一些反馈。自信、乐观、善良、有目标、很吃苦、有上进心、善良、温柔、有亲和力、真诚、负责、感性化、缺乏条理、有抱负、敢于挑战等。

(2)在自我管理词汇表中，张同学用真诚、勇敢、乐观、有目标、善良、敢于挑战来描述自己。

(3)在大学学习生活和工作历练中，张同学认为自己是一个乐观、自信、敢于挑战、敢于吃苦、敢于向目标进发的人。与此同时，她也清晰地认识到自己的偶尔情绪化、条理不清晰的问题。

3. 通用技能

(1)大一时参加了"新生最美发言人"竞选，从众多学生中脱颖而出，能够自信地表达自己的想法，流畅地完成演讲活动。

所用技能：口头表达能力。

(2)大二时担任院学生会文娱部部长，带领团队组织学院迎新晚会、校园歌手大赛等活动。负责策划案撰写、现场导演、参赛选手培训等活动。

所用技能：领导能力、组织能力、书面写作能力、人际交往能力、沟通交流能力。

(3)大二暑假前往乡村小学开展支教活动，负责五年级20名学生的英语教学工作。自主拟定教学计划、设计课程内容、组织教学活动。在克服诸多困难后，能够顺利完成教学任务，与学生建立良好的关系。

所用技能：策划能力、教学能力、课堂组织能力、交往能力、学习能力。

在技能探索过程中，张同学更加全面地梳理了大学生活，对个人能力结构有了深刻的认识，并对提升专业技能、通用技能、自我管理技能有了明确的方向。

思考与练习 技能探索

1. 谈谈教师这一职业要求具备哪些技能？

第二节 职业核心能力培养

职业核心能力，是在 21 世纪由我国人力资源开发与职业教育领域专家首次提出，正被广泛认同的一个概念，是一个承载着诸多社会价值诉求的能力范畴。

随着社会的发展，特别是新技术革命带来的巨大变革，这类能力承载着越来越多的社会期待。职场对合格人才的迫切需求，院校人才培养规格定位与质量提升的探索求解，互联网时代的竞争，成功的实力比拼及个人对职业期待的成长诉求等。在能力选项中，无不以职业核心能力为指标，虽然该类能力的内涵项数多少有异，名称叫法不一，如关键能力、核心技能、基本能力等，但都是相对于专业岗位技能而言的。跨专业、跨行业的可持续发展通用能力，它是一个人获得成功的关键能力。

加强职业核心能力培养，提高职业人才的综合素质，是职业教育的重要内容和组成部分，也是当今世界职业教育发展的一个重要趋势。

职业核心能力分为职业方法能力和职业社会能力两大类。职业方法能力即为从事职业活动所需要的工作方法和学习方法，比较核心的有批判性思维和信息能力。批判性思维可以帮助人们更好地进行选择和思考，而信息能力则为思维提供了判断的基础。社会能力则指从事职业活动所需要的行为能力，较为核心的包括沟通能力、领导与合作能力。就业作为一种出售劳动力的活动，往往不是孤立的，从事一项职业必然需要进行沟通与合作。批判性思维、信息能力、沟通能力、领导与合作能力这四种能力成为很多职业的核心通用能力。

一、批判性思维

从广义上讲，批判性思维是指有效识别、分析和评估观点和事实，认识和克服个人的成见和偏见，形成和阐述可支撑结论、令人信服的推理，在信念和行动方面做出合理明智的决策，所必需的一系列认知技能和思维素质的总称。换言之，批判性思维就是指按照明确的思维标准而进行的严谨的思维活动。

在现代社会，批判性思维被普遍确立为教育特别是高等教育的目标之一。决定一名大学生是否优秀的最重要的因素就是他们的思维方式。从事学术研究时思维质量高，研究质量就会相应地提高；阅读的时候思维方式活跃，读书就会卓有成效；写作的时候思维质量高，写出的文字自然耐读。

1. 批判性思维的重要性

批判思维方式可以使个体无论在什么情况下都可以用最佳的思维方式解决问题。人们进行思考通常是为了了解一些情况、应对一些困难、回答一些问题或者解决一些事情。每个人都需要了解我们所居住的这个世界，这种了解对我们的生活很关键。而无论你在什么情况下、有什么样的目标，也不管你面对什么样的困难，只要你能够掌握自己的思维方式，你就能使事情向好的方向发展。

首先，对于所有的学习者而言，批判性思维是一个重要的新观念，随着教育和心理科学的发展，人们了解到教育不仅仅是让学习者继承现有文化的过程，更是发展的过程。如果在这一过程中缺乏批判性，所有学习者都对接触到的信息持完全肯定的态度，社会将停滞不前。因此，批判性思维可以说是当代教育的一个核心观念，教育者不仅要做到传道、授业、解惑，将自己摆在引导者的位置上，而非仅仅是传递和灌输；而学习者则更要坚持批判性思维，不仅仅是接受知识，更要有自己的思想。

其次，批判性思维在日新月异的信息社会中有它重要的现实意义。它可以帮助我们有选择性地获取信息，对信息进行适当的评价，然后做出决策，从而节约决策的实践，提高决策的有效性。在现实生活中，如果离开了独立的批判性思维，我们就可能被信息的汪洋大海所淹没，被各种似是而非的解决方案所迷惑，被他人别有用心的真实谎言所误导。

最后是批判性思维在职场中的应用。相关调查显示，能在毕业五年内从事与其专业相匹配的工作的学生还不到一半。这一数据说明了工作环境的不断变化。越来越多的雇主们不再看重某些领域的专业技能，因为这些技能通常最容易在工作中习得。他们更青睐的是那些具有良好思维和沟通能力，能快速学习解决问题，创造性的思考、收集和分析信息，从数据中得出恰当结论，清晰有效地表达自己观点的缘故。这种思维方式和解决问题的技巧，恰恰是批判性思维课程所能培养的。

2. 批判性思维的表现

批判性思维可以分成六个阶段。

第一阶段：鲁莽的思考者。从不对自己的思维进行反思，根本没有意识到思考在生活中的重要作用，缺乏良好的思维特质但是却意识不到。

第二阶段：质疑的思考者。认识到思考方式塑造着他们的生活，意识到思维中的问题可能导致生活中的问题，但会自欺欺人地对这种"质疑"状态感到满足，拒绝接受自己的思维是生活中麻烦的来源。

第三阶段：初始的思考者。积极地接受质疑并且想要成为一个更好的思考者，逐渐懂得如何处理相关思维元素，会逐渐认识到检查思维方式清晰性、准确性、相关性、精确性、逻辑性、公正性、广泛性、深刻性和公平性的好处，但可能还不能娴熟地掌握这些能力，在这些技能上的表现还很笨拙。

第四阶段：练习中的思考者。在初始的思考者的基础上，进行日常的练习并设计练习的计划。

第五阶段：高级的思考者。练习阶段和高级阶段有明显的持续性。没有一条明确的分界线清楚地区分这些阶段，它们最大的不同在于高级者能更好地掌握理性生活规则。

第六阶段：完善的思考者。因为人类头脑不可能以一种"完美的"方式运转。人类所有的发展都受到人类易谬性的限制。不论我们的理性发展到了多高的程度，我们固有的自我中心和社会中心都不可能完全被去除。如果说批判性思维有一个最高等级的话，那么，它应该被称作完善的思考者，而非"完美"。

3. 批判性思维的养成方法

(1)认识到批判性思维的重要性并明确自己的思维方式水平。

(2)理解人类思维的本性，从而做到更好地自制。

(3)深入理解通用思维标准，从清晰性、准确性、精确性、相关性、深度、广度、逻辑性、重要性、公正性等方面完成对思维的评估。

(4)了解问题的分类和优先次序并做到善于提问，成为苏格拉底式提问者。

(5)超越表面化的记忆，深度学习内容和思维的关系，并通过思维理解内容，通过内容进行思考。

（6）了解优秀思维者的学习方式并进行学习。

（7）基于理性判断进行决策，并成为一个积极解决问题的人。

（8）学会应对自身非理性的因素。

（9）学会甄别新闻媒体中的各种信息。

（10）了解谬误、诡辩等心理诡计，从而成为公正批判性思考者。

（11）努力成为一名有道德的推理者。

（12）理解和使用策略性思维。

完成了上述的条目以后，可以重新评估自己思考和学习的水平。

二、信息能力

信息能力也称为信息素养，是指理解、获取、利用信息能力及利用信息技术的能力。

理解信息即对信息进行分析、评价和决策。具体来说就是分析信息内容和信息来源、鉴别信息质量和评价信息价值、决策信息取舍及分析信息成本的能力。

获取信息就是通过各种途径和方法搜集、查找、提取、记录和存储信息的能力。

利用信息即有目的地将信息用于解决实际问题或用于学习和科学研究之中，通过已知信息挖掘信息的潜在价值和意义并综合运用，以创造新知识的能力。

利用信息技术的能力即利用计算机网络及多媒体等工具搜集信息、处理信息、传递信息、发布信息和表达信息的能力。

1. 信息能力的重要性

（1）开拓与创造的基础。科学技术的迅速发展，涌现出大量的科技信息，要开拓新的研究课题，仅靠自己的学识是难以办到的，还要依靠他人的经验，借鉴他人的成果，使之成为新的研究方向的依据。这就需要研究人员自己去获取有用的信息，这时信息能力就成为科学研究有力的助手。

（2）对人的成才具有帮助作用。信息能力就是综合的能力，是创新的基础，人们获得了信息能力，进而就可获得创造能力，促进人的智力水平的提高。

(3)区分现代人才与传统人才的关键。传统教育培养的人才以知识型为主,他们所接受的狭窄的专业知识,逐渐被新的知识替代。信息时代新知识不断涌现,能够适应这种发展潮流的人被称为现代人才,也称为"信息人"。只有具备了一定水平的信息能力,才能在信息的浪潮中游刃有余。

2. 信息能力的表现

(1)运用信息工具。能熟练使用各种信息工具,特别是网络传播工具。

(2)获取信息。能根据自己的学习目标有效地收集各种学习资料与信息,能熟练地运用阅读、访问、讨论、参观、实验、检索等获取信息的方法。

(3)处理信息。能对收集的信息进行归纳、分类、存储、记忆、鉴别、遴选、分析、综合、概括和表达等。

(4)生成信息。在信息收集的基础上,能准确地概述、综合、履行和表达所需要的信息,使之简洁明了、通俗流畅并且富有个性特色。

(5)创造信息。在多种收集信息的交互作用的基础上,迸发创造思维的火花,产生新信息的生长点,从而创造新信息,达到收集信息的终极目的。

(6)发挥信息的效益。善于运用接收的信息解决问题,让信息发挥最大的社会和经济效益。

(7)信息协作。使信息和信息工具作为跨越时空的、"零距离"的交往和合作中介,使之成为延伸自己的高效手段,同外界建立多种和谐的合作关系。

(8)信息免疫。浩瀚的信息资源往往良莠不齐,需要有正确的人生观、价值观、甄别能力及自控、自律和自我调节能力,能自觉抵御和消除垃圾信息及有害信息的干扰和侵蚀,并且完善合乎时代的信息伦理素养。

3. 信息能力的养成方法

(1)提高信息素养的核心在于终身学习,而且学习不仅在于学习知识本身,更在于学习先进的信息技术,作为自己更好地吸收、传递信息的基础。信息素养是伴随着终身学习而逐渐提高的,了解信息资源,检索信息资源,能够索取到所需的信息资源,并把其有效地利用或再去创新信息资源。

(2)提高信息素养不仅需要学习,更需要实践。单纯知识和技能的提升并不是完全意义上的信息素养的提高,它还要求我们有效地利用信息,这只有在实践中才能不断地提高。

(3)提高信息素养更需要增强自己的信息道德水准,在运用信息技术的同时,更要注意自身的行为是否突破了信息道德界限,这在信息传播极为便捷的网络信息时代尤为重要。

三、沟通能力

沟通是我们生活的主要部分。研究表明，大多数人会花50%～70%的时间，以书面形式、电话形式或面对面的形式进行沟通。而克里斯·科尔在《沟通的技巧》一书中提出："我们所做的每一件事情都是在沟通。"我们一直在谈论沟通，就好像这个词的意义已经非常明确了。事实上，沟通学者关于沟通的定义一直存在着争论。尽管众说纷纭，大多数人对沟通的实质还是达成了共识，即沟通是有关使用信息来生成意义的过程。我们可以发现，这个基本定义适用于绝大部分语境，公开演讲场合、小规模团体及大众媒体等。

1. 沟通能力的重要性

沟通的重要性主要体现在以下几个方面。

第一，沟通可以满足人的心灵需求。人是社会性的动物，不能脱离其他个体而存在，每个人都有与人沟通、被人倾听和理解的心理需求；如果失去了与人沟通的机会，人们会出现一些生理症状，比如产生幻觉、丧失运动技能，而心理则会产生孤独、焦虑、抑郁等不良情绪。

第二，沟通是建立和谐人际关系的桥梁。社会心理学研究表明，人和人的熟悉能增加相互之间的好感。而沟通是增加熟悉感的最佳途径。沟通能帮助人们消除人和人之间的误解，并积累重要的人脉关系，从而为自己的事业的成功打下基础。

第三，沟通是有效决策的基础。生活中，我们总在进行着大大小小的各种决策。有的决策可能不重要，比如晚餐应该吃什么或者该乘哪种交通工具去某个地方等；然而有的决策则对我们的生活至关重要，甚至可能改变我们的一生，比如，应该上哪所大学，应该参加什么工作等。我们知道一个人的知识和经验是有限的，因此，当人完全依靠自己的判断来决策时，很有可能有所偏颇。这时，与师长、朋友、相关领域专家、同事进行积极、有效、深入地沟通就显得至关重要。因为沟通可以促进信息的交换，加强我们看问题的广度和深度，为正确的决策打下基础。

第四，沟通是组织建立与运转的基础。心理学上存在一种群体集化效应，指的是在群体中进行决策时，群体中的人们往往会比个人决策时更倾向于冒险或保守，向某一个极端偏斜，从而背离最佳决策的现象。这种效应尤其容易发生在少数领导做决策的团体中,而由群体集化效应所导致的决策失误很可能是致命的。因此,在团体和企业中,做到上下通达的有效沟通至关重要。

2. 沟通能力的表现

有效的沟通必须包含能在大多数情况下维持或增进关系,并借此实现自己的目标。沟通能力及要求有效性,又要求适当性。

(1)拥有多样的行为反应:能够从各式各样的沟通行为中选择他们的行动。

(2)挑选恰当行为的能力:懂得在不同的情境中使用最有效的技巧。

(3)变现行为的技巧:能够有效地表现所需的沟通技巧。

3. 沟通表达技能的养成方法

用人单位非常看重大学生的沟通技巧,展现出良好的沟通能力会是应聘者更具吸引力,而且可以快速在众人中脱颖而出,你可以从发送者和接收者两个角度,提高你的沟通技巧。

(1)提高发送者技巧。发送者的技巧包括陈述与说服技巧、写作技巧和语言技巧。

①陈述与说服技巧。在你的整个职业生涯中,你需要就各种问题发表你的看法。你要向他人传递信息,发表观点或者提出建议。通常来说,你的目标是将你的想法都说给其他人。也就是说,你的挑战将是说服他人接受你的建议。

在陈述观点及说服他人的过程中,你的态度十分重要。说服并不像很多人所想的那样仅仅是兜售一个想法或使别人从你的角度来看问题。不要总是设想采用"顺我者昌,逆我者亡"的做法,用一锤子买卖来实现强制销售,并且毫不妥协。将说服看成一个相互学习及共同协商解决方案的过程更具有建设性。

当演讲者面对听众能够打开心扉,相互沟通,展示热情,并且表现出他们除了是说话者,同时也是倾听者,我们就认为这样的有说服力的演讲者是十分真诚的。作为一名演讲者,你可以通过观察和应用,当你身处令你舒服的人群中时的肢体语言,考虑如何直接融入你的听众中去,找出使你关心的话题的原因,关注非语言线索及专注倾听听众的评价和疑问等方式来训练这种真诚性。

②写作技巧。好的写作,首先要有清晰、逻辑性强的思考。若你希望人

们认为你的电子邮件和报告是通俗易懂的和兴趣盎然的,那就要力争做到思路清晰,结构合理,可读性强且简短。为帮助信息接收者处理庞大的信息流,你可以在信件中写好详细的主题,将主要观点放在信件的开头,并将信息的每段限定在五行以内,还要避免讽刺或者刻薄的幽默。尽量多用字典或词典,要避免使用华丽的辞藻。

③语言技巧。用词的选择可能促进也可能妨碍沟通效果。例如,术语是速记法的一种形式,在沟通双方都非常了解相关术语的时候,它可以提高沟通的效率。但如果接收者不熟悉术语,就会产生误解。因而,来自不同职能部门或学科领域的人们在沟通中经常由于语言障碍,而误解对方。因此,无论是说还是写,你都应该根据接收者的文化及技术背景来调整自己的语言。当你接收信息时,不要以为你理解的信息就是说话人的意图。

(2)非语言技巧。我们在生活中经常发现,同样一番话,不同的人来说会有截然不同的效果——似乎言语内容本身并不是言语效果的唯一影响因素,甚至不是最重要的影响因素。那么非言语的交际在信息传递中到底起到多大的作用呢?令很多人吃惊的是非言语信息的作用超过50%。根据麦罕宾的研究,非言语的交际在信息传递中所占据的作用居然高达93%,言语成分只占7%的作用。

那么如何提高非言语技巧呢?有人对非言语表达技巧进行了总结,即SOFTEN法则。

①Smile——微笑。一个舒心的微笑是友好、热情,并愿意进行沟通的强有力的暗示。微笑可以展示你热情开放的交谈态度。

②Open——张开双臂。张开双臂表明你是友好的,并愿意与人接触;在交谈中,张开的双臂让他人感觉到你在听他讲话并且他讲的你也能够接受。

③Forward——身子前倾。当与他人交谈时,身体轻微前倾表明你正在听对方讲话,并对其很感兴趣,这对于他人来说通常是一种恭维,他将愿意继续与你交谈。需要注意的是,不要太近或太快地侵犯他人的私人空间。

④Touch——接触。最容易接受的接触是一个热情的握手,几乎在任何情况下,热情而有力的握手都表示你对见到的人持一种热情而友好的态度。

⑤Eye——眼神交流。眼睛是心灵的窗口,通过眼神的非言语表达可能是最强烈的。眼神交流应该是自发的,而不是被迫的,或者过于主动的。进行眼神交流时,中间最好有简短的间隔,切记不要一直盯着他人,这样反而会

让人感到不适。

⑥Nod——点头。点头表示你正在听，并能理解对方所谈的内容。然而点头不一定意味着赞同。

(3)提高接收者技巧。一旦你能够有效的发送口头、书面及非语言信息，你在成为一个全能沟通者的路上就已经成功了一半。然而，你还必须培养接收信息的能力。接收者需要具备良好的倾听、阅读和观察技巧。

做一个有效的发言者对事业取得成功是重要的。不过，良好的倾听技巧也同样重要。有些研究就调查了倾听与事业成功之间的联系，结果显示，更善于倾听的人，在企业中被提升到了更高的层级。当全国的人力资源主管们被问及理想的管理者应该具备哪些技能时，有效倾听的能力排在了榜首。在那些负责解决问题的团队中，有效倾听者也被认为是最有领导技巧的人。

无论是那些处理冰冷数据的职业，还是那些需要一对一交流的职业，倾听都同样重要。例如，在一项调查中，超过9万名会计师将有效倾听视为进入该领域的专业人员所应具备的最重要的沟通技巧。当一个由不同领域和不同部门的高级主管组成的群体被问及什么是工作中最重要的技巧时，倾听也比其他技能，包括专业技术能力、电脑知识、创造力和管理天赋更频繁地被指出来。

虽然这些管理者都相信倾听的重要性，但并不意味着他们能做好。比如，一项由144位管理者参与的调查，就说明了这一点。当他们被要求为自己的倾听技术评定等级时，让人吃惊的是，没有一个管理者认为自己是一个差或者很差的倾听者，而评估自己为好，或者很好的比例比重高达94%。不过，这些自我感觉良好的评价却与下属的感知形成了尖锐的对比。有许多人说他们的老板倾听技术很差。当然，管理者并不是唯一需要在倾听上下功夫的人，我们所有的人都应该提升自己的倾听技巧。

从上面的故事我们可以知道倾听在职场上的重要作用。

第一，听的作用。倾听可以获取重要信息。信息不但包括内容，还包括对方的情感，有时候脱离了情感，只是听取里面的内容会产生误解。有些话是反话，只有非常注意，联系语境或语气才能做出判断，听出弦外之音。

善听才能善言。我们常常因为急于表达自己的观点，根本无心思考对方在说些什么，甚至在对方还未说完的时候，心里就已经对对方可能的言谈和观点产生心理定式，并按照我们的经验妄加评论，而我们的评论往往是错误的。因此，我们需要首先听明白对方的观点是什么。听懂对方，我们才能做出准确的评论。

第二，听的技巧。我们应该如何去聆听呢？

①寻找到兴趣点。其实你肯定这次谈话会很枯燥，问一下自己，发言者说的对我有什么用？

②评判内容，而不是讲演。不要太关注发言者的性格、特殊习惯、声音或衣着等，相反，试着去了解发言者知道的信息。

③沉着，直到完全理解发言者所说的信息后再进行评价，而不要立即被表面言语所打动。

④领悟要点。不要太拘泥于所有的事实和细节，要把注意力放在中心思想上。

⑤灵活应变，准备多种记录方法，并根据发言者的风格选择最合适的方法。不要做太多笔记，或强行将一个没有条理的发言者所说的每一件事都整理到一个正式的提纲里。

⑥不要分神。关上门，与正在讲话的人坐近一点，或者让他大声一点，不要眺望窗外，或者盯着桌上的材料。

⑦训练自己的思维。有些人容易知难而退，因此要乐于接受积极的思维挑战。

⑧保持思维开放。很多人听到涉及他们的字句时，会过于感情用事，例如工会津贴、进口等。不要让情绪影响到你对问题的理解。

⑨利用思维速度的优势。多数人说话的速度是每分钟125个字，而大脑的思维速度通常是讲话速度的4倍，要利用好这一事实，将剩下的思考400多字的时间用来思考发言者所说的内容，而不是用在想别的事情上。

⑩努力去听，投入一定精力，不要假装你在注意听，要表现出对说话者有兴趣。好的倾听是一项艰苦的工作，但这些投入是值得的。

第三，观察的技巧。有效的沟通者，还能够观察和理解非语言沟通的信号。通过观察，你可以发现很多东西。例如，通过观察非语言线索，演讲者可以确认他的演讲效果如何，并且可以根据需要对演讲方式加以调整。有些公司培训他们的销售人员，使其能够理解潜在顾客的非语言信号。人们同样可以通过对非语言信号的解码来判断发送者是否真诚。说谎者通常缺乏眼神交流，他们的小动作会比平常更多或更少，而且微笑也会要么太多，要么太少。在语言方面,他们会比真诚的发送者提供更少的细节。

(4)提高说的技巧。现代社会由于经济的迅猛发展,人们之间的交往日益频繁,良好的语言表达能力已经成为现代人的必备能力。语言能力是我们驾驭人生、改造生活、追求事业成功的无价之宝,是通往成功之路的必要途径。那么如何提高我们的语言表达能力呢?

第一,克服说话时的紧张情绪,积极大胆地与别人说话。很多人与别人说话的时候就会紧张,而这种紧张会影响沟通的效果。说话紧张的时候,努力使自己放松。静静地进行深呼吸使气息安静下来,在吐气时稍微加进一点力气,这样可以使换气充分,更容易使自己放松下来。微笑对于缓和全身的紧张状态有很好的作用。微笑能调整呼吸,还能使头脑的反应灵活,说话集中。也许你会说紧张的时候怎么才会微笑呢?其实你只要做出微笑的表情,很容易使自己变得开心,从而会引起自然的微笑。

第二,平时多积累一些你擅长的话题,避免不擅长或不感兴趣的话题。在平时要留意观察别人的话题,了解吸引人和不吸引人的话题。扩充自己的知识面,多看些书,多参加户外活动,这样可以多和人沟通交流。成为有效的表达者之前,首先要学会做个聆听者,多去听讲座,在和朋友长辈沟通过程中多听听别人的,从而每一天收集可以表达的素材,也能学习别人的语言表达技巧。现在也有很多致力于终身学习的网站或手机 APP 应用,例如"得到"、"中信书院"、网易公开课、TED 等学习平台,可以帮助我们利用碎片化的时间拓展知识,增加见识。

第三,增加自己的幽默感。语言的幽默风趣,一定要根据具体对象、具体情况、具体语境来加以运用,不能使说出的话不合时宜。提升自己的语言的幽默感可以从以下几个方面入手:首先,当你叙述某件趣事的时候,不要急于说出结果,应当沉住气,要以独具特色的语气和带有戏剧性的情节显示幽默的力量,在最关键的一句话说出之前,应当给听众造成一种悬念;其次,重要的词语要加以强调,利用重音和停顿等以声传意的技巧来促进听众思考,加深听众的印象;最后,在说笑话的时候,不要自己先大笑起来,这样会使笑话的效果大打折扣。

第四,学会站在别人的角度。每一个个体都有完全不同的人生经历,价值观、性格等会有很大的差异,因此,我们要学会理解他们,站在别人的角度去看待问题。例如,与一个看重细节的人在沟通的过程中,不能只讲一个大概，要进行深入细致的描述，而对于一个重视整体的人来说，过于描述细节也会招致厌烦。

四、领导与合作

领导力是指在管辖的范围内充分地利用人力和客观条件在以最小的成本办成所需的事提高来整个团体的办事效率。

领导能力是指一系列行为的组合，而这些行为将会激励人们跟随领导去要去的地方，而不是简单地服从。

合作能力是指工作、事业中所需要的协调、协作能力。其突出的特点是指向工作和事业，这正是许多企业、组织非重视员工的合作能力的原因所在。

1. 领导与合作技能的重要性

(1)领导力的重要性。领导力是领导者的个体素质、思维方式、实践经验及领导方法等这些影响着具体的领导活动效果的个性心理特征和行为的总和，是领导者素质的核心。在生活中，不仅仅领导者需要领导力，每个人都具有潜在的领导力。不少人总是将领导力与高职位联系在一起，这个观点是错误的。领导力不是居于领导位置的人才必须具有的能力，一个人无论是在主导地位上还是在辅助地位上，都需要有一定的领导能力。哪怕是刚入职的新员工，也需要有独当一面，负责某件事的时候。

(2)合作能力的重要性。在现代社会中，一个完全孤独的人几乎什么事情都做不成。在公司、学校、政府机关、研究单位等职业环境中，无论是求职、营销、教学、演出，还是制造、设计、管理，都要与人合作。特别是商业、酒店服务业、通讯业、交通业、金融业、物业管理等窗口行业中，与人合作能力的强弱是影响职业发展的决定性因素。

在家庭、幼儿园、小学、中学的教育中，应该逐步培养孩子谦和、让步、求助等合作品质。但是，现状是，这样的教育明显不足，而职业场合的熏陶、磨炼的代价太高，有些人明显不适应环境要求，没有等到调整和进步，已经遭到淘汰。

相信大家都听过"三个和尚"的故事，这就是典型的一个团队缺乏合作能力表现，从故事中也能体会到缺乏合作能力的危害。反之而言，合作往往能激发出团体不可思议的潜力，集体协作干出的成果往往能超过成员个人业绩的总和。

2. 领导与合作技能的表现

(1)领导能力高主要表现在以下几个方面。

①善于营造氛围。要以自己的团队为荣,满腔热忱地对待自己的工作,并以自己的热情带动成员,引导他们各施其才。要善于引发内部竞争机制,激发成员的活力。一个热忱的人会很快乐地工作,能辐射出一种健康的心态,散布到周围的人身上,使大家也变成更有效率的工作者。

②预见未来。对团队的发展与市场的前景必须具有一定的预见性,切实把握未来的发展方向。要想在战略上占据优势,就必须对竞争环境具有深刻的洞察力。

③注重实践。工作必须雷厉风行,想好的事要立即付诸实践。不要过分地思前顾后,否则往往得不偿失。没有实际的行动,就不会有杰出的成就。行动就是黄金。

④追求卓越。对每一件事都要精益求精,力争做到更好。要不断地完善自己,不断地发展团队,不断地更新观念,不断地提升部属。对"不是最好"的计划,甚至不要去读它。总之,要追求卓越。

⑤信守诺言。作为一个决策者,绝不能对任何人承诺自己办不到的事情。同时,要言行一致,对自己所采取的每一个行动、所做出的每一个决定都负责到底。要以自己的实践带动下属,培养他们的责任感。将下属必须达到的目标清楚地告诉他们,同时引导他们客观评估自己的表现。

⑥调控员工。对新成员,要耐心地教给他们如何思考、如何工作的方法。在管制成员方面,最初比较强硬,继而稍微放松。初期的强硬控制可表现你的控制力,继而的稍微放松会使部属感激你。对成员应不分亲疏远近,以免挫伤其自尊心。

⑦鼓励批评。能接受批评,听取不同意见。大错往往由小错累积而成,千万马虎不得。要鼓励成员直言,鼓励他们对组织内部的不当做法直言不讳。如果成员在工作中出现了错误或过失,就要向本人明确指出。对所发生的任何问题,都应及时进行检讨、研究,并切实加以解决。

⑧避免独裁。不能把个人的利益摆在组织的利益之上,这一点尤为关键。对很多团队来说,独裁往往是其致命弱点。

⑨分享荣誉。不炫耀自己,不贪功归己。要和你的同事分享荣誉,这是十分明智的做法。如果过分炫耀自己,其结果往往事与愿违。要心甘情愿地

做那些所得报酬不多的事情，要晋升下属而非自己。

⑩加强沟通。要善于与下属沟通，因为不沟通往往会造成谣言和误解。

(2)合作能力强主要体现在以下几个方面。

①积极参与的能力。积极参与团体活动，用于展示自己的观点，贡献自己的才智，对团体的决定施加影响，对团体的最终决策负责任。

②具备有效讨论的能力。清楚说出提问理由和根据。认真地聆听他人的意见，努力了解他人的观点；说出你自己的观点。提一些相关的问题，以便全面地探究所讨论的问题，然后设法去回答问题。把注意力放在增加了解上，而不要试图不计代价地去证明自己观点的正确性。

③尊重团体的每一位成员。要让他人充分地表达自己的观点，而不要随意打断或表现出不耐烦。当其他成员不同意你的分析或结论，即选择做出必要的妥协和让步或者尽你所能阐述自己的观点，力争使他人能够接受。

④鼓励他人提出多样化的观点。除了提出你自己的观点外，还鼓励其他成员也提出他们的观点。当他人提出自己的观点时，做出积极的和建议性的反应。

⑤客观地评价观点。当团体对其成员提出的观点进行评价时，采用批判思考的态度对它们进行评价，让团体的成员意识到评价的对象是观点，而不是提出观点的人。

⑥分析团体中各要素之间的关系。团体是由处于复杂的和充满活力的关系之中的个体构成的。就如在一场球赛中，"没有号码牌，你就无法分辨运动员"一样，一个团体要有效地发挥作用，也需要你识别出谁是"运动员"，他们彼此关系的性质，以及决策权是如何分配的。在一个你不熟悉的新团队中，弄清这些情况是特别重要的，它可以为你提供一个在其中能说话和回答的"思考环境"。

3. 领导与合作技能的养成方法

(1)领导能力的培养。如何培养领导能力呢？

①做好追随者。要成为一个好的领导者，首先从做好追随者开始。大学期间加入社团等学生组织，从普通岗位开始做好本职工作。培养自己踏实做事、良好的执行能力。与周围的伙伴和团队的领导良好的协作。当有了充分的追随者的感受，才会对领导岗位有深入的理解，成为领导者的时候才会更好地理解下属的一些想法。

②领导实践。开启领导的实践，但不一定到企业从事管理岗位。在校期

间的领导实践可以从班干部、学生会领导、社团的领导岗位等做起,甚至在一门课程中组织一次小组谈论,也是领导的角色。做好领导,可以学习实践项目管理、会议管理、沟通、辅导、授权、激励甚至招聘选拔等工作,不断反省,提升自己的领导能力。

③理论学习。提升领导能力除了实践,也需要系统的理论学习。一方面可以在校期间研修领导力方面的课程,另一方面可以研读一些管理类书籍,例如彼得·多鲁克的《高效的管理者》。

(2)合作能力的培养。如何培养合作能力呢?

①表达与沟通能力的培养。表达与沟通能力是非常重要的,抓住一切机会锻炼表达能力,积极表达自己对各种事物的看法和意见,并掌握与人交流和沟通的艺术,才能更好地与团队成员更好地合作。

②培养自己做事主动的品格。任何团体都不喜欢只知道听差的人,我们不应该被动地等待别人告诉你应该做什么,而应该主动去了解社会需要我们做什么,自己想要做什么,然后进行周密规划,并全力以赴地去完成。

③培养敬业的品质。有了敬业精神,才能把团队的事情当成自己的事情,有责任心,发挥自己的聪明才智,为实现团队的目标而努力。要记着个人的命运是与所在的团队、集体连在一起的。

④培养自己宽容与合作的品质。集体中的每个人各有各的长处和缺点,关键是我们以怎样的态度去看待。能够在平常之中发现对方的美,而不是挑对方的错误,培养自己求同存异的素质,这一点对当代职场人士来说尤其重要。这就需要我们在日常生活中,培养良好的与人相处的心态,并在日常生活中运用。

⑤要培养自己的全局观念。团队精神不反对个性张扬,但个性必须与团队的行动一致,要有整体意识、全局观念,考虑团队的需要。它要求团队成员互相帮助,互相照顾,互相配合,为集体的目标而共同努力。

⑥肯定他人。在团队之中,要勇于承认他人的贡献。如果借助了他人的智慧和成果,就应该声明表示感谢。如果得到了他人的帮助,就应该表示感谢,这也是团队精神的体现。

思考与练习

1. 练习目的

信息的沟通可以用语言、文字或其他形式为媒介,沟通的内容除了信息所包含的内容外,也包括情感、思想和观点的交流。实训活动可以将语言沟通和非语言沟通的技巧有机地结合起来,并在实际沟通中最大化地加以运用,切实提高沟通能力。

2. 练习步骤

(1)以班级为单位,将全体同学分为A、B两个大组。

(2)每轮A组和B组都有两种选择——红或黑。本游戏共进行10轮选择。

得分计算:A组、B组均选红,各得一分;A组、B组均选黑,各减一分;一组选红、一组选黑,选红者减3分,选黑者加3分;第九轮与第十轮选择,得分乘3后计入总分。

(3)选择红或黑。由教师了解双方每轮的选择并告知双方各自的得分,双方可根据上轮得分确定下轮得分。

(4)沟通。两组在第四轮选择后,征得双方同意,可进行第一次沟通,双方各派一名代表进行面谈,面谈时间为1分钟;两组在第八轮选择后,双方必须进行沟通,双方各派一名代表进行面谈,面谈时间为1分钟。

3. 练习总结

沟通能力越来越成为职场成功应聘的首要要素,也越来越成为职场人士成功的必要条件。有效的人际沟通可以实现信息的准确传递,促进与他人建立良好的人际关系,借助外界的力量和扩大信息源解决问题的目的。

第七章 求职准备

第一节 就业信息获取与解读

获取就业信息是求职的第一步,也是求职成功的关键一步。一方面,获取信息能够帮助我们获得更多的就业机会。《前程无忧2020校园招聘白皮书》调研了2020年"双一流"高校毕业生的求职情况,根据数据显示,每个学生平均投递简历20.35份才可以获得一个录用通知。在生活中,很多时候我们的选择会大于努力,因为不同的选择会造就不同的人生。想要拥有更好的选择,前提是我们要拥有丰富的选择机会,而充分的获取信息是我们拥有充分选择机会的重要基础。获取越多的就业信息,我们就有可能比别人获取越多的就业机会。另一方面,获取信息也可以帮助我们进一步明确目标。很多时候我们不知道自己想要什么,只知道自己不想要什么,往往是因为我们知道的太少而无法作出正确的选择,而如果我们能获取足够多的信息,我们就可以通过逐一排除,去明确自己的目标,清晰自己的职业发展方向。

一、就业信息的类别

什么是就业信息,简单的理解就是和就业相关的一切信息的集合。要收集就业信息,大家通常想到的方法是打开招聘网站寻找招聘信息,这是大部分人常用的方法,但是招聘信息其实只是就业信息的一小部分。在求职过程中,我们不仅要获取招聘简章中单位和岗位的信息,还需要去获取更多的信息,包括宏观求职信息和微观就业信息。

1. 宏观就业信息

宏观就业信息包括行业产业发展、地区经济与人才、国家政策与形势等信息。了解宏观就业信息可以帮助我们更加全面准确地判断，才能更好地判断一份工作是否适合自己，也可以帮助我们进一步确定求职目标。获取宏观就业信息应该是我们搜集具体招聘信息之前应该做的事情，同时也是我们在确定求职目标之后需要深入去做的事情。

(1)国家政策与形势方面。我们应该了解国家现在与就业相关的政策。经济和就业形势是怎样的？国家有哪些政策性就业渠道？考研、考公等形势是如何的？这些政策和形势对我们求职就业和职业发展会有什么影响？

(2)地区经济和人才发展方面。我们应该了解工作地点的自然环境、人文环境、历史发展、经济发展、人才政策、行业产业分布等，因为在职业选择中，工作地点是我们必须要考虑的一个重要因素，喜不喜欢、愿不愿意、能不能够在一座城市工作、生活是我们必须要认真考虑的事情，我们在一座城市生活的时间往往比工作的时间要长得多。

(3)行业和产业发展方面。同一份工作可能分布在完全不同的行业，比如说在房地产行业做新媒体运营和在化妆行业做新媒体运营就是完全不同的领域。而行业往往决定了一个人职业发展的高度。了解行业的信息不仅能帮助我们作出职业选择，也能帮助我们更好地作好求职准备，一个对行业有深度认知的人，求职的过程一定会轻松许多。

如何深度认知一个行业呢？图7-1给出了详细的分析。

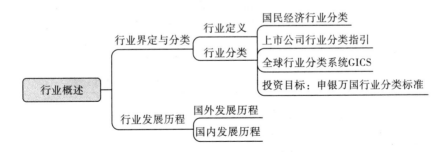

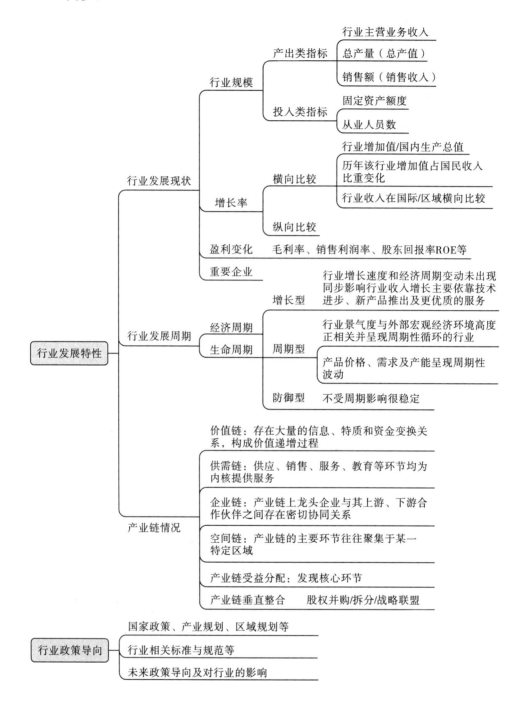

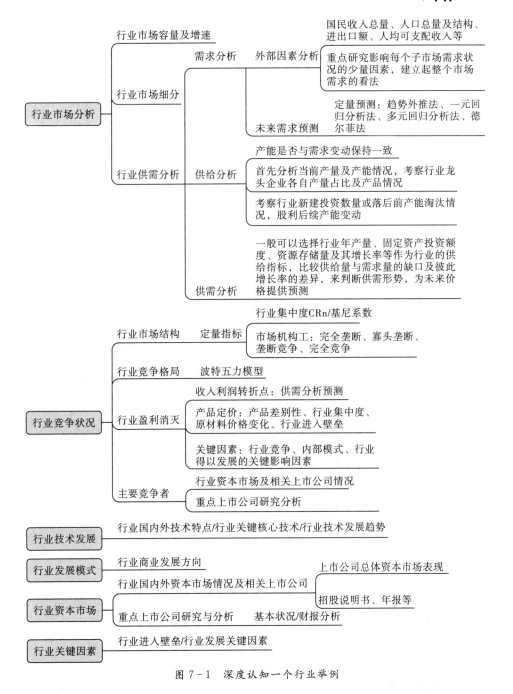

图 7-1 深度认知一个行业举例

行业与个人的职业发展息息相关，选择自己喜欢并且有发展前景的行业，才能为未来的职业发展奠定良好的基础。

2. 微观就业信息

微观就业信息就是我们通常所说的招聘信息，主要由招聘单位基本信息、招聘岗位基本信息及应聘程序(流程)相关信息三个方面构成。招聘单位的基本信息主要是对招聘单位自身相关概况的介绍;招聘岗位基本信息则包括岗位的基本信息、应聘的条件及工资待遇等;应聘程序(流程)相关信息主要是关于如何参加应聘、面试的信息。获取招聘信息可以帮助我们与自身求职目标相匹配,也是我们做好求职应对准备的基础。招聘信息的构成包括以下三个方面。

(1)招聘单位基本信息。①单位的准确名称、性质及隶属关系;②单位的地点、总部及分值机构的业务范围与地理分布;③单位的组织结构、规模(员工数量)与行政结构;④单位的经营业务范围、类别及服务内容。⑤单位需要的专业背景及对所需人才的宏观要求。⑥单位的财务状况、绩效考核体系、培训体系及薪酬体系。⑦用人单位的实力、远景规划、在行业中及社会上的地位。

(2)招聘岗位基本信息。①岗位信息:工作岗位的性质;工作时间(时间长短、白班或者夜班、几班制等);工作地点(固定的还是灵活的、工作单位的地址及附近的交通路线等);工作环境(室内、户外、冷、热、潮湿、噪音、高空、低洼等);工作前景(工作晋升、进修培训的可能性及周期性);其他信息。②应聘条件:应聘者性别、年龄、身高、相貌、体力等生理方面的要求;应聘者学历及学业成绩的要求;应聘者政治思想、道德品质、工作态度等方面的要求;应聘者职业技能和其他才能的特殊要求,以及任职资格等;应聘者的职业兴趣、职业能力、职业气质等职业心理特点方面的要求;其他要求。③工资待遇:工资收入、薪酬体系、福利待遇等。

(3)应聘程序(流程)相关信息。报名方法、联络方式、考核内容与环节、面试与录用程序及时间安排等。

二、求职渠道

1. 校内求职渠道

(1)宣讲会(专场招聘会)。一家单位举办线下宣讲会,需要经过"单位申请—学校审核—安排场地—进校招聘"的流程,这样的流程成本高、耗时长,但正因为如此,线下宣讲会的目标性更强,学生参加线下宣讲会获得就业机会的成功率也自然更高。

宣讲会通常重点是企业宣传,大多数都不在现场接受简历,而需要提前网上申请,有的企业会在宣讲会后安排已经网上申请的同学进行笔试。多参加企业宣讲会，不仅能帮助同学们更好地做好求职准备，也可以帮助同学们了解企业和行业的信息，帮助同学们进一步明确求职目标。有一个小技巧是在宣讲会的提问环节，同学们要积极提问，让企业的人力资源人员增加对自己的印象。

秋季是校园招聘的黄金时期，企业招聘通常集中在秋季学期，就是我们通常所说的"秋招"，春季学期是企业的补招时间，称为"春招"，企业春招相对秋招岗位数量要少，但春季是公务员和事业单位招录的高峰期。一些用人单位为了优先招聘优秀的毕业生，会在夏季开启提前招聘，因此把握好招聘时间，提前做好求职准备才能够让同学们在求职时从容应对。

（2）双选会（招聘会）。双选会（招聘会）通常由几十家甚至上百家单位同时参会，可以同时有数家单位和众多毕业生，效率较高。近几年因为对高效率求职的追求，同学们对双选会（招聘会）的热情不断增高，各种类型的双选会（招聘会）正在逐渐增多。

（3）学校就业网（就业微信）。由学校就业网上发布的招聘信息，具有目标性强、效率高的双重优点。学校就业网上所有的信息都是经过学校审核后发布的，安全、可靠。求职期间每天刷一遍学校的就业网或者微信公众号应该成为同学们的必做事情。

2. 校外求职渠道

（1）专业招聘网站。由各大机构设立的专业招聘网站，具有信息全、更新快的特点，可以弥补校内求职渠道信息数量少的不足，为同学们提供更为充足的招聘信息。但信息量大也带来了难以筛选的问题，建议同学们在招聘网站中要注意求职目标筛选和订阅招聘信息，这样可以避免被海量的信息所淹没。

（2）目标地区或高校就业网。目标地区的毕业生就业网和人才网及目标地区高校的就业网和就业微信公众号也应该成为同学们关注的对象。各地均设有人才网或者高校毕业生就业网，本地区的各类企事业单位都会在本地人才网上发布招聘信息，而目标地区的高校就业网同样也会发布更多本地的招聘信息，这可以弥补同学们从专业招聘网站获取信息多而杂的不足，特别是对于跨地区求职的同学来说，可以获得更多精准的求职信息。同时要根据自己的专业和求职意向关注相同类型高校的就业网，比如，想求职中小学教师，可以到重点师范院校如北师大、东北师大、华东师大等高校的就业指导中心网站上查询招聘信息；想求职金融财经类工作，可以到中央财经大学、上海财经大学、西南财经大学等财经类重点大学网站上查看相关的就业信息。

(3) 用人单位网站。最好的求职过程是我们非常清楚自己的求职目标，要去到哪个行业、哪个地区、哪些单位是明确的，这个时候求职就会变得很简单。我们需要时刻关注目标单位的网站和微信公众号，查询往年招聘信息发布的渠道和时间，这样当今年该单位招聘信息发布以后就可以直接投递简历了。比如，硕士毕业生小张打算毕业后回到家乡，希望能进高校工作。结合当前就业形势，考虑到自身有丰富的学生干部经历并且很喜欢做助人成长的工作，她将求职目标确定为专职辅导员。因此，她逐一检索位于家乡的10个高校的网站，查看人事处发布的招聘启事，发现有4所高校在招聘专职辅导员。于是她按照招聘启事的要求投递了简历。此举虽然前期要耗费大量时间进行市场调研和信息检索，比较费时费力，但从求职效果上来说比较好，有助于找到比较满意的工作。

3. 特别的求职渠道

(1) 人脉关系。通过人脉关系获得就业信息是一种有效的求职渠道。求职过程中需要的人脉关系不一定是"强关系"，往往"弱关系"也可以发挥很大的作用。因为求职过程中人脉关系的作用往往不是直接提供一个工作机会，而更多的是就业信息，关于单位的信息、岗位的信息、招聘流程的信息，这些信息的提供对于提供者来说是非常简单的，但是对于求职者来说却有极大的价值。

善用那些偶然的机遇和陌生的关系不仅是一种交往模式，更是一种新型人际思维方式。我们可以通过盘活自己的人脉网络来获取就业信息，包括亲朋好友、老师同学、师兄师姐、校友、老乡、网友等，他们提供的信息往往比较具体、准确。同时要善于挖掘身边可以有见面机会、更容易获得的求职人脉资源，比如学校与学院组织的各类活动、校外职业导师进课堂、校院两级校友讲座、企业专场宣讲会、学生社团活动、企业实习实践、校园综合招聘会等都可能帮助同学们获得人脉资源。大学生还应有意识地在校外拓展人脉，在从事专业实习、兼职工作、志愿服务、寒暑期社会实践等与社会机构接触的实践活动时，可以有意识地积累自己的人脉关系，并留意所服务的单位是否有适合自己的就业机会。

(2) 实习实践。通过实习实践来获得就业机会的情况越来越多地在求职中发生，用人单位也越来越倾向于通过实习实践的方式选拔留用毕业生。相较于通过短时间校园招聘选拔的毕业生，在实习实践过程中用人单位有更加充足的时间来全面了解一个学生是否适合这个岗位。同时，因为实习生已经在该用人单位工作过一段时间，工作起来上手快，用人单位可以缩短培养时间，因此通过实习实践选拔毕业生成为单位越来越青睐的一种方式。对于学生来说，实习不仅是帮助同学们获得实习单位的就业机会，也可以帮助同学们进行职业认知，解决喜不喜欢、适不适合、能不能干这些问题。

阅读材料

小吴是英语专业的本科毕业生，他深知自己专业的就业形势，所以早早就开始关注就业。结合自己的兴趣，大三的时候小吴就确定了自己的求职目标，到一家新势力车企就业。尽管家里的亲戚朋友都没有这样的人脉资源，但是他却走出了一条不同寻常的求职之路。小吴对新势力车企作了深入研究，并且撰写了行业研究报告。与此同时，他在微博上关注了很多新势力车企的"大V"，当他们发布微博或者转发微博的时候，小吴都要把自己当作"行内人"一样去认真地评论一番。尽管这些关注的"大V"也只是跟他偶有互动，但他仍旧坚持了将近一年时间。大三快结束的时候，他认真地写了一份自荐信发送了出去，希望能够获得一份实习的机会。虽然大多数都石沉大海，但是还是有两位"大V"给了他回复，其中一位更是将负责人力资源部的老总的电话给了他，于是他就通过这样一个契机获得了这家公司的实习机会。在实习过程中，他凭借对企业和行业的深度了解，以及积极主动的工作态度，前后参与了不少重要的活动和项目，获得了领导的认可，大四就以一个全职工作者的状态留在了这家公司。

三、搜集就业信息的方法

信息越多意味着同学们拥有的就业机会更多，但是如何从海量的信息中筛选出适合自己的信息，需要同学们掌握搜集和筛选就业信息的基本原则。

1. 针对性

搜集就业信息的前提是有明确的求职目标，只有明确自己的求职目标才能建立起对应的求职渠道。因为不同行业、不同地区、不同类型职业都有专门的求职渠道，比如说想从事军队文职，那就必须要关注"军队人才网"，这里可以帮助同学们获得第一手的军队文职信息。如果没有求职目标就只能在各大招聘网站浏览自己可以选择的招聘信息，可能很快会被海量的信息所淹没。所以在寻找招聘信息的过程中，同学们必须尽快从漫无目标的过程中走出来。

2. 全面性

要拓展就业视野，建立信息搜集思维框架，提高信息素养，不仅要了解微观的招聘信息，还要了解宏观的就业信息，全面了解就业信息，才能做好充分的就业准备。

3. 计划性

面对海量的招聘信息和紧张的校园招聘，如何高效搜集就业信息，需要我们分步骤、分阶段，有计划地开展，建立信息渠道、明确工作任务、清晰时间节点，利用各类信息工具做好求职记录能够帮助同学们更高效地求职。

4. 真实性

虚假的招聘信息是我们求职中遇到的最大的求职陷阱。很多虚假招聘信息诈骗的方式都是复制一份正常的招聘信息，只修改联系方式，然后重新发布，如果不注意甄别，有可能就掉入坏人的陷阱。因此要甄别信息，最主要的是通过官方渠道、信任渠道核实信息的官方来源，以官方来源的信息为准进行简历投递通常可以避免绝大部分的求职陷阱。

四、分析招聘信息

获取了招聘信息的下一步是读懂招聘信息。招聘信息是招聘单位向求职者传递的相关信息，要想读懂招聘信息，就必须站在用人单位的角度来理解为什么用人单位要这样撰写招聘信息，通过比较求职者的校园招聘流程和用人单位的校园招聘流程的差别，同学们可以试着理解用人单位撰写招聘简章的逻辑。

求职者的校园招聘流程：寻找招聘信息—参加招聘会—投递简历—参加笔试—参加面试—获得录用通知试签约。

用人单位的校园招聘流程：提出招聘需求—绘制人才画像—撰写招聘简章—发布招聘简章—举办宣讲会—筛选简历—进行笔试—进行面试—发放录用通知—签约。

用人单位在发布招聘简章之前要经历用人部门提出招聘需求、人力资源部门和用人部门共同绘制人才画像、人力资源部门撰写招聘简章三个环节。用人单位的招聘简章不是拍脑袋提出来的，岗位的要求也不是随心设置的，人才招聘是为了服务单位发展的需要，找到最匹配的人才。如果人才需求和要求不明确，就难以找到最合适的人才。

各单位撰写在招聘信息里面的每条信息均面向求职者展示和说明，但有时招聘单位发布的信息本质与求职者自身的理解会产生偏差，为此需要求职者具备一定的信息意识，形成一定的信息素养，学会对招聘信息进行正确解读，分析蕴含其中的显性就业信息和隐性就业信息。求职者对于招聘信息的正确把握和解读，不仅能够帮助求职者精确地判断招聘岗位与自己的适配度，也能有助于求职者自身为应聘做好充分准备。

人才画像是单位判断求职者是否符合岗位需要的依据，主要包括专业知识技能、可迁移技能和自我管理技能。

1. 专业知识技能

专业知识技能通常是岗位要求中的硬性条件或优先条件，主要考察求职者是否具备与岗位相匹配的知识、技能和经验，比如学校要求、学历要求、专业要求、英语水平的要求、课题研究经历、实习实践经历等。"会"和"不会"是岗位的基本门槛，因此在简历制作和面试中要针对岗位的要求做好对应专业知识技能的准备，一方面要做好大学专业知识的掌握和复习，另一方面是做好岗位要求专业知识的补充学习。

2. 可迁移技能

可迁移技能一般指工作实践经验。单位通过查阅应试者的个人简历或求职登记表，提出相关问题，或查询应试者有关背景及过去工作的情况，以补充、证实其所具有的实践经验。单位通过工作经历与实践经验的了解，还可以考察应试者的责任感、主动性、思维能力、口头表达能力及遇事的理智状况等。

• 逻辑思维能力：通过分析与综合、抽象与概括、判断与推理，揭示事物的内在联系、本质特征及变化规律的能力。

• 语言表达能力：清楚流畅地表达自己的思想、观点，说服动员别人，以及解释、叙述事情的能力。考察的具体内容包括：表达的逻辑性、准确性、感染力、音质、音色、音量、音调等，谈话是否前后连贯，主题是否突出，思想是否清晰，说话是否有说服力。

- 计划能力：对实际工作任务提出实施目标，进行宏观规划，设定关键步骤，整合相关资源，并制定实施方案的能力。
- 决策能力：对重要问题进行及时有效的分析判断，作出科学决断的能力。
- 组织协调能力：根据工作任务，对资源进行分配，同时控制、激励和协调群体活动过程，使之相互配合，通过指导、监督从而实现组织目标的能力。主要是观察应试者计划组织的全面性、合理性（合法性）、可行性和有效性。
- 人际沟通能力：通过情感、态度、思想、观点的交流，建立良好协作关系的能力。把握人际交往的主动性，处理人际关系的原则性与灵活性。
- 创新能力：发现新问题、产生新思路、提出新观点和找出新办法的能力。
- 应变能力：面对意外事件，能迅速地作出反应，寻求合适的方法，使事件得以妥善解决的能力。

3. 自我管理技能

求职者表现出来的气质风度、情绪稳定性、自我认知等个性特征。围绕求职者的世界观、人生观和价值观等产生的基本认知问题。

- 目标管理：目标明确、有意义感、坚定、深思熟虑、现实、有行动力。
- 时间管理：高效、目标明确、井井有条、充实、独立、勤奋。
- 自我激励：积极乐观、镇定、目标坚定、自我肯定、有希望感、有勇气。
- 情绪管理：沉着冷静、积极乐观、平和喜悦、友善随和、勤于反思、愉悦满足。
- 健康管理：身体健康、睡眠充足、定期运动、平和放松、休闲充分、规律饮食。
- 精力管理：精力充沛、有活力、思维活跃、情感积极、高效、身心愉悦。
- 专注/深度工作：专注、耐心、投入、坚持、精通、平静。

阅读材料

表7-1为快消品行业业务员人才画像。

表 7-1 业务员人才画像(快消品行业)

画像构成	人才标准条件	考察渠道	备注
一、基础信息	1. 年龄:25~40 岁为最佳,能力优可放宽到 45 岁 2. 工作经历:工作经历在 1~3 年内为最佳 3. 学历及专业:高中/技校及以上学历 4. 跳槽频率:拒绝一年两跳、两年三跳等频繁跳槽的应聘者 5. 行业及工作经历(至少满足 2 项): (1)曾在零售、快消品行业有过实习或工作经历 (2)对零售行业销售类有一定了解和认知,至少感兴趣 (3)跟企业采购、管理部门打过交道,知道"基本套路" (4)曾在中小型企业工作,待过初创型团队 6. 其他: (1)长期的住址距离公司适中,对公司周边较为熟悉 (2)对公司及团队的了解度、认可度较高	1. 简历 2. 面试材料 3. 自我介绍 4. 基本问答	此部分条件不匹配即可淘汰
二、知识技能	1. 掌握与客户打交道的技巧能力(客户沟通、新客户开发、新老客户关系维护) 2. 市场信息收集、同行业竞争对手分析 3. 有 C1 驾照,驾车熟练	情景模拟、关键行为面试法(可参考 STAR 模型)	
三、性格倾向	1. 三观正直 2. 积极阳光、乐观 3. 擅长人际交往 4. 服务意识	1. 观察说话语气、穿着打扮、行为举止、微表情 2. 注意回答问题的态度、模糊性、可信度 3. 过往经历描述、情景模拟问题 4. DISC 性格测试	此部分条件不匹配即可淘汰

续表

画像构成	人才标准条件	考察渠道	备注
四、能力素质	1. 基本素养：诚实、勤奋、吃苦耐压、不损人利己，拥有基本的社会道德和职业操守 2. 责任心：对自己、伙伴、团队有高度的责任心，拒绝自私自利、行事自我 3. 执行力：拥有较强地反馈和完成任务的意愿、能力、速度 4. 敏感的商业嗅觉：快速准确的洞察并抓住市场机会和潜在客户	1. 关键行为面试法（可参考 STAR 模型） 2. 群体面试	岗位需要具备的能力素质
五、价值观	价值观：与公司及团队的文化适配度较高，或者认同公司文化（使命、愿景、价值观）	基本问答	此项尤为重要，条件不匹配即可淘汰

五、匹配岗位要求

分析和解读招聘信息的时候，要先看"硬性要求"，初步确定适配性，然后逐条分析招聘信息。我们可以利用 SWOT 分析法帮助自己分析求职信息及确定符合自己的求职策略，核心是要挖掘与岗位要求相匹配的自身经历。如果没有直接相关的经历，要进一步解析岗位要求背后的素质和能力要求，挖掘与每一项素质和能力相匹配的经历。注意这里所说的经历可以是一件大事也可以是一件小事，只要是一个完整的事例，能够体现自己具备这样的能力和素质即可。与岗位要求的匹配度越高，相应地获得岗位的机会就越大。

分析和解读招聘信息的时候，不要以自我为中心，要从招聘者或者面试官的角度分析，争取将自己的内在优势最大化展现。例如：技术类的岗位侧重于专业技能的匹配，而管理和销售类的岗位则侧重于可迁移技能和自我管理技能的匹配。

分析招聘信息可参照表 7-2 的招聘信息分析单。

表 7-2 招聘信息分析单

用人单位基本信息	单位名称			
	单位规模		所有制性质	
	单位地址		经营业务范围	
招聘岗位信息	职位名称		招聘人数	
	工作时间		工作地点	
	性别要求		年龄要求	
	学历要求		专业要求	
	薪资情况		任职资格	
	其他要求			
备注				
信息来源			信息发布时间	
	优势		劣势	
机会				
威胁				

作业：根据自己的求职意向，搜集三个与你匹配度最高的招聘信息，制作招聘信息分析单。

第二节 简历与自荐信撰写

自荐信与简历都是求职者与未来雇主书面沟通的工具。其中，自荐信常与简历放在一起，是用人单位最先接触的材料。自荐信在学生的求职材料中往往被放在最前面，有可能被用人单位负责人直接忽略掉，也有可能被关注并且给对方留下较好印象。一方面，我们要通过学习自荐信的写作来提高我们的求职能力；另一方面，包括自荐信在内的求职材料从类型上来说是应用文中的事务文书，提高自荐信的写作能力也是在提高应用文的写作能力。

对于相当多的职业来说，写作能力都是重要的通用能力之一。写作的功能一方面是记录，另一方面是交流，向他人表达作者的认识和感受。应用文的写作，强调的是用文字表达理想，与他人进行交流，也就是书面的沟通能力。求职者准备的各类求职材料，都是为了与用人单位进行书面沟通，与面试这类的口头沟通相比，书面沟通给我们更多的时间去思考和斟酌字句。

一、简历的撰写

简历在毕业生求职过程中扮演着重要角色。简历是一种个人的推销工具，和一些产品需要广告的包装一样，毕业生在求职过程中也需要通过简历将自己的基本信息、过往经历、个人优势等信息展示给用人单位。简历就是一种类似个人广告的自我推销的工具，用来展示一个人的工作技能及对未来雇主的价值。简历的主要目的是获得未来雇主的初步认可，得到面试的机会。好的简历虽然不能在求职过程中起决定性作用，但是会在雇主作出招聘决策时起到积极的影响作用。

简历与工作申请表是完全不同的，工作申请表是关于工作的，简历是关于求职者自己的，简历应当包括求职者在工作中的表现和成就。因此，简历应该包括求职者的求职目标，以及与这个求职目标相关的经历、成就和技能等。

1. 撰写简历前的准备

(1) 确立求职目标。根据前面自我探索阶段的探索结果，结合自身实际情况，确立求职目标。SMART方法是现在常用的一种简便易行的目标设定方法，它是"明确的(Specific)、可衡量的(Measurable)、可实现的(Attainable)、相关的(Relevant)、有时限的(Time-based)"等词的英文首字母的缩写。

①"明确的(SMAR)"，目标是具体且明确的，而不是宽泛的。就择业目标来说，至少应该包括想从事的职业、行业、单位类型、地域等。

②"可衡量的(MMAR)"，目标要能够衡量，再进一步说就是可以量化的，通过量化的指标使自己清楚地了解是否能够完成这个目标。

③"可实现的(AMAR)"，在可实现方面，每个目标都应该是可行的。当我们确立目标的时候，我们要把它当做一个行动来确立，立即明确需要采取什么行动实现它，那么这个目标就是可行的。

④"R个行动相关的"，我们设定目标并不是突然想到要做这个，而是因为该目标对于目标制定者来说是希望达到的，并且目标制定者必须有一定的资源保障确保该目标的实现。求职目标的相关性也表现为求职目标要和自身的兴趣、能力、知识或实践等要有具体相关性，这样也更能保障竞争力。

⑤"T个行动有时间限制的",正所谓"最后期限"是第一生产力,每个目标都需要有一个最后期限,我们必须在一定的时间内采取行动,这样就需要我们规划行动路径,在截止日期前完成这个目标。

(2)全方位了解目标单位与岗位。通过多个渠道尽可能多地搜集与目标企业或岗位相关的信息,充分了解目标单位所处的行业、发展历史与潜力、主营业务、企业文化等,了解所应聘岗位的所属部门、部门功能、岗位职责、晋升渠道等。

(3)梳理自身与岗位匹配的技能。①梳理过往经历。将个人学习与工作经历、学生干部经历、科研经历等内容进行梳理。②与工作目标有关的特定技能和品质。涉及你从自我探索部分得来的技能分析,如语言、计算机技能、所获奖励。③与工作目标相关的工作经验。工作单位、工作时间、职位、成就及简短生动的例子。④与工作目标相关的文章、演讲和报告。⑤活动和兴趣。与工作目标相关的课余活动,你在其中承担的责任、取得的成绩、兴趣范围。

例如:特长爱好可能具有的价值如下。

篮球、足球、排球:培养团队精神。

围棋、国际象棋:培养战略意识,可应聘市场类或者高端职位。

阅读、古典音乐:具有高雅的品质,可应聘文职类的职位。

旅游:形成适应不同环境的能力、快速学习的能力,可应聘销售业务类职位。

跆拳道:磨炼意志,适用于管理类、市场类职位。

演讲、辩论:培养沟通能力,适用于市场类、销售业务类职位。

舞蹈:形成外向、易沟通的性格特征。适用于公关类、市场类的职位。

练习:理解岗位要求

××农化股份有限公司

岗位:技术研发培训生

岗位职责:

- 参与制剂配方研发、理化及农残分析等相关实验工作。
- 制定产品试验和示范的实施方案。
- 执行相应产品的田间药效试验和示范试验。
- 探索产品应用技术。

- 收集产品的相关素材（照片、视频等）。
- 撰写相关试验的报告。
- 协助产品的推广及示范试验。
- 协助开展观摩会、农民会等各种形式的推广会。

任职资格：
- 硕士及以上学历，植物保护、精细化工、分析化学、应用化学、有机化学、植物营养等相关专业。
- 具有较强的逻辑思维能力、实验动手能力、文献阅读能力和沟通表达能力。
- 具有较强的学习和研究能力，能深入分析行业、技术与市场相关问题。
- 具有团队精神、良好的组织沟通和协调能力、强烈的责任心及良好的职业操守。

课堂活动：分析企业招聘广告
- 两人一组，以其中一人求职目标为预设。
- 搜索至少3个招聘岗位广告。
- 分析岗位的共性要求和不同点。

2. 打造单张简历

简历是打开用人单位面试通道的一把钥匙，你需要通过简历向招聘人员重点展示以下内容。

What can you do? 你能做什么？（能力）

What have you done? 你曾经干过什么，是否持之以恒？（社会经历）

What do you know? 你了解些什么？（知识）

Who are you? 你属于哪一类人？（个人性格）

调研显示，招聘人员筛选简历大概只有30秒的时间，那么如何用30秒的时间让招聘人员关注到你呢。一份完整的简历应包含以下内容。

（1）干净的证件照。简历上面通常需要一张证件照，要求妆容淡雅，切记不要浓妆艳抹。同时要求发型清爽干净，不要过度修图，符合当下审美，与本人气质相符。

（2）陈述个人信息。需要陈述的个人信息包括姓名、籍贯、家庭住址、学历、联系方式等。

（3）目标岗位。陈述你能为用人单位做什么，明确表达你想从事工作职位名称(例如计算机程序设计师),或领域(例如公共关系、公共卫生、健康教育等)。

(4)教育背景及主修专业。受教育时间、毕业院校及所学专业,列出与目标职位相关的专业课程。

(5)实习实践经历。将在校期间的社会实践、专业实习、专业见习等经历用言简意赅的语言描述,重点描述取得的成绩和具体任务,突出专业知识技能和可迁移技能,也突出自我管理技能。

(6)获奖情况。如实填写在校期间获得的奖项,重要奖项可进行简要描述,如省级创新创业大赛特等奖(20个项目入选,最终获得唯一特等奖)。

一份合格的简历大致可包含以上六项内容。简历通常有固定的排版模式,首先是个人基本信息、应聘岗位、教育与工作经历等,当然这只是通常情况下的简历模板,我们可以依据应聘岗位需求进行调整。同时简历需要进行合理、规范的排版,要注意字体、字号、行距等,这样的简历从整体上看才能美观。

3. 简历制作原则

一份好的简历通常应当简洁明了、语言精练、表达流畅、结构合理、内容真实丰富。简历的制作原则主要包含以下六个方面。

(1)时间性原则。有调研显示,招聘人员在筛选简历时大概会有10秒钟停留在你的简历上面,因此最好制作单张简历(A4纸张为限)。简历过长,被用人单位认真阅读的可能性就越小。

(2)清晰性原则。制作简历要像制作产品一样规整,排版时要注意字号大小、行间距宽窄等,并要突出重点内容。好的版面设计是制作好简历的重要因素,通过清晰的版面设计能够体现出求职者的基本职业素养。

(3)针对性原则。在求职的过程中,应当抓住不同单位与岗位的特异性,根据招聘岗位的要求,要有针对性地修改自己的简历,突出展示自己的相关技能,不能"一张简历走天下"。

(4)客观性原则。在简历制作时,切记不要使用"大而空的话",应该想办法提供客观材料来证明你的资历、能力等,重点突出取得的成果。

(5)准确性原则。简历行文要规范和准确,不要使用生僻字词和拗口的语句,不要出现病句和错别字,特别在英文简历书写中注意不要有拼写错误。通常情况下,简历文风要平实、沉稳,以叙述和说明为主。

(6)真实性原则。简历最基本也是最重要的原则就是真实性。真实的记录和描述能够取得用人单位的信任。谎言不会让你走太远,不要试图编造自己的成绩和工作经历,只要有真才实学,肯定能找到适合自己的工作。

4. 简历修改范例

(1)求职意向的举例如下。

原稿:

求职行业:金融、投资、证券、银行、保险等。

应聘职位:投资、基金项目经理,投资、理财顾问,客户主管、专员,保险内勤,保险客户服务等。

修改稿:

求职意向:中国银行理财专员。

(2)教育背景的举例如下。

原稿:

2011年9月—2015年7月　某大学金融系金融学专业

2011年7月毕业　获经济学士

2012年9月—2015年7月　某大学市场营销专业

2015年7月毕业　获管理学士

修改稿:

2011.09　某大学金融学专业管理学士 GPA(平均学分绩点)3.8/4,排名:4/60

2012.09　某大学市场营销专业(双学位)

(3)工作或实习经历的举例如下。

原稿:

2013年1月—2013年2月　美国友邦保险陕西公司 寒假实习生

修改稿:

2013.01 美国友邦保险陕西公司 寒假实习生

此类计划实习生计划在陕西省各大高校只招收20名学生,本校3名

协助公司对约500名代理人进行日常营销知识、客户理财技巧培训

将所学金融知识运用到理财知识培训中,对寿险及理财市场有了更好的了解,锻炼了保险产品营销技巧能力

(4)获奖情况的举例如下。

原稿：

2014.04 获得第四届"胜券在握"投资理财大赛系列活动之证券业务比赛团体二等奖

修改稿：

2014.04 获得第四届"胜券在握"投资理财大赛系列活动之证券业务比赛团体二等奖

我队以第二名的成绩进入决赛，仅 6 支队伍进入决赛，本人负责 PPT 制作并在现场进行讲解演示。

二、自荐信撰写

自荐信通常与简历放在一起，是用人单位最先接触的材料。简历传递的是技能、素质方面的信息，能比较客观地反映应聘者的自然情况和学业情况；而自荐信要包含更多的与求职相关的信息、岗位胜任力及胜任岗位后能够为用人单位带来的发展。自荐信在学生的求职材料中往往放在最前面的位置，它给了应聘者一个用书面语言去生动表达主观愿望并反映个人的素质和能力的机会。

1. 自荐信的内容

自荐信通常包括以下内容：①你是谁？个人基本信息，特别突出与岗位相关的学历水平、实践经历、成就与技能等，以唤起阅读者的兴趣。②你从什么渠道了解到目标企业的？③你了解这个目标企业吗？④你想要申请的职位是什么？⑤你为什么要申请这个职位？你对这个职位的理解是什么？⑥真诚地表达希望有机会获得面试的机会，留下联系方式和可以面试的时间。

2. 自荐信的功能

(1)再次自我认知。把岗位要求与个人实际结合在一起思考，就是一次重新认知自我、定位自我的过程。

(2)获得面试的机会。在应聘材料中，自荐信是第一块"敲门砖"。与单位需求相契合的自荐信，能成功地唤起阅读者进一步浏览简历的兴趣。

(3)为面试提供素材。面试官通常会根据自荐信上呈现的内容进行提问。

(4)一次展示机会。自荐信是给用人单位展示"你如何看待自己""如何描述自己与岗位相匹配的素质"的工具。如果你的自我认知是零散的、不清晰的，那么在界定自己的应聘范围时可能就是模糊的、不准确的，也很难客观地告诉对方为什么你是适合的。

学生活动：针对以下岗位信息，撰写一封自荐信。

岗位一：A公司的汽车性能分析工程师

岗位职责：

- 从事整车性能目标设计、管控和达成验收；研究本领域相关技术；
- 开发的潜在失效模式及后果分析；
- 对整车动力性经济性进行仿真分析并提出优化方案；
- 负责整车系统匹配计算分析等。

任职要求：

- 本科及以上学历，车辆工程、机械类等相关专业；
- 了解汽车理论、汽车设计、汽车构造；
- 具备良好的沟通能力和团队合作能力；
- 英语六级（四级择优）。

岗位二：B公司人力资源

岗位职责：

- 组织人力资源分析、人员统计，并上报各种报表，办理员工岗位变动手续；
- 完善工资分配制度，编制各类工资预算，对预算执行过程进行控制，审核部门工资发放；
- 组织对劳动纪律、绩效考核、人员管理等制度执行监督检查。

任职要求：

- 全日制本科及以上学历，人力资源管理、工商管理等相关专业；
- 具有较强的使命感和责任感，事业心强，富有工作激情；
- 具有良好的学习和研究分析能力、文字表达能力、组织协调能力和团队合作意识；
- 英语六级（四级择优）。

针对以上岗位信息（或者你的求职目标），你需要撰写一封自荐信，请纲要性地列出想要撰写的主要内容。

（1）根据自荐信想写的主要内容，在语法、内容、格式上进行编辑；

（2）进行修改完善，同学之间相互学习；

(3)修订完成，展示。

讨论：这个写作过程引发了你哪些思考？朋辈修改的过程中你有哪些收获？还有哪些困惑？

自荐信格式：

尊敬的＊＊＊：

　　您好！

　　第一段：写出写这封自荐信的目的，写清楚你打算应聘的职业、领域，你是从哪里获得的相关信息。

　　第二段：写明你为什么对这个职位感兴趣，要突出个人基本信息，写出2～3个你认为对方最感兴趣的你的优势条件。

　　第三段：表明你希望得到下一步机会的愿望，重申你的联系方式及方便面试的时间。

　　附件：你的简历、成绩单等。

　　　此致

　　敬礼！

　　　　　　　　　　　　　　　　　姓名：　　　　日期：
　　　　　　　　　　　　　　　　　联系方式：

3. 自荐信的写作特征

(1)逻辑严谨。自荐信的内容要按照一定框架进行组织，便于阅读者理解和掌握。在写自荐信时，应聘者应围绕"我为什么胜任这个岗位"来组织材料。

(2)表达准确。自荐信应当表述直接并且真实，不得夸大事实，需多用庄重典雅的书面语，尽量少使用比喻、夸张等修辞手法。

(3)通用格式。自荐信的结构和格式与一般书信相同，要有称呼、问候语、正文、结语、落款等几个部分。

4. 自荐信写作小技巧

(1)仔细研读。认真分析用人单位的岗位招聘需求，在充分了解用人单位的需求后，尽可能地对岗位需求进行逐一回应。研读的过程，也是理解的过程。

（2）充分准备。我们需要有足够的时间来准备求职材料，这就要求我们平时要多积累、多做功课。

（3）换位思考。要站在用人单位的角度充分思考，以用人单位的需求为导向来撰写自荐信，这样才能够打动用人单位。

（4）突出个性。自荐信应当具有个人风格，它能帮助你在众多的应聘者脱颖而出，给用人单位留下深刻印象。

（5）文字简洁。自荐信的文字要专业、简洁、有条理，写作的过程也是训练逻辑思维的过程。

设计一个小图标有意愿的同学，请同学们把写好的自荐信发邮件给老师。

注意：①邮件主题不可省。用简短的语言概括邮件的核心内容。

②邮件正文要完整。通常邮件正文中要有称呼和问候、引入语、发信缘由、表达期望、致谢、署名。如果邮件中有附件，可以在正文中提示有附件，请收件人查看。

③邮件篇幅要适宜。邮件正文不宜过长，要简短、清晰，文字尽可能精炼，行文时可以尽量多用简短的段落，每段只讲一个主题。

④附件命名要规范。附件要完整命名，以便于对方下载和后续查阅。

▶ 第三节　面试准备与求职礼仪

面试既是求职者获得就业机会的关键环节，也是用人单位考察求职者是否适合的核心环节。用人单位通过面试可以全面考察求职者，验证求职者是否满足人才画像中的各类要求，经过几轮面试最终确定岗位人选。因此了解面试形式，做好面试准备，应该成为每一位求职者必做的功课。

一、面试形式及应对策略

1. 结构化面试

结构化面试是指按照提前设计好的标准化流程、题目、考核标准进行的一种面试形式。在结构化面试中，所有求职者的面试流程是相同的，面试题目由求职者或面试官在题库中抽取，面试官不能自由提问，并依据考核标准进行评价打分。结构化面试多在公务员面试中进行，是一种体现面试过程公平的面试形式。结构化面试的常见题型有以下几类。

(1)计划组织类：领导安排你组织一次单位的春节联欢晚会，你怎么把这个活动落到实处？

(2)社会现象类：有很多成功的创业者，比如比尔·盖茨、李嘉诚等，他们都没有接受过完整的高等教育，对此，你是怎么理解的？

(3)沟通协调类：你出差了，由于情况紧急，你的下属处理了一件事，但发生了严重的失误，你回来后，他向你汇报，你怎样处理？

结构化面试的应对策略为：结构化面试的题目在某种程度上类似于"问答题"，重点考察求职者的可迁移技能。求职者要充分理解规则和题目，认真分析、抓住核心，表达要条理清楚、语言流畅。通过大量的训练寻找答题的思路，但应注意"去套路化"，要针对具体问题言之有物、言之有理。

2. 小组面试

小组面试也称为"群面"（群体面试），使用最多的形式是"无领导小组面试"。由求职者6~9人组成一组，进行30~60分钟的讨论，面试官不参与讨论过程。面试全程不指定领导者，面试官通过观测求职者的组织协调能力、口头表达能力、辩论的说服能力等各方面的能力和素质判断求职者是否达到拟任岗位的要求，并考察求职者的自信程度、进取心、情绪稳定性、反应灵活性等个性特点是否符合拟任岗位的团体气氛，由此来综合评价求职者之间的差别。小组面试的常见题型有以下几类。

(1)优先级讨论：例如，董事长要选一个办公室主任，你觉得谁最合适？A、薛宝钗 B、贾母 C、王熙凤 D、林黛玉。

(2)资源分配类：例如，现在某游戏公司要推出一款新游戏，公司拨了一笔资金，9个部门都想争取这笔资金，你需要将这笔资金分给最重要的3个部门。9个部门包括市调、策划、技术、美工、测试、运营……

(3)情景方案类：假如你是某项目的产品经理，请设计一个宣传推广的方案。

(4)开放和辩论类：能力和机遇是成功的道路上两个非常重要的因素，有人认为在成功的道路上能力更重要，也有人认为在成功的道路上机遇更重要。请给出你的答案，若只能倾向性地选择其中一项，你会选择哪一项？并至少列举5个支持这一选择的理由。

(5)角色扮演类：如果你是某花店老板，请制定一个方案来转变经营困境，增加营业收入。

小组面试的应对策略为：无领导小组讨论较多地应用在行政、销售、管理等职能部门人员选拔中，通常在企事业单位的第一轮面试中应用，毫无经验的求职者可能会在无领导小组面试中不知所措，但掌握了无领导小组面试的规则和技巧就可以帮助我们脱颖而出。可以从以下几个方面掌握无领导小组面试的规则和技巧。

(1) 认真读题，梳理思路，做好思考者。无领导小组讨论的核心是提出方案、解决问题、运用头脑风暴的方式得到一致的结论，那么在发言之前认真审题，形成自己的观点和思路，才能够提出具有建设性的意见和建议，才能在后续的发言过程中掌握主动权。

(2) 积极主动，言简意赅，做好讨论者。在无领导小组讨论中一个重要的评价标准是有效发言次数，即能够提出具有建设性的意见和建议，能够站在对方的立场考虑问题，能够说服他人并且有理有据。

(3) 牢记规则，把握时间，做好监督者。无领导小组讨论强调要在有限的时间内讨论得到有效的结论，就必须按照规则进行，把握好整体时间、每个环节的时间、每个人的时间，好的流程可以推动讨论有条不紊地进行下去。

(4) 把握时机，积极主动，做好破冰者。好的团队讨论需要有良好的团队氛围，积极主动的发言，引导讨论的方向和进度，并且重视合作、关照他人，能够适时化解纠纷。好的破冰者也最可能成为协调者、领导者。

(5) 及时梳理，善于总结，做好总结者。仔细倾听，认真梳理，及时做好阶段性的总结，能够通过总结引导讨论不断进入新的阶段，具有良好的文字和语言表达能力，能够运用思维导图等工具梳理讨论结果。无领导小组讨论的成败在于总结，良好的总结者也最有机会成为领导者。

3. 半结构化面试

半结构化面试是指面试流程、题目和评价标准虽然是提前制定好的，但面试官可以自由提问，特别是会针对岗位需要和简历内容进行提问。半结构化面试具有更大的灵活性，在企事业单位中被广泛使用，能够全面考察求职者的专业技能、可迁移技能、自我管理技能。企业面试中的面试官面试、专业面试、主管面试中都会采用半结构化面试形式。半结构化面试的常见题型有以下几类。

(1) 过去-自我认知：背景、性格、能力、弱点——对求职者的过往经历、兴趣爱好、性格特点、优劣势的考察。

(2)现在-动机与职位匹配：你为什么来？我们为什么需要你？——对求职者报考动机及报考岗位了解程度进行考察。

(3)将来-职业贡献与稳定性：你会怎么样？——以求职者过往经历的具体事例为切入点来对求职者的经验积累和能力背景进行考察。

半结构化面试的应对策略为：半结构化面试中会有较多的问题涉及求职者的经历，比如说经典的"宝洁八问"，需要求职者举例说明，这称为行为面试法。应对这样的行为面试，常用的一种技巧是STAR法则，即为Situation、Task、Action、Result，缩写分别为：S(困境)——我当时面临的困难；T(想法)——我是如何思考这个问题的；A(行动)——我采取了什么样的行动；R(结果)——我达到了什么样的结果。求职者运用STAR法则描述自己的经历，能够让面试官了解事情的全貌，面试官从困境和想法中看到求职者的优秀，从行动中看到实践经历的真实，从结果中看到求职者的成长和潜力。

二、面试前的准备

1. 充分获取信息，不打无准备之仗

通过网络和人脉资源，对用人单位的性质、业务范围、经营业绩、发展前景、应聘岗位职务及所需的专业知识和技能等进行全面的了解和深入的分析，最好是能够形成单位和行业的分析报告，让自己成为"行内人"；同时要了解单位的招聘流程、以往的面试题目和面试经验等信息，能够帮助自己更好地准备单位面试。

2. 认真梳理经历，不求最好但求最适合

再一次阅读招聘简章，认真梳理自己的经历，使自己的能力与用人单位的工作要求相符合。"知己知彼，百战不殆。"求职者面试前应对自己的能力、特长、个性、兴趣、爱好、长短处、人生目标、择业倾向等有清醒认识。你需要认真阅读收集到的所有信息并牢记它们，尽量使自己的能力与工作要求相适应；熟悉自己简历的内容，确保每段经历都能用简短的语言复述或模拟面试；做过的项目、组织过的活动，以STAR的形式准备好；每一段经历，准备好实例和数据证明，会给面试官留下深刻印象；准备几个感兴趣的问题(反向互动)等，通过显示你对知识的掌握和理解来表达你希望进入这一职业工作的愿望。

3. 做好身心准备，积极迎接面试

对于多数应试者尤其是缺乏实际经验的毕业生来说，经过激烈的竞争，终于获得了面试机会，现在面试大战在即，自然会产生紧张、焦虑、兴奋等心理现象，这是正常但却又必须加以调适的。面试前一定要通过身心两个方面的调节，使自己以充沛的精力和良好的心态去迎接面试，唯有如此，才能在面试中最大限度地发挥自己的潜能。你需要确认面试时间和地点，提前做好准备，避免错过面试，准备好简历等材料，积极迎接面试。

4. 加强知识准备，做好能力训练

面试是没有范围的，但这并不意味着面试不可准备。针对结构化面试的测评要素进行有针对性的知识和能力训练是应对面试最重要的技巧。我们可以自主模拟可能被询问的问题，对可能遇到的问题进行准备。这项准备有助于求职者在面试现场清晰地自我表达。

5. 做好自我介绍，争取求职主动权

求职者应提前准备一个1分钟的自我介绍，内容应包括个人基本信息、理想、校园获奖与成果项目、实习实践项目、应聘理由等，自我介绍应该着重突出自己的优秀和岗位适配度，让自己在面试一开始就占据主动权，但应避免虚假夸大。

三、求职礼仪

求职礼仪是在求职的过程中，所表现出来的礼节和仪式，体现的是对他人的尊重和关注，具备良好礼仪素养的求职者更加容易脱颖而出。求职者除了要具备良好的专业素养外，掌握一些礼仪惯例和技巧是非常必要的，有时这些礼仪细节甚至会起到举足轻重的作用。毫无疑问的是，用人单位除了看你是否具备相当的专业知识和潜力外，还要看你在别人面前的言行举止如何，也就是你是否有修养。只有这样，才是积极型、团队型、开拓型现代企业所需要的人才。

1. 形象准备

面试官对应试者的第一印象就是应试者的形象，因此，应试者的形象准备也是非常重要的。形象准备就是装扮自己，这种装扮应该自然、大方，而不要刻意雕琢，矫揉造作，要与自己的形象、气质、身份相协调，从而给面试官以良好的第一印象。

职业装、鞋、袜子、饰物、公文包等的款式应简洁、大方,任何前卫、休闲和不成熟的服装都和求职面试环境不相符。女性职业套装是最简单,也是最合适的选择,在套装的颜色上可体现出学生的品味和青春,但是不要太过抢眼。男性可选用深色系单排扣西装,白色或浅色衬衣,选用与西装颜色较搭配的领带,黑色的皮鞋,样式要简洁大方,不要有过多花纹,选用深色的袜子,袜筒不能太短,不要戴饰物。还要注意指甲、发型等,女生可以化一点淡妆,但要避免浓妆艳抹。

2. 仪态举止

举止体现着一个人的修养和风度,粗俗习气的行为举止,会使一个人失去亲和力,而稳重大方则会受到人们的普遍欢迎。在陌生的面试官面前,坐、立、行等动作姿势正确雅观、成熟庄重,不仅可以反映出年轻人特有的气质,而且能给人以有教养、有知识、有礼貌的印象,从而获得别人的喜爱。具体说来,以下几点值得注意。

(1)动有动态。走动时应当身体直立,两眼平视前方,两腿有节奏地交替向前迈步,并大致走在一条等宽的直线上。两臂在身体两侧自然摆动,摆动幅度不要过大。脚步声应控制,不要两脚擦地拖行。如果走路时身体有前俯、后仰或左右摇晃的习惯,或者两个脚尖同时向里侧或外侧呈八字形走步,是不规范、不雅观的举止。

(2)站有站相。站立时,应当身体挺直、舒展、收腹,眼睛平视前方,手臂自然下垂。这样的站姿给人一种端正、庄重、稳定、朝气蓬勃的感觉。如果站立时歪头、扭腰、含胸、斜伸着腿,会给人留下轻浮、没有教养的印象。

(3)坐有坐相。坐姿要端正。不可瘫坐在椅子上,不要只坐椅子的一点空间,不要跷二郎腿,良好的坐姿应该是坐在椅子的前三分之二,身体正直,可略微前倾。

(4)身体语言。微笑是增加亲和力的有力工具,微笑要发自内心,表示对他人的尊重。眼神是最重要的身体语言沟通方式,在与别人交流时,眼睛始终关注对方,但不要一直盯对方眼睛。倾听是交谈中重要的原则,神情专注,避免打断别人,赞美与认同。

(5)避免不必要的小动作。身体各部分的小动作往往令面试官分心,甚至令其反感。下面这些动作都是要避免的:玩弄衣带、发辫、打火机、香烟盒、笔、纸片、手帕等分散注意力的物品,玩手指头,抠指甲,抓头发,挠头皮,抠鼻孔，跷起二郎腿乱抖，用脚踢踏地面，双手托下巴，说话时用手掩着口，摇摆小腿，摆弄手指等。多余的手势，会给人留下装腔作势、缺乏涵养的印象。反复摆弄自己的手指，要么活动关节，要么捻响，要么攥着拳头，或是手指动来动去，让人难以接受。在交际活动时，有些手势会让人反感，严重影响形象，比如当众搔头皮、掏耳朵、抠鼻子、咬指甲、手指在桌上乱写乱画等。

3. 文明礼貌

对人要热情、尊重、平等、谦虚；对事要专业、自信、乐观、积极。

求职面试不是洪水猛兽，也不是神秘莫测的未知地域。应试者要做到扎实的准备、良好的心态、真诚的表达、及时的总结复盘，在实践尝试中方有真知。

第四节 求职计划制定与进程管理

"立即行动"是一个成功者必须具备的基本素质。唯有行动，才能决定你的价值。行动可以让你的梦想和目标从思想领域步入现实。要想实现求职成功的目标，就要制定切实可行的求职计划并立即开展行动。

大学生需要综合自我探索和对工作世界的探索两方面的信息进行初步的职业抉择，为自己的生涯设立目标，确立求职方向。在上一节简历撰写的过程中我们已经讲过了如何进行求职目标的设立，这一节我们将通过引入新精英课题组研发的GREEN模型，训练如何制定详细的求职计划，并对求职计划的实施进行管理与监督。GREEN模型中每个字母代表不同的含义：Goal（目标）、Resource（资源）、Execution（执行）、Exception（例外）、Next-Step（下一步）。

一、求职计划制定与进程管理

求职计划制定与进程管理是以学生为中心，根据就业时间安排，确定求职计划，提升学生时间管理能力。这部分主要是以教练技术为核心的GREEN模型和进程管理，以体验式学习的"体验—分享—共识—行动"易操作的方式，提升大学生的学习自主性，降低实践难度。GREEN模型以制定计划为主，列举每一个行动计划中所需要的资源和时间点，并通过风险管理，细化计划中每个具体指标。每个环节设置可操作的工具进行求职能力的演练，帮助学生厘清求职进程管理的理念，构建求职进程管控、人力时间资源安排、效果评价复盘调整、多任务并行的科学管理等项目管理能力，推动求职的成功。

1. 用 GREEN 模型制定求职计划

GREEN 模型是由新精英课题组研发，利用后现代生涯理论，帮助学生制定行动计划的工具。GREEN 模型以制定计划为主，再次细化求职目标的指标，以及每个指标达成所需的具体资源需求，通过每一个行动计划中所需要的资源获取情况，制定阶段性计划表，最后提前预估计划执行的风险点，通过风险管理，降低突发性事件的干扰。

咨询过程中，找到卡点固然重要，但是下一步行动计划也是必不可少的。一般可运用 GREEN 模型确定来访者的下一步行动决心及行动落地方案。

GREEN 模型分为 5 个步骤：

第一步：Goal（目标）。制定清晰的目标，这个目标是能够立刻行动起来去实现的，这个目标要有实现的意愿和具体化指标，通过具体化指标可以在行动过程中衡量目标的具体进度，能够对我们的行动起到一定的促进作用。

第二步：Resource（资源）。确定了指标化的求职目标以后，我们就要梳理完成这个目标需要的资源，盘点现有的资源及还需要争取哪些资源来帮助自己实现目标。资源具体又可分为人、财、物、信、时，即人员、财务、物品、信息、时间等。

第三步：Execution（执行）。在梳理过可用的资源后，要为完成目标实施具体行动。为了尽快行动起来，可以将目标任务分解成一个个可以具体执行的小任务，列出尽可能详细的计划和步骤，然后具体执行。

第四步：Exception（例外）。这一步要充分考虑在具体执行过程中可能存在的意外事件，是对具体执行的风险评估，当出现意外事件的时候，要思考用什么方法去解决。

第五步：Next-step（下一步）。完成这个目标的第一步需要做什么？接下来你该怎么去做？

2. 用 GREEN 模型制定求职计划的参考问题

第一步：Goal（目标）的参考问题。

- 你的求职目标是什么？
- 这个目标分为哪几个小目标？怎么判断这个小目标达成了？
- 小目标可以请其他人负责完成吗？需要其他人负责哪个小目标？
- 各个小目标完成的时间节点是什么？

第二步：Resource(资源)的参考问题
- 人：会有哪些人帮助你进行求职？
- 财：你为求职计划列出的预算是多少？
- 物：需要准备哪些物品和资料？
- 信息：你需要获取哪些信息？这些信息足够吗？

第三步：Execution(执行)的参考问题。
- 你的具体计划是什么？
- 列出的具体事项之间的关系如何？比如，时间先后怎么排列？
- 你觉得这些事情中哪些是难点？
- 你觉得这些事情中哪些是关键点？

第四步：Exception(例外)的参考问题。
- 你怎么保证时间节点和完成的质量？
- 你觉得最有可能出现哪些意外或风险？
- 哪些事最有可能打乱你的计划？
- 出现意外情况时，你有什么应对措施？你可以争取到哪些支持？

第五步：Next-step(下一步)的参考问题。
- 你接下来可以开始的第一步是什么？
- 你什么时间开始这一步？

下面用具体活动来练习GREEN模型。

(1)一件事：每个学生想一件求职的关键事情或者求职目标。

(2)找搭档：在班上找一个不太熟的同学做搭档。

(3)练习前说明：①时间：25分钟一轮，假如有问题，我们可以停下来进行反馈；如果25分钟的时间有空余，也可以反馈。至少留5分钟的时间留做反馈。②反馈内容：有什么收获，哪里有问题。③环境：找一个教室里不容易被干扰的地方。④找搭档。

(4)练习：①第一轮练习：30分钟。②学员分享：经验、疑问。③讲师总结补充：说出行动目标、资源等关键点。比如目标太多或者太大，都可以再调整,灵活地应用。④第二轮练习:30分钟。⑤练习结束,回到座位。⑥学员分享:体会和思考(咨询师、来访者各1位)。⑦答疑。

二、相关工具的使用

1. 求职资源结构化

资源整理与拓展表是在求职启动阶段练习的工具,是在明确求职的目标和方向后,基于目标和方向进行的资源整理和资源拓展(见表7-3)。

表7-3 求职资源整理与拓展表

人	求职的人脉资源有哪些?列出人名与联系方式
网络	求职常用的网络资源(就业网站、公众号、招聘网站)?其他同学推荐的网络资源?
招聘会	线下招聘会(校园招聘会和社会招聘会)的资源
企业	目标企业的已有求职资源与拓展

2. WBS任务分解法

WBS任务分解法源于项目管理,即英文"Work Breakdown Structure"的缩写,指的是对应当由项目团队执行以便实现项目目标,并创造必要的可交付成果工作,按可交付成果所做的层次分解。

WBS分解法是在计划阶段训练的进程管理工具,旨在将确定的求职目标和方向进行拆解,变成可执行的系列任务和活动(见表7-4)。

3. 求职甘特图

甘特图,又叫横道图、条状图,它以图示的方式通过活动列表和时间刻度,形象地表示出特定项目的活动顺序与持续时间,即项目进度计划(见表7-5)。甘特图能够直观地表明任务计划在什么时候进行,以及实际进展与计划要求的对比,制定者可以便利地弄清一项任务(项目)还剩下哪些工作要做,并可评估工作进度。如以大学最后一个学年作为求职周期,以求职中的主要活动为事项。

表7-4 大学生求职择业 WBS 分解结构

一级	二级	三级	四级
大学生就业	启动阶段	自我探索	兴趣、性格
			能力分析
			价值观分析
		信息搜集	家庭资源分析
			校园资源分析
			职业信息搜集
		自我定位	职业生涯决策
	计划阶段	目标计划制定	求职范围
			时间计划
			费用估算
			行动步骤
	实施阶段	求职材料准备	简历与自荐信
			证书及证明材料
		投递简历	参加各类型招聘会
			网上职位申请
		笔试面试	准备笔试（英语、专业知识、行政能力测试等）
			模拟训练
			参加面试
	监控阶段	细节管理	着装等仪表准备
			求职礼仪训练
		心理调适	建立社会支持系统
		权益维护	学习就业程序
			了解相关法律法规
	收尾阶段	签约派遣	签订三方协议
			领取报到证
			办理离校手续
		职场准备	角色转换与适应

表7-5 甘特图

事项	9月	10月	11月	12月	1月	2月	3月	4月	5月	6月	7月
学业	■	■	■	■	■	■	■	■	■	■	
材料准备	■	■	■	■							
信息搜集	■	■	■	■	■	■	■	■			
模拟训练	■	■	■	■							
招聘会	■	■	■	■	■	■	■	■			
笔试面试			■	■	■	■	■	■			
签约			■	■	■	■	■	■	■		
派遣									■	■	■

第八章 就业政策

第一节 就业形势与宏观政策

生涯指引

稳定岗位受青睐——大学生就业去向反映社会变化

有媒体曾报道,关于大学生就业去向的相关调查显示,其中80%左右受调查的大学生在选择"最愿意工作的两类企业"中,首选国有企业,首选国企的人中50%左右看重政府机构的工作机会。这从一个方面说明,大学生在就业选择中,最希望获得国有企业和政府机构等较为稳定的工作。与之相关的是,在2022年国家公务员考试报名中,共有212.3万人通过了用人单位的资格审查,其中最热门的职位达到了"两万人挑一"的程度。

在改革开放前及改革开放初期,进工厂(国企)、进机关是人们眼中最好的就业选择。随着市场经济发展并逐渐完善,下海经商创业成了人们的新选项。此后,外企也成为大学生就业选择中的"香饽饽"。伴随着互联网经济的兴起,创业成为"80后""90后"择业关键词之一,并随之涌现出一批头部互联网企业。与此同时,大学生热衷"进大厂"和国企员工跳槽至民企也成为普遍现象。这个变化过程折射了同时期的经济社会发展情况。

就业选择,实际上是人们结合自己的兴趣、爱好、特长、理想及未来生活预期所做的选择。但这种选择往往也受到了外界因素影响,从上述大学生就业选择的变化中即可窥见。"国企—经商创业—外企—互联网企业",大学生就业选择的趋势变化,与其所处时段的政治、经济、社会、文化、环境等息息相关。由此，大学生对工作的选择，实际上反映了个体对社会环境的理解和对社会前景的判断。

从2021年各大高校发布的高校毕业生就业质量报告可看出，毕业生在党政机关、事业单位和国有企业等体制内就业的比例普遍有所上升，尤其是在"双一流"院校的毕业生中更为明显。以清华大学为例，该校2021届选择就业的毕业生中，有69.9%的选择体制内就业，而这个数值在2019年和2020年分别为61.2%和64.9%，这说明清华大学毕业生进入体制内的比例增速正在加快；而这并不是个例，厦门大学毕业生进入体制内的比例则接近60%，上海交通大学的比例为50.05%，西北农林科技大学的比例达到52.4%。

伴随着体制内就业比例的上升，大学生就业地域的选择也在悄然发生变化。从近五年的数据来看，毕业生在"北上广深"就业的比例在逐渐下降，选择中西部就业及县域就业的毕业生比例不断上升。大学生开始根据就业形势与政策的变化，调整自己的就业观念与就业期待。

作为一名求职的大学生，我们需要更多地了解各地的就业形势与就业政策，并将择业目光放长远一些，合理评估不同地域就业对自身的影响。避免片面的就业观念对择业造成限制与影响。充分了解当前的就业市场情况，树立科学的就业观，理性就业。

一、大学生就业形势分析

1. 大学毕业生就业人数一路增长

我国的劳动力总量很大，就业市场的主要特点是供大于求，大学生就业市场的形势也是如此。根据国家统计局统计，近年来高校毕业生数量逐年攀升：2010年全国高校毕业生首次突破600万，2014年突破700万，2018年突破800万，2021年突破900万，2022年突破1000万，根据预测，2023年毕业生预计将达到1200万。

2. 党和国家高度重视毕业生就业工作

党和国家高度重视毕业生就业工作，将就业工作作为"六稳六保"任务之首。党的十八大报告第一次将促进就业上升到战略高度，明确提出实施就业优先战略和更加积极的就业政策，要求做好以高校毕业生为重点的青年就业工作。党的十九大报告提出，就业是最大的民生，要坚持就业优先战略和积极就业政策，实现更高质量和更充分的就业。

近年来，国家针对大学生就业的优惠政策不断加强，每年国家部委都会针对大学生就业出台一些新的政策和规定。比如，解决社会保障、档案户口、人员编制等各类实际问题的基础性政策，还有一些引导性的政策。比如，高校毕业生如果到中西部、艰苦边远地区基层单位服务3年以上，其学费就由国家补偿。除此之外，地方的就业部门也在努力为毕业生创造更多的便利条件。

3. 就业结构性矛盾依然突出

在大学生就业市场中，我们或许会留意到一种现象：就业难与招工难并存，一方面，部分大学生求职困难；另一方面，很多需要人才的地方和单位又招不到合适的人。这种现象是由于我国区域发展不平衡和城乡发展不平衡造成的结构性矛盾，从而导致了岗位供给的不平衡现象。不平衡的现象主要有三种：①理工、文史类专业的岗位供给与毕业生数量不平衡；②国企、民企的岗位与应聘人数不平衡；③大城市与小城市的就业机会和待遇不平衡。实际上整个社会对于大学生的需求量仍然很大，只是出现了社会需求不平衡的现象，这在未来的一段时期将是就业领域的主要矛盾。

4. 大学生深造意愿愈发强烈

近年来，高校毕业生数量逐年增长，在毕业生就业压力增大，尤其是留学难度增加等因素的刺激下，许多应届毕业生及往届毕业生，为完善自己知识结构、提升自身就业竞争力，竞相加入考研大军。根据社会机构的调研，面对"毕业后是继续深造还是直接工作"的问题，有54%的受访毕业生希望继续深造。虽然近几年研究生招生规模有一定的扩大，但是与报考人数的增加相比依然较少，录取比例也在逐年下降。2022年考研人数突破400万，预计2023年将突破520万。

5. 乡村振兴领域的人才缺口巨大

2017年，党的十九大报告明确提出实施"乡村振兴战略"，2020年10月，党的十九届五中全会提出"优先发展农业农村，全面推进乡村振兴"。坚持把解决好"三农"问题作为全党工作的重中之重，实现巩固脱贫攻坚成果同乡村振兴有效衔接。2021年2月23日，中共中央办公厅、国务院办公厅印发的《关于加快推进乡村人才振兴的意见》中强调，乡村振兴，人才是关键。同时，提出吸引各类人才在乡村振兴中建功立业，健全乡村人才工作体制机制，强化人才振兴保障措施,培养造就一支懂农业、爱农村、爱农民的"三农"工作队伍,为全面推进乡村振兴、加快农业农村现代化提供有力人才支撑。

2022年2月22日,中共中央、国务院《关于做好2022年全面推进乡村振兴重点工作的意见》中再次强调,要加强乡村振兴人才队伍建设,实施"乡村振兴青春建功行动",推动乡村振兴取得新进展。

当前的就业招聘市场面临多重考验,一方面是"考研热""考公热"和"教资热"的冲击,另一方面是基层缺乏人才、渴求人才却又难觅人才的现实困境。面对"乡村振兴"这个新时代的"考卷",青年大学生作为国家的未来,社会发展的新兴力量,应当适时抓住结构性调整的机遇,以更加理性的就业观、择业观,选择到基层一线开创一番事业,把自己的理想同祖国的前途、自己的人生同民族的命运紧密联系在一起,回答好新时代基层就业的新命题。

6. 大学生创新创业支持力度提升

近年来,中央及地方都在积极部署大学生创新创业方面的工作。在创业方面,2018年12月国务院印发的《关于做好当前和今后一个时期促进就业工作的若干意见》提出了加大创业担保贷款支持力度,符合条件的个人和小微企业,除了可分别申请最高不超过15万元和300万元的创业担保贷款外,各地还可因地制宜适当放宽创业担保贷款申请条件,由此产生的贴息资金由地方财政承担。从各地来看,对创业的补贴对象、补贴标准和补贴上限均有所调整。比如广东对符合条件的创业者提供最高30万元的创业担保贷款及贴息,并将一次性创业资助标准提高到1万元。这些创新创业方面支持力度的加大,对想创业的大学毕业生也是很好的鼓励。

二、应对策略

面对年年增长的就业人数和严峻的就业形势,大学生应当如何应对呢?

1. 调整期待,先谋生存再谋发展

调整过高的就业期待。当前毕业生在求职过程中,价值取向和社会需求之间存在不对称现象。有不少大学生在找工作时,往往把"外资公司""全球500强企业"当作首选,根本不愿意去中小型企业,尤其是中小型民营企业,导致他们就业的道路越来越窄。

从基层做起,先进入职场,再慢慢朝着自己的理想职业发展,避免有一步到位的想法。因为有些毕业生没有工作经验,又不愿意吃苦,不愿意从基层做起，找工作高不成低不就。所以，对于快要毕业的大学生来说，先谋生存再谋发展、先就业再定位才是正确的策略。而对于大一、大二的学生来说，可以提早进入职场，锻炼职业技能，这样就会在毕业的时候有实力找到心仪的工作。

2. 提前准备，未雨绸缪

在就业数量上升、就业质量有待提升的就业形势下，大学生应该怎样提高就业质量呢？首先，要在进入职场之前做好充分准备，未雨绸缪，及早进行职业生涯规划，加强自我的认知与职场世界的认知，找到适合自己的职业发展方向与定位。其次，要提升自己的职场竞争力，在校期间通过职业访谈、实训、实习等方式充分了解职场世界，了解未来职业的能力要求，为进入职场积累知识、技能与经验。

阅读材料

今年刚刚大学毕业，却已是公司高管

浙江财经学院来了位很年轻的COO（首席运营官）做宣讲，大学期间，他曾在雀巢、梅赛德斯奔驰、HSBC（HK）等世界500强实习过。他就是刘同学，今年刚刚大学毕业，就已成为一家公司的高管。是什么让他在短时间内实现了飞跃？

在职场上如何走出第一步，刘同学把自己的经历作为范本来分析。刘同学讲述了自己的大学生活，并告诫大学生：无论读哪所大学，勇气永远是打开成功之门的钥匙，要让他人知道自己是最特殊的一个，用自信和能力去获得他人的青睐。刘同学在读大一时，除了上课，业余的时间都用来实习，他告诉自己，实习是接触社会的最好方法。"大一、大二的学生需要有前瞻性，为今后发展累计更多的筹码。实习是简历中最重要的部分，对今后的就业应聘有重要影响。"

刘同学建议大学生，要积极培养人脉，拓展社交圈，感受各地文化，使世界观、价值观不断升华，对于将来融入社会有很大帮助。在大学里，老师是特殊的人脉资源，与他们保持良好关系可以获得很多间接经验。"从大一到大四，人会有很大改变。只要合理安排这四年时间，明确目标、努力进取，就能拥有和别人不一样的人生。"

在这个案例中,我们看到刘同学在世界 500 强企业实习,并且毕业后很快成为公司高管,与他在校期间的积累与准备是分不开的。有句话说"机遇永远只留给有准备的人",同学们若能珍惜大学时光,提前为自己的职业目标做好充分的准备,在面临就业时就会更加从容。正如刘同学所讲的那句话"从大一到大四,人会有很大改变。只要合理安排这四年时间,明确目标努力进取,就能拥有和别人不一样的人生"。

3. 拓宽就业视野,转变就业观念

大学生就业市场的需求不平衡现象,使得"大学生就业难"问题不仅仅是劳动力市场中供需矛盾的问题,更是大学毕业生如何看待职业选择中各要素重要性的问题。这就需要我们拓宽就业眼界、转变就业观念,积极应对就业形势。我们也许经常会看到,在我们身边就有这样一些大学生,因为执着于某些就业偏见而未能顺利就业,比如下面这个案例中的小张。

阅读材料

小张是一位优秀的毕业生,他希望毕业后在北京、上海等大城市找到自己满意的工作。可是事与愿违,找了半年多仍然一无所获,但是坚持在一线城市找工作的他不愿意放弃梦想,直到 6 月中旬他仍执着地在各大城市间寻找工作机会。眼看即将毕业,万般无奈的小张来到了就业指导中心,希望得到老师的帮助。

交谈中老师发现,小张对职业选择的看法直接影响他的求职过程与结果"只有在大城市工作才能实现人生价值""只有在大城市工作才能对得起父母的养育之恩""只有在大城市工作才有面子",这些根深蒂固的求职价值限制了小张的求职面。通过与老师交谈,小张认识到中小城市的发展机会和自己的个人价值实现之间的关系,也澄清了自己的个人发展与家庭荣耀之间的关系。他意识到之前一直渴望到大城市工作,他认为大城市的机会比较多,生活也比较有面子。现在看来,发展快的地方竞争更加激烈,机会也不一定会属于自己,反而中小城市更能让他尽快地找到属于自己的职业发展空间。只要干得好,在哪里都能实现个人价值。他不再一味地执着于"一定要在大城市找到满意的工作",而是拓宽了求职择业的思路,愿意尝试去其他地方工作的可能,为自己求职成功开辟了另一条道路。

从这个案例中我们可以看到，小张之前之所以找不到满意的工作，最主要的原因就在于他持有一些不太合理的就业观念，这些就业观念缩小了他的就业视野，也让他屡屡受挫。后来在老师的指导下，小张意识到自己就业观念的局限性，拓宽了就业视野，转变了就业观念，最后终于成功就业。

4.关注国家的就业政策

大学生要经常关注国家和学校的就业网站，掌握最新的政策动态是求职过程中必须要做的一件事。那么，如何收集和了解就业形势与政策呢？

首先，要积极关注学院就业主管部门的信息。学校的就业主管部门承担着对毕业生进行就业政策咨询和就业指导的工作职能。就业主管部门能及时掌握最新的就业形势与政策，并能有针对性地对本校学生进行指导，这是毕业生及时获取就业形势与政策的最重要的途径。

其次，要关注与就业相关的报纸、杂志、微博、微信等传播媒体，留意与就业相关的形势与政策报道，特别是目标就业地区。有时，一条不起眼的消息，或许会给你带来意想不到的惊喜，比如各地出台的新的大学生创业扶持政策等。

再次，要利用网络资源进行有针对性的搜索。当你想了解一些就业政策的具体信息时，也可以通过访问互联网，如通过登录权威的大学生就业网站，或者利用搜索引擎去搜索相关的信息。不过在利用网络资源的时候，一定要注意考察信息来源的真实性与可靠性。

三、大学生常见的限制性信念及对策

我们发现，在未就业的大学毕业生中，有的毕业生由于家庭经济条件好，没有就业意愿；有的毕业生由于考研、出国、考公务员受挫，选择不就业，全力准备来年再考；还有的毕业生由于各种原因没有把握就业机会……

在这些未就业的大学生身上，我们还是能看到有些限制性信念的束缚。比如"只有在大城市发展才能实现我自己的价值""回到小地方工作太没有面子了""只有考取公务员，进入政府部门工作才算有了工作""只有高工资的工作才能显示出自己的个人价值""工作和专业完全对口最重要"等。这些观念无形中会成为求职择业的绊脚石，阻碍了大学毕业生的发展。因此，大学生需要积极转变求职择业中的限制性信念，促进积极就业。

1. 限制性信念：只有考取公务员，进入政府部门工作才算有了工作

信念调试：适合自己的才是最好的。

选择政府机关、国有企业至少能保证"旱涝保收"，其他单位的工作都不够"稳定"。事实上，如今大学生的就业途径已经越来越多，由于政府机关与国有企业能提供的岗位非常有限，民营企业等也成为大学毕业生就业的主要渠道。行行出状元，并非只有在政府机关、事业单位就业才算真正就业，无论国有单位还是非国有单位，或是自己创业，只要能发挥个人的能力和才干，有合适的工作即是就业。越来越多的年轻人在就业时有了更多元化的选择，"体制内的稳定"不再是他们首要考虑的因素。在麦可思研究院发布的《2018年中国大学生就业报告》中，大学毕业生在民营企业就业的比例从2013届的54%上升为2017届的60%；在国有企业就业的比例从2013届的22%下降到2017届的18%；在中外合资、外资、独资企业就业的比例从2013届的11%下降到2017届的7%。

阅读材料

"90后"毕业生放弃公务员面试　自己创业当菜贩

孙同学，"90后"毕业生，毕业于大连工业大学包装工程专业，在校期间曾是文艺部部长，还曾担任过校园播音员，可谓是能歌善舞，多才多艺。"大四那年，我和男友就开始琢磨创业，现在，人们都很关注食品安全问题，我当时就感觉做放心菜一定有发展前景。"孙同学说，就因为坚持这样一个信念，她毅然放弃了公务员考试面试的机会。为此，她和男友曾特意前往山东、江苏等地考察市场，并拜访专家学习种植技术。如今，这对小情侣已经种植了14个大棚，其中两个用于种植草莓，其余的全部种植蔬菜。在一个多月前，她在农贸市场中租了一个摊位，开始了卖菜的生涯。孙同学的"放心菜"保证品质，让她的生意越来越红火。

不管在哪个行业，从事什么样的职业，只要这个职业是适合自己的，能发挥自己的能力与才干，就是好职业。过去所提到的"金饭碗""铁饭碗"职业，在如今这个市场经济的年代、在这个变化万千的职场世界里，已经不再像过去那样稳定得"旱涝保收"了。因此，找准自己的定位，适合自己的就是最

好的。

2. 限制性信念：工作和专业完全对口最重要

信念调试：放宽视野，拓宽就业思路。

大学毕业生能找到与专业完全对口的工作自然最好，但在目前教育资源与社会需求不匹配的现状下，过于苛求专业对口可能会对自身的发展有影响。大学生应该在学以致用的原则下，发挥自己的优势和专长，在更广泛的就业范围内寻找理想的职业。

阅读材料

适合自己的才是最好的

23岁的刘同学，大学时学的是信息与计算机科学。可是他认为自己所学的专业过于偏理论，不能应用于实际，于是他决定不找与专业相关的工作，而是进入了另外一个相对陌生的领域。现在在国家信息中心直属的北京某家公司工作的刘同学，做着与军工有关的业务。从上岗到现在，刘同学觉得已经从最初的迷茫渐渐变得能适应现在的工作岗位并融入了公司，自己的能力也慢慢发挥出来了。

回忆近一年的工作经历，刘同学深感平时所学的知识和技能都是有用的，在机会没到来之前，所有的积累都是为了将来的"爆发"。在工作的过程中，他学习了很多公关业务知识，他只用了三个月时间便升到了公司新成立的业务部副经理的职位。而现在，刘同学被调到了公司主导的军工部门做项目，开始了一个新的起点，这对于年纪轻轻的他来说，是一种肯定，也是一种鞭策。刘同学表示，大学毕业生不一定要找与专业对口的工作，适合自己才是最重要的。做自己真正喜欢的工作，才有动力更好地发展。

我们知道，不同的职业需要不同的知识、技能与经验等条件，而不同的知识与技能是专业的主要内容。从经济和效率的角度来看，我们的职业目标应当是专业所学的知识与技能。然而从专业与职业的相关性来讲，它们并不是一一对应的关系，而是呈现出一对一、一对多、多对多等非常复杂的相关关系。有些专业方向仅对应一个职业目标，此类职业技术含量较高，也比较单一。例如数控机床专业所对应的职业是企业中数控机床的操作与维护。而有些专业对应的职业目标有多个,其职业方向比较宽泛,比如经济学专业的毕业生可以从事企业管理、经济学研究、新闻记者、高校教师、营销策划等多种职业;而对于某一职业比如新闻记者,它可以接收新闻、中文、哲学、经济学等多种专业的毕业生。因此,专业不应该成为我们选择职业的束缚,而是应该立足专业优势,寻找更多的职业可能,找到适合自己的职业。

3. 限制性信念:"只有在大城市发展才能实现自己的价值"

信念调试:不要只盯大城市,二三线城市风景独好。

大城市的发展机会的确比较多,但并不意味着只有在大城市发展才能实现自己的价值。目前国家的就业政策也在向西部地区、农村地区倾斜,很多基层就业项目也设在中西部地区尤其是农村。因此,在中西部地区、小城市、农村就业,也有更多的发展空间。

虽然从全国范围来看,一线城市依然是大学生的热门选择,但一线城市对于新生代大学生的吸引力正在下降。自2017年以来,一些新一线城市和二线城市纷纷推出针对高校毕业生的优惠政策,如落户降门槛、买房有折扣、创业给补贴等,这些人才吸引政策,吸引了不少新生代大学生。

阅读材料

高校毕业生:梦想从二三线城市"起飞"

"大城市我想去,但是竞争太激烈,刚毕业没有经验的大学生很难立足的",已成为中国人寿保险江西赣州上犹县业务经理的兰州大学07级学生毛同学如此说,中小城市有很多未曾开发的事业"处女地",只要有真才实学的本领和努力拼搏的干劲,留在二三线城市也能获得很好的机遇和个人发展的空间。而在短短的三个月时间里,将公司业绩由"零"做到几百万,更加坚定了他的信念。

在随机采访的50名高校毕业生中,只有6名同学笃定非北上广等大城市不去,而超过半数的学生则对"安居"于二三线城市"情有独钟",甚至有意从基层做起。当然,大城市有大视野,高校毕业生对一线城市有梦想在情理之中。但是随着经济的发展,诸多二三线城市已成为后起之秀,中西部地区的中小城市也在摸索中前进,发展过程中人才缺口严重,竞争压力相对较小,开发未完全,消费水平相对较低,显然也是吸引毕业生眼球的那块"磁铁"。

作为一线城市的北上广曾是无数大学生逐梦的地方。然而近两年，越来越多的毕业生选择到新一线城市或二三线城市安放青春。在《2018年大学生求职指南》中，大学生希望到新一线城市就业的比例达到40.18%，比希望到一线城市就业的比例27.36%要高，愿意在二线城市就业的比例也达到了25.94%。从这些调查数据及就业的实际走向来看，大学生在就业地域的选择上不再一味强调"大城市"。一方面是国家"西部计划""三支一扶"等宏观政策的引导和实施，另一方面我们也看到广大毕业生在选择就业城市时越来越务实和理性，越来越多的毕业生不再将目标锁定在一线城市，他们相信自己在二三线城市的生活一样精彩。

古人云：知己知彼，百战不殆。在求职就业的过程中，我们不仅要了解自身的能力与需求，更要对大学生就业市场进行充分的了解。我们需要了解就业形势、了解自己的职业能力在社会中的需求状况，找准自己在职业社会中的位置。

可以通过以下思考帮助自己更好地把握社会需求，顺利找到工作：今年的就业政策是怎样的？今年的大学生就业有哪些特点？我的能力对应的岗位的社会需求是怎样的？我为自己希望生活的城市排序是怎样的？我在希望生活的城市找到工作的可能性是怎样的？除了以上这些城市，我还有哪些备选方案？通过这些有方向的思考，将求职择业的眼光放得更加长远一些，在更大的视野范围内把握社会需求和自己的能力匹配状况。

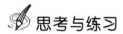 思考与练习

就业观点辩论赛

以下的就业观点（见表8-1），孰是孰非？来吧，我们来辩一辩。

表8-1 就业观念

序号	正方	反方
1	在大城市发展更有前景	在小城市发展更有前景
2	工作与专业对口更好	工作与专业不对口更好
3	一线城市发展更好	二三线城市风景独好
4	先就业再择业	先择业再就业
5	（可自拟）	（可自拟）

第二节 就业去向及相关政策

生涯指引

大三学生小王，面对毕业，心中一片茫然，担心找不到理想的工作，有时候也不愿意多想这个问题，怕徒增烦恼。小王学习一般，在班上成绩属于中游，看到其他同学都在准备考研究生，自己也想考，但是又不能集中精力学习。在求职过程中，小王发现有的同学在备考公务员、选调生，有的同学去了大厂实习积累经验，还有的选择通过基层项目回到了家乡，慢慢地别人都找到了自己理想中的工作，只有自己一事无成。小王开始不自信了，生活态度也比较消极，认为自己的一切都糟透了。

对于即将毕业的大学生来说，选择是很重要的，要选择自己的未来道路，是进入社会工作，还是去继续学习呢？这很难抉择，有人支持考研，认为学历高，更好找工作；也有人认为三年工作经验比一纸文凭含金量更高。到底该如何选择，还是要取决于大学生自己。

随着时代的发展，大学生毕业的选择呈现出多元化的趋势，大学毕业后的选择除了直接就业，还有升学深造、应征入伍、基层项目就业、科研助理、自主创业、灵活就业等，让我们逐一解读每条路径中的政策与注意事项。

一、升学深造

随着社会竞争越来越激烈，很多大学生为了提高自身的就业竞争力，把提高学历作为毕业后的首要选择。专科生可以通过专升本考试实现学历提升，本科毕业生可以考取硕士研究生，硕士毕业生还可以再考博士研究生。2020年，为进一步优化人才培养结构，为高校毕业生创造更多再学习的机会，增强大学生就业创业能力，教育部决定在普通高校开展第二学士学位教育，作为大学本科后教育，纳入大学生继续深造中。

1. 普通专升本

1999年1月，国务院批转教育部起草的《面向21世纪教育振兴行动计划》

(以下简称《计划》)。《计划》提出允许职业技术院校的毕业生经过考试接受高一级学历教育。为了构建与社会主义市场经济体制和高等教育内在规律相适应、不同类型普通高等教育相互衔接的教育体制,使部分优秀高职高专(大学专科)毕业生能够进入普通本科阶段学习。同年6月公布的《中共中央国务院关于深化教育改革全面推进素质教育的决定》(中发〔1999〕9号)再次重申:高职高专应届毕业生经过一定选拔程序可以进入普通高等学校本科继续学习。

接受"普通专升本"的学生在本科学习期满并达到普通本科毕业所需学分后颁发普通本科毕业证书,符合学位授予条件的授予学士学位。普通高校"专升本"考试一年一次,学费按升入学校同届学生收费标准执行。被录取的学生享受与普通高等学校招生全国统一考试(高考)统招四年制本科生同等待遇,普通专升本为普通全日制学习,学制两年。学生学习期满,各科成绩合格,由本科院校颁发普通本科毕业证书,毕业后自主择业。

普通高等学校专升本考试一般是面向应届普通全日制专科毕业生,以笔试为主。大部分省份为省教育考试院组织的统一考试,分文科和理科。部分省份考基础课程和专业课程两大部分,各省市的出题方式不同,考试时间一般在专科三年级第二学期(4月~8月),以当年各省教育考试院或教育厅公布的政策为准。

2. 本科考硕士研究生

高等学校和科学研究机构招收硕士研究生,旨在培养热爱祖国,拥护中国共产党的领导,拥护社会主义制度,遵纪守法,品德良好,具有服务国家、服务人民的社会责任感,掌握本学科坚实的基础理论和系统的专业知识,具有创新精神、创新能力和从事科学研究、教学、管理等工作能力的高层次学术型专门人才及具有较强解决实际问题的能力、能够承担专业技术或管理工作、具有良好职业素养的高层次应用型专门人才。

本科毕业生可以通过全国硕士研究生统一招生考试(简称"考研")考取硕士研究生,该考试为国家统考,由国家考试主管部门和招生单位组织的初试和复试组成,是一项选拔性考试,所录取学历类型为普通高等教育。报名和录取均需通过"全国硕士研究生招生考试网上报名平台"进行,报名时间为每年10月,初试时间为每年倒数第二个周末。复试及调剂一般安排在3月~5月,由各招生单位自行组织。

依据国家有关政策,对部分高等学校按规定推荐的本校优秀应届本科毕业生及其他符合相关规定的考生,经确认其免初试资格,由招生单位直接进行复试考核。该选拔方式为推荐免试(简称"推免"),一般安排在每年9月进行。

普通高等教育统招硕士研究生招生按学位类型分为学术型硕士和专业型硕士研究生两种;按学习形式分为全日制研究生和非全日制研究生两种,均采用相同考试科目和同等分数线选拔录取。硕士研究生就业方式分为定向就业和非定向就业两种类型。定向就业的硕士研究生按定向合同就业,非定向就业的硕士研究生按本人与用人单位双向选择的办法就业。

考试科目一般为四门,两门公共课(思想政治理论、外国语)、一门基础课(数学或专业基础)、一门专业课。思想政治理论、外国语、大学数学等公共科目由全国统一命题,专业课主要由各招生单位自行命题(加入全国统考的学校全国统一命题)。

选拔要求因层次、地域、学科、专业的不同而有所区别。考研国家线划定分为A、B类,其中一区实行A类线,二区实行B类线。一区包括北京、天津、河北、山西、辽宁、吉林、黑龙江、上海、江苏、浙江、安徽、福建、江西、山东、河南、湖北、湖南、广东、重庆、四川、陕西等21省(市)。二区包括内蒙古、广西、海南、贵州、云南、西藏、甘肃、青海、宁夏、新疆等10省(自治区)。

3. 本科考第二学士学位

根据《教育部办公厅关于在普通高校继续开展第二学士学位教育的通知》(教高厅函〔2020〕9号)文件精神,为全面提高高等教育质量,大力培养复合型人才,为高校毕业生创造更多再学习机会,增强学生就业创业能力,国家自2020年起在普通高校继续开展第二学士学位教育。截至2022年,全国有528所高校开设了3942个第二学士学位专业,其中"双一流"高校83所,开设专业532个。第二学士学位在层次上属于大学本科后教育,与培养研究生一样,同是培养高层次专门人才的一种途径。

第二学士学位主要招收当年本科毕业并获得学士学位的应届毕业生。学制为两年,全日制学习,纳入高校学籍管理系统。学生在校学习期间在学生资助、收费等方面参照相应专业本科生执行。教学内容主要包括专业基础课和专业课,原则上不安排专业实习。学生可报考与原本科专业分属不同学科门类,或同一学科门类但不属于同一本科专业类的第二学士学位专业。学生在修业年限内,修完规定课程,达到毕业和授予学士学位要求的,颁发毕业证书和学位证书，学位证书上须明确标识"第二学士学位"字样。学生在校学习期间可继续求职或报考研究生，落实去向后可随时申请退学。如中途退学，学校发放肄业证书或学习证明，并按退学当年应届本科毕业生身份派遣。

"第二学士学位"的考试招生办法由高校自主确定。对本校毕业生可根据在校期间学业成绩等情况，灵活制定考评办法；对跨校报考的学生应通过考试录取。

4. 硕士考博士研究生

博士研究生考试分为春季考试和秋季考试两种，一般来说春季考试在3月份进行，9月份入学；秋季考试在10或11月份进行，次年3月份入学。不过博士研究生考试是由各学校组织的，具体考试时间不同的学校也是不一样的。有的学校是两次考试两次入学，有的是一次考试一次入学，还有的是一次考试两次入学，可登陆所报考学校网站查询有关信息。

目前，42所"双一流"大学建设高校均已全部实行申请考核制度；其他高校也在陆续推行博士申请考核制。申请考核制是指院系对递交入学申请博士学位的学生进行筛选，合格者接受能力测试择优录取。对于院校来说，申请者递交的材料是最重要的。所以，每个申请者要在满足申请条件的基础上精心准备材料。申请材料过审后，有的院校会组织英语考试，有的会直接参加笔试，有的甚至不考试直接进行面试，具体要看院校的当年政策要求。经过面试、笔试后有些院校会根据笔试和面试的成绩确认录取名单。

二、签约就业

应届毕业生通过签约就业是目前多数大学生毕业后的选择，大学生通过参加各种双选会、招聘会，或通过各类公招考试、人才引进措施等形式，与招聘单位达成求职意向，最终签约就业。从签约形式上来说，分为"签订就业协议书"和"签订劳动合同"；从就业形式来说，分为公务员、选调生、事业单位、国有企业、非公有制企业（民营企业、三资企业等）。下面，我们来分别了解一下各类就业形式的政策和特点。

1. 公务员

公务员是指依法履行公职、纳入国家行政编制、由国家财政负担工资福利的工作人员。公务员在招录中分为中央和地方两种形式：国家公务员考试是指中央、国家机关及中央国家行政机关派驻机构、垂直管理系统所属机构录用机关工作人员和国家公务员的考试,也称为"国考"。地方的公务员考试是指地方各级党政机关、社团等为招录机关工作人员和国家公务员而组织进行的各级地方性考试,也称为"省考",部分城市也会组织"市考"等形式招录。

中央和地方考试单独进行,不存在从属关系。从2002年起,中央和国家机关公务员招录工作的时间固定下来:报名时间固定在每年10月下旬,考试时间则固定在每年11月的第四个星期日。地方的公务员考试时间差异很大,而且每年招考时间会有一些变动,一些省份一年还有春、秋季两次考试。考生根据自己要报考的政府机关部门选择要参加的考试,也可同时报考,相互之间不受影响。只要是符合条件的都可以参加,所以,考公务员这条路还是很宽的。也正因如此,公务员考试的竞争是极其激烈的,报录比也是很低的,以国考为例,录取比例仅为1%~2%,2022年某岗位报录比为20813∶1。从2015年到2022年,国考招录和报名人数都在逐年增加,但录取比例却在下降(见表8-2)。

表8-2 2015—2022年国考招录和报名人数

年份	招录职位(个)	招录人数(个)	审核通过(万人)	录取比例
2015	13475	22249	140.9	1.58%
2016	16669	27817	139.46	1.99%
2017	15589	27061	148.63	1.82%
2018	16144	28533	165.97	1.72%
2019	9657	14537	137.93	1.05%
2020	9657	24128	143.7	1.68%
2021	13172	25726	157.6	1.63%
2022	16745	31242	212.3	1.47%

中央公务员考试和地方考试性质一样,都属于招录考试,考生填报相应的职位进行考试,一旦被录取便成为该职位的工作人员。笔试考试科目一般包括行政职业能力测验和申论两科,行政职业能力测验主要测查与公务员职业密切相关的、适合通过客观化纸笔测验方式进行考查的基本素质和能力要素,主要包含常识判断、言语理解与表达、数量关系、判断推理、资料分析等方面。申论是测查从事机关工作应当具备的基本能力的考试科目,主要测查报考者的阅读理解能力、综合分析能力、提出和解决问题能力、文字表达能力。面试和专业科目考试一般由招录单位确定。

2. 选调生

选调生，是各省党委组织部门有计划地从高等院校选调品学兼优的应届大学本科及其以上学历的毕业生到基层工作，作为党政领导干部后备人选和县级以上党政机关高素质的工作人员人选进行重点培养的群体的简称。

选调生工作的历史可以追溯到20世纪60年代，当时的选调生是"革命事业接班人"的一部分。从高等学校选调品学兼优的应届大学毕业生到基层培养锻炼，始于20世纪60年代中期。但"文化大革命"开始后被迫中断。之后，中共元老陈云提议中组部设立青年干部局，党中央加大年轻干部培养选拔力度，选调生制度被拾起，成为干部培养的重要手段。20世纪80年代，选调生工作在全国展开。2000年，中央组织部发布了《中央组织部关于进一步做好选调应届优秀大学毕业生到基层培养锻炼工作的通知》，对进一步做好选调生工作提出了明确要求。2008年中组部下发《选调优秀高校毕业生到基层培养锻炼工作暂行规定》，选调生招考政策的变化彰显了中央从基层一线培养选拔干部的用人导向，同时也释放出了一个强烈的信号：高校毕业生面向基层就业、用人单位从基层一线培养人才的新机制将逐步建立和完善。2018年，中组部印发《关于进一步加强和改进选调生工作的意见》，标志着选调生工作进入了新时代。

选调生是公务员的一种，录用后直接为公务员编制。选调生是省委组织部的后备领导干部，放到基层锻炼，人事权归省委组织部管辖，委托接收单位考评。调动范围是全省建有党组织的各级党政机关、事业单位、人民社团。

选调生与公务员相比有一定的区别，首先从报名条件来看，选调生的报名条件除符合一般国家公务员的报名条件外，还要求政治素质好、有志于从事党政工作并有发展潜力。选调生主要选调本科生、研究生中的共产党员、优秀学生干部，本科生大部分省份要求是应届毕业生、中共党员、学生干部，三者缺一不可；研究生条件可酌情放宽，一般只要求中共党员、应届毕业生。二是培养目标不同，选调生的培养方向主要是党政领导干部后备人选和县级以上党政机关高素质的工作人员人选，公务员一般招考的是非领导职务国家公务人员。三是选拔程序不同，选调生的选拔采取本人自愿报名、院校党组织推荐、组织（人事）部门考试考核相结合的办法；而公务员录用采取笔试和面试的方式进行，不需要院校党组织推荐。四是培养管理的措施不同，选调生到基层工作采取岗位培训、脱产轮训等多种形式，选调生在基层工作期间，至少要脱产培训一次，时间一般不少于3个月；而公务员主要采取岗位培训的形式，在工作初期一般不安排脱产培训。五是管理使用有所差别，选调生是省委组织部的后备干部，放到基层锻炼，人事权归省委组织部管辖，委托接收单位考评。调动范围是全省建有党组织的各级党政机关、事业单位、人民社团。公务员是针对具体职能的职位，人事权一般归该单位人事机构或上级单位人事机构或人事厅管辖。调动范围取决于人事归属单位，在该单位人事管理范围内调动。六是发展前景不同，选调生是省、市、县委组织部的后备干部，提拔速度比公务员快得多，一般本科毕业定科员，硕士定副科，博士定正科。而招考录用的公务员，是普通的机关工作人员。

3. 事业单位

事业单位是指国家为了社会公益目的，由国家机关举办或者其他组织利用国有资产举办的，主要提供教育、科技、文化、卫生等活动非物质生产和劳务服务的社会公共组织，事业单位接受政府领导，是表现形式为组织或机构的法人实体，例如高校、科研院所、医疗单位、环保检疫部门等都是事业单位。

事业单位一般是国家设置的带有一定的公益性质的机构，但不属于政府机构，主要分为公益一类事业单位、公益二类事业单位。它参与社会事务管理，履行管理和服务职能，宗旨是为社会服务。它们不是以盈利为目的，是一些国家机构的分支。绝大多数事业单位是以脑力劳动为主体的知识密集性组织，专业人才是事业单位的主要人员构成，利用科技文化知识为社会各方面提供服务是事业单位的主要任务。事业单位基本上由国家财政统一拨给各项事业经费，随着事业单位体制改革的深化和发展，事业单位的经费来源日趋呈现多元化的态势，但来自国家的财政拨款在事业单位的经费中仍然占主导地位。

事业单位的招录有多种形式，参公改革之后的事业单位在省公务员招考中招录，普通事业单位在事业单位招聘中招录。具有自主用人权的事业单位均可以自主招聘，县级及以下的事业单位，大多由地（市、州）统计编制进人计划、统一组织考试、统一录用。考试一般先由各用人单位报用人计划，由各地人事部门审核后，发布招考公告和招考计划，并通过报名、笔试、资格复查、面试、体检、录用等程序予以招录。

4. 国有企业

国有企业，是指国务院和地方人民政府分别代表国家履行出资人职责的国有独资企业、国有独资公司及国有资本控股公司，包括中央和地方国有资产监督管理机构和其他部门所监管的企业本级及其逐级投资形成的企业。

国有企业，由国家对其资本拥有所有权或者控制权，政府的意志和利益决定了国有企业的行为。国有企业是国民经济发展的中坚力量，是中国特色社会主义的支柱。国有企业作为一种生产经营组织形式，同时具有商业类和公益类的特点，其商业性体现为追求国有资产的保值和增值，其公益性体现为国有企业的设立通常是为了实现国家调节经济的目标，起着调和国民经济各个方面发展的作用。按照国有资产管理权限划分，国有企业分为中央企业（由中央政府监督管理的国有企业）和地方企业（由地方政府监督管理的国有企业）。

国有企业的招录普遍由企业自行组织，面向高校毕业生和社会开展市场化招聘。

5. 非公有制企业

非公有制企业是相对于国有企业提出的概念，是指归中国内地公民私人所有或归外商、港澳台商所有的经济成分占主导或相对主导地位的企业，即包含民营企业和三资企业。它是在中国经济体制改革过程中产生的，目前也是毕业生就业的主要流向。

改革开放40多年来，我国民营经济从小到大、从弱到强，不断发展壮大。截至2017年底，我国民营企业数量超过2700万家，个体工商户超过6500万户，注册资本超过165万亿元。概括起来说，民营经济具有"五六七八九"的特征，即50%以上的税收、60%以上的国内生产总值、70%以上的技术创新成果、80%以上的城镇劳动就业、90%以上的企业数量。

2018年11月1日，习近平在主持召开的民营企业座谈会上强调："公有制为主体、多种所有制经济共同发展的基本经济制度，是中国特色社会主义制度的重要组成部分，也是完善社会主义市场经济体制的必然要求。"

2019年12月4日，《中共中央 国务院关于营造更好发展环境 支持民营企业改革发展的意见》发布，为进一步激发民营企业活力和创造力，充分发挥民营经济在推进供给侧结构性改革、推动高质量发展、建设现代化经济体系中的重要作用，坚持以供给侧结构性改革为主线，营造市场化、法治化、国际化营商环境,推动民营企业改革创新、转型升级、健康发展指明了方向,让广大民营企业家吃下"定心丸"、安心谋发展,为民营经济走向更加广阔的舞台注入了信心和动力。

三、应征入伍

国家鼓励大学生应征入伍服义务兵役,大学生入伍享有优先报名应征、优先体检政考、优先审批定兵、优先安排使用等政策。高校新生可在户籍所在地参加应征,高校应届毕业生和在校生可在学校所在地参加应征,也可在入学前户籍所在地参加应征。

国家对于入伍大学生实行学费补偿、国家助学贷款代偿、学费减免,本专科生每人每年最高不超过12000元,研究生每人每年最高不超过16000元。入伍大学生按规定享受优待政策,义务兵家庭优待金由批准入伍地发放,其家庭享受军属待遇。

在升学优惠方面,国家设立"退役大学生士兵"专项硕士研究生招生计划,每年专门面向退役大学生士兵招生约8000人,并向"双一流"建设高校倾斜。在部队荣立二等功及以上的退役大学生,可免初试攻读硕士研究生;在完成本科学业后3年内参加全国硕士研究生招生考试的,初试总分加10分,同等条件下优先录取。高职(专科)学生应征入伍的,退役后在完成高职(专科)学业的前提下,可免试入读普通本科,或根据本人意愿入读成人本科。

在选拔培养方面,部队会优先选取士官。符合条件的、取得全日制本科学历和学士学位的毕业生(含毕业学年入伍,服役期间取得的),入伍1年半以上的可选拔为提干对象;也可以参加全军统一考试,可录取到有关军队院校学习;还可以参加保送入学对象选拔,同等条件下优先推荐。

服兵役的大学生退役后,面向自主就业退役士兵开展职业技能培训,实施学历证书+若干职业技能等级证书制度和学分银行制度,建立学习成果认定、积累和转换机制,按规定享受培训资助。退役后一年内,凭用人单位录(聘)用手续,可办理就业报到手续,户档随迁。退役高校毕业生士兵可参加户籍所在地省级毕业生就业指导机构、原毕业高校就业招聘会,享受就业信息、重点推荐、就业指导等就业服务。乡镇补充干部、基层专职武装干部配备时,注重从退役大学生士兵中招录;在军队服役5年(含)以上的高校毕业生士兵可以报考面向服役基层项目人员定向考录的职位。

阅读材料

某高校学生小王高中毕业时就想当兵但家人不同意,他们认为小王不去读大学而去当兵,退役后没学历、没技术,对日后找工作也有影响。因为家人反对,所以小王选择了上大学。而临近毕业时,小王看到学校就业办有关于大学毕业生应征入伍的宣传,了解到大学毕业生入伍不但可以圆自己的"军人"梦,而且国家还有很多优惠政策支持。小王将自己的想法告诉父母,并详细地介绍了这些优惠政策,父母终于同意了小王的选择,让他实现了当兵的梦想。

解读:

大学生参军入伍除享受义务兵正常优待外,还享受优先报名应征、优先体检政审、优先审批定兵、优先安排使用等政策。大学生合格一个批准入伍一个,对在本辖区难以解决的,由省(自治区、市)统一协调解决,合格的大学生未被批准入伍前,不得批准高中以下文化程度青年入伍。对批准入伍的大学生在安排去向时,优先安排到军兵种或专业技术要求高的部队服役。在部队服役期间,还可优先选拔为士官,高校毕业生士兵还可直接选拔为军官。退役后,在就业安置、考研升学等方面享受更多优惠政策。

四、基层项目就业

近年来,国家有关部门组织实施的引导高校毕业生基层就业项目,主要包括大学生志愿服务西部计划、"三支一扶"计划、农村义务教育阶段学校教师特设岗位计划。

大学生志愿服务西部计划是由共青团中央牵头,教育部、财政部、人力资源和社会保障部共同组织实施的。该项计划从2003年开始实施,按照公开招募、自愿报名、组织选拔、集中派遣的方式,每年招募一定数量的普通高等学校应届毕业生或在读研究生,到西部基层开展为期1~3年的教育、卫生、农技、扶贫等志愿服务,鼓励志愿者服务期满后扎根当地就业创业。目前每年选派2万名左右高校毕业生,主要服务地包括河北、山西、内蒙古、吉林、黑龙江、安徽、江西、河南、湖北、湖南、广西、海南、重庆、四川、贵州、云南、西藏、陕西、甘肃、青海、宁夏、新疆和新疆生产建设兵团,共22个省(自治区、市、兵团)。

"三支一扶"是支教、支医、支农和扶贫的简称。2006年，中组部、原人事部、教育部等八部门下发《关于组织开展高校毕业生到农村基层从事支教、支农、支医和扶贫工作的通知》，以公开招募、自愿报名、组织选拔、统一派遣的方式，从2006年开始连续5年，每年招募2万名高校毕业生，主要安排到乡镇从事支教、支农、支医和扶贫工作。服务期限一般为2年。招募对象主要为全国普通高校应届毕业生。2021年5月28日，中央组织部、人力资源社会保障部、教育部、财政部、水利部、农业农村部、国家卫生健康委、国家乡村振兴局、国家林草局、共青团中央决定，实施第四轮（2021—2025年）高校毕业生"三支一扶"（支教、支农、支医和帮扶乡村振兴）计划。"三支一扶"计划自2006年实施以来，已累计选派43.1万名高校毕业生到基层服务，2021年选派规模达到3.8万人。

农村义务教育阶段学校教师特设岗位计划（以下简称"特岗计划"），是通过公开招募高校毕业生到西部"两基"攻坚县县以下农村义务教育阶段学校任教，引导和鼓励高校毕业生从事农村教育工作，创新农村学校教师补充机制，逐步解决农村师资总量不足和结构不合理等问题，提高农村教师队伍的整体素质。2006年，教育部、财政部、原人事部、中央编办下发《关于实施农村义务教育阶段学校教师特设岗位计划的通知》，联合启动实施"特岗计划"，特岗教师聘期3年。2006—2008年"特岗计划"的实施范围以国家西部地区"两基"攻坚县为主（含新疆生产建设兵团的部分团场）。2009年起，实施范围扩大到中西部地区国家扶贫开发工作重点县。"特岗计划"实施十五年来，累计招聘95万名特岗教师，覆盖中西部地区22个省（市、自治区、兵团）的1000多个县，为3万多所农村学校（含村小、教学点）注入了新鲜"血液"。2022年全国计划招聘特岗教师6.7万名。

基层就业项目优惠政策有如下几个方面。

(1)公务员招录优惠：每年根据公务员考录计划的一定比例，定向招录服务期满且考核称职（合格）的服务基层项目人员。服务基层项目人员也可报考其他职位。

(2)事业单位招聘优惠：各省（自治区、市）县乡基层事业单位公开招聘时，应根据本地区实际的数量或比例的岗位，对"三支一扶"等服务期满考核合格的人员进行专项招聘，并增加工作实绩在考察中的权重，聘用后可以不再约定试用期；省市事业单位公开招聘时，对"三支一扶"等服务期满且考核合格的人员同等条件下优先聘用。

(3)考学升学优惠：服务期满后三年内报考硕士研究生初试总分加10分，同等条件下优先录取；高职(专科)学生可免试入读成人本科。

(4)国家补偿学费和代偿助学贷款政策：参加中央基层就业项目的毕业生，符合规定条件的，可享受相应的学费补偿和助学贷款代偿政策。

(5)服务期满自主创业的可享受税收优惠、行政事业性收费减免、创业担保贷款和贴息等有关政策。

(6)参加基层服务项目前无工作经历的人员，服务期满且考核合格后2年内，在参加机关事业单位考录(招聘)、各类企业吸纳就业、自主创业、落户、升学等方面可同等享受应届高校毕业生的相关政策。

(7)各基层就业项目服务年限计算工龄。服务期满到企业就业的，按照规定转接社会保险关系。

五、科研助理

科研助理，是指在科研部门、科研机构、科研院所、高校、企业等从事项目研究、实验(工程)技术和科研辅助的人员，是专职科研队伍的重要组成部分，是从事科研项目辅助研究、实验(工程)设施运行维护和实验技术、科技成果转移转化及学术助理和财务助理等工作的人员。

2010年11月25日，中华人民共和国教育部发布《高等学校科研助理管理办法(暂行)》(教技〔2010〕4号)，进一步规范科研助理管理。科研助理的选聘应遵循公开招聘、双向选择、平等自愿、择优聘用的原则。2022年6月，为贯彻中央决策部署，积极应对复杂严峻的就业形势，科技部、教育部、财政部、人力资源社会保障部、国资委、中科院、国家自然科学基金委员会等七部门发布《关于做好科研助理岗位开发和落实工作的通知》，对做好科研助理提出了明确的要求。随着我国高校科研工作的规范化、规模化，科研助理已逐渐成为科研团队开展科研的重要力量。

六、自主创业

近年来，国家和政府对大学生自主创业高度重视，相继出台了一系列鼓励创业的政策，把"以创业带动就业"看作是"实施扩大就业发展战略"的重要内容，作为新时期实施积极就业政策的重要任务。教育部、人力资源和社会保障部及地方政府陆续出台了相关政策，鼓励和支持大学生自主创业。

按照《国务院关于进一步做好普通高等学校毕业生就业工作的通知》（国发〔2011〕16号）、《国务院办公厅转发人力资源社会保障部等部门关于促进以创业带动就业工作指导意见的通知》（国办发〔2008〕111号）等文件规定，高校毕业生自主创业优惠政策主要包括以下几个方面。

1. 税收优惠

持《就业失业登记证》（注明"自主创业税收政策"或附着《高校毕业生自主创业证》）的高校毕业生在毕业年度内（毕业年度指毕业所在自然年，即1月1日至12月31日）从事个体经营的，3年内按每户每年8000元为限额依次扣减其当年实际应缴纳的营业税、城市维护建设税、教育费附加和个人所得税。对高校毕业生创办的小型微利企业，按国家规定享受相关税收支持政策。

2. 小额担保贷款和贴息支持

对符合条件的高校毕业生自主创业的，可在创业地按规定申请小额担保贷款；从事微利项目的，可享受不超过10万元贷款额度的财政贴息扶持。对合伙经营和组织起来就业的，可根据实际需要适当提高贷款额度。

3. 免收有关行政事业性收费

毕业2年以内的普通高校毕业生从事个体经营（除国家限制的行业外）的，自其在工商部门首次注册登记之日起3年内，免收管理类、登记类和证照类等有关行政事业性收费。

4. 享受培训补贴

对高校毕业生在毕业年度内参加创业培训的，根据其获得创业培训合格证书或就业、创业情况，按规定给予培训补贴。

5. 免费创业服务

有创业意愿的高校毕业生，可免费获得公共就业和人才服务机构提供的创业指导服务，包括政策咨询、信息服务、项目开发、风险评估、开业指导、融资服务、跟踪扶持等"一条龙"创业服务。各地在充分发挥各类创业孵化基地作用的基础上，因地制宜建设一批大学生创业孵化基地，并给予相关政策扶持。对基地内大学生创业企业要提供培训和指导服务，落实扶持政策，努力提高创业成功率，延长企业存活期。

6. 取消高校毕业生落户限制

取消高校毕业生落户限制，允许高校毕业生在创业地办理落户手续（直辖市按有关规定执行）。

七、灵活就业

在移动互联时代，随着移动终端的普及，以及人工智能（AI）、大数据、云计算、共享经济、网红直播等新技术、新业态、新模式的产生，传统时空界限因为网络而被打破，以零工经济为载体的灵活就业发展态势迅猛。

灵活就业是指劳动者以非全日制、临时性、季节性或弹性工作等形式实现就业的就业形式，具有进入门槛低、就业容量大、灵活性和包容性强等特点，主要是在小型企业、微型企业和家庭作坊等就业，也包含独立服务者。近年来，灵活就业已成为新增就业的重要渠道，对稳就业、保民生具有重要作用。党中央、国务院对此高度重视，2020年，国务院办公厅发布了《关于支持多渠道灵活就业的意见》（国办发〔2020〕27号），从拓宽灵活就业渠道、优化自主创业环境、加大对灵活就业保障支持等方面作出全面部署。各地也出台了针对灵活就业人员的扶持保障措施，涉及创业补贴、优惠贷款、房租减免、社保补贴、养老医疗补贴等方面，部分城市还能够享受落户、购房、专业职称评定等政策。

灵活就业的岗位主要集中在近些年兴起的主播、自媒体、配音等方面，这些岗位出现的背后都离不开互联网的加速发展和短视频时代的大背景。此外，灵活就业人员还有外卖员、网约车司机、主播、农村青壮劳动力去城市打零工等新时代服务岗位。

根据国家统计局数据显示，截至2021年底，中国灵活就业人员约2亿人，其中，外卖骑手约1300万名，接近全国人口的1%。外卖骑手中，"美团黄骑士"有380多万，"饿了么蓝骑士"有114万，除了外卖、快递，还有160多万人在各种平台上从事主播及相关工作。

第三节 就业手续及相关文件

就业是一项政策性很强的事务，涉及毕业生的切身利益，毕业生要在就业前了解好就业手续办理、档案户口转接等相关规定。同时，就业手续中的许多环节有很强的法律规范性、政策规范性及严格的时间限制性，我们需要清晰地了解相关规定,以免造成不必要的麻烦而影响就业。下面我们来了解在办理就业手续过程中非常重要的几类文件:就业协议书、报到证和档案、户口和党团组织关系。

一、就业协议书

前文我们提到了七类就业形式,但其中涉及学生最多的就业形式便是签约就业,而签约就业中,又包含签就业协议书和签劳动合同两种形式。对于应届毕业生参加校招的情况来看,90%以上的均采用的是签就业协议书的形式。下面,我们就重点介绍一下就业协议书的签约流程和规范。

1. 就业协议书概述

就业协议书是《全国普通高等学校毕业生就业协议书》的简称,有时也称为"三方协议",一般由教育部监制,各省自治(区、市)教育部门统一印制的制式文件。每年9月由省教育厅统一下发,用于毕业生在签订正式合同前确立雇佣关系的协定。就业协议书是学校证明毕业生具有就业资格、派遣毕业生的依据,是毕业生毕业后到教育、人事、公安等部门办理档案、保险、公积金、户籍等就业报到手续的必备材料之一。协议书在毕业生到单位报到、用人单位正式接收后自行终止。协议条款明确毕业生、用人单位、学校三方自毕业生就业工作中的权利和义务,具有法律效力。就业协议书内容包括(见表8-3):①毕业生情况及应聘意见;②用人单位情况及接收意见;③用人单位上级主管部门意见;④毕业生和用人单位之前的约定;⑤培养院校审核意见(一般包含院系意见和学校意见)。

就业协议书一式三份,符合派遣条件的毕业生(定向、委培和在职培养的毕业生除外)拥有唯一编号的协议书一套,由学校就业工作部门统一到省毕业生主管部门领取下发,私自复印无效。一般经毕业生和用人单位签订后即产生协议效力,学校签订盖章后,由毕业生、用人单位、学校就业主管部门各保留一份。

随着网络信息化的发展,目前有些省份和高校也在进行"平台线上签约"等改革,其流程和法律效力与纸质就业协议书相同。

表 8-3 就业协议书样本

毕业生情况及意见	姓名		性别		出生年月	民族
	政治面貌		培养方式		健康情况	
	专业		学制		学历	婚否
	家庭住址				联系电话	
	应聘方式	学校招聘会（　）政府举办招聘会（　）人才市场（　）网络签约（　）其他（　）				
	应聘意见： 毕业生签名（本人不签字无效）：　　　　　　　　　　　　年　月　日					
用人单位情况及意见	单位名称			单位所属部门		
	联系部门		联系人	联系电话		邮政编码
	通信地址			所有制性质		
	组织机构代码			工作职位类别		
	单位性质	党政机关　事业单位　科研设计单位　学校　部队　国有企业　非国有企业　其他				
	档案转寄详细地址					
	户口接收详细地址					
	用人单位意见： 　　　　签章 　　　年　月　日			用人单位上级主管部门意见： （有用人自主权的单位此栏可略） 　　　　签章 　　　年　月　日		
培养院校审核意见	培养院校联系人		联系电话		邮政编码	
	培养院校通信地址					
	院（系、所）审核意见： 　　　　签章 　　　年　月　日			培养院校毕业生就业部门审核意见： 　　　　签章 　　　年　月　日		
注意事项	1. 毕业生、用人单位及培养院校所填情况必须准确； 2. 用人单位及培养院校就业部门所有意见栏必须签字且盖章； 3. 用人单位必须详细填写档案及户口转移地址，如无法解决档案及户口，必须告知学生且在协议上注明。					

2. 签订就业协议书的注意事项

(1)查明主体。大学生在签约前一定要先审查用人单位的主体资格，看是否具备进人的自主权力。如果用人单位本身不具备进人的权力，则必须经其具有进人权力的上级部门批准后同意。大学生还应注意核实单位实际情况与招聘广告内容是否相符。

(2)慎重签约。有些大学生在就业洽谈会上，由于时间仓促等原因，未对用人单位的历史背景、经营状况、企业发展、服务期限、是否允许深造等情况进行全面了解，便贸然签下协议。事后却发现不如意的地方，追悔莫及。因此，一定要仔细斟酌后再签约，切忌草率行事。

(3)把握时机。要避免在签约时左顾右盼，企图一脚踏两只船或多只船，导致错失最佳的签约时机。在签约时，毕业生既要考虑自己的利益，也要顾及用人单位的利益，不能过于苛刻，避免给将来的进一步合作造成影响。

(4)明确合法。大学生一定要认真审查就业协议书的内容，看看是否符合国家相关的法律和政策，仔细推敲双方的权利、义务是否合理，弄清楚除协议本身是否还有补充协议等。

3. 就业协议书的签订程序

(1)在供需见面双向选择的基础上，用人单位确定用人意向，毕业生认可用人单位提供的工作岗位。

(2)毕业生如实地填写"毕业生情况及应聘意见"一栏，并签名。

(3)用人单位填写就业协议书中"用人单位情况及意见"并盖章；若单位有用人自主权，"上级意见"栏不填，单位无用人自主权，"上级意见"栏由其上级单位(或所在地人事、教育主管部门)填写并加盖公章。用人单位要将档案详细投递地址和户口的接收情况填写清楚。

(4)毕业生将双方签订后的协议带回学校，由院(系)签字盖章，再由学校签字盖章。

4. 就业协议与劳动合同的区别

就业协议与劳动合同都是用人单位录用毕业生时所订立的书面协议，一般来说，就业协议签订在前，劳动合同订立在后。签订就业协议，主要是学校作为学生和单位的见证方参与其中，一方面证明学生的学籍身份和具有的派遣资格，另一方面对单位有一定的审查义务，保障学生的权益。签订就业协议的毕业生，入职单位报到后会重新签订劳动合同。

但有些企业因为不接收学生的档案，也会采用直接签订劳动合同的形式。还有些学生因为签约是在已经拿到毕业证和学位证之后，也可以直接签订劳动合同。两者的区别主要在主体、内容、时间及适用法律等方面（见表8-4）。

表8-4 就业协议与劳动合同的区别

项目	就业协议	劳动合同
主体	适用于应届毕业生与用人单位、学校三方之间，学校是就业协议的鉴证方	适用于劳动者与用人单位之间，与学校无关
内容	毕业生表示愿意到用人单位就业，用人单位表示愿意接受毕业生，学校同意推荐毕业生列入就业方案，未明确规定毕业生到用人单位报到后的权利、义务	明确劳动者和用人单位双方的权利与义务，涉及劳动时间、劳动报酬、工作内容、劳动保护、劳动纪律等方面
时间	在毕业生毕业之前签订	在毕业生到用人单位报到后才签订
适用法律	尚未有专门的法律对毕业生就业协议加以调整，若发生争议，主要依据现有的毕业生就业政策和法律对合同的一般规定来加以解决	《中华人民共和国劳动合同法》对劳动合同做了规定，若发生争议，应按该法来处理

二、档案

1. 什么是档案

人事档案是中国人事管理制度的一项重要特色，它是个人身份、学历、资历等方面的证据，与个人工资待遇、社会劳动保障、组织关系紧密挂钩，具有法律效用，是记载人生轨迹的重要依据。高校学生档案则是国家人事档案的组成部分，是记录和反映本人经历、德才能绩、学习和工作表现，是以学生个人为单位集中保存起来以备查考的文字、表格及其他各种形式的历史记录，是大学生就业及其今后各单位选拔、任用、考核的主要依据。

2. 档案的作用

在政府机关和事业单位，人事档案相当重要。当公务员或进入事业、企业单位工作时，在职业生涯中定级、调资、任免、晋升、奖惩等方面的呈报、审批材料都要记入本人档案，作为评价依据。另外，工龄、待遇、社保受保时间等也是以个人档案的记录为依据的。如退休时需要依据档案认定个人出生时间，从而确定退休时间，需要确定个人参加工作时间，从而确定开始缴费或视同缴费的时间,以计算养老金金额等。除了养老金外,其他社会保险,如领取失业金等,也与个人档案相关。

3. 档案的保管

按国家政策规定,组织、人事部门所属的各级人才交流机构具有资格保存大中专毕业生就业后的人事档案,各种私营民营企业、乡镇企业、中外合资、独资企业都无权管理员工的人事档案,一般由委托的各级人才交流机构托管。毕业生也可以以个人名义委托人才交流机构托管人事关系。

4. 档案的转接

大学生入校后档案都保存在学校的档案馆,毕业后需根据具体情况寄送到毕业生的单位或生源地。原则上毕业生不能携带个人档案,毕业生需结合自身的情况,选择自己档案的派遣去向。具体的原则主要有以下几类。

(1)国内升学毕业生。对于毕业后继续在国内升学的毕业生,录取单位会给毕业生发放调档函,学生将调档函交至学校,学校档案馆将按照调档函上的地址将档案寄送至录取单位。

(2)落实了就业单位且单位接收档案的毕业生。政府机关、事业单位及国有企业一般均接收毕业生档案,毕业生在签约过程中需要明确问清档案转寄地址,并备注在就业协议上报送给学校,学校档案馆将根据该信息进行档案转寄。

(3)落实了就业单位且单位接收档案的毕业生。民营企业、基层项目就业、应征入伍及创业的毕业生,用人单位基本都不接收档案。就需要毕业生将档案转寄至生源所在地的人才交流机构进行保管。

(4)未就业毕业生。毕业前未就业的毕业生,同样需要将档案转寄至生源所在地的人才交流机构进行保管。

三、户口及党团组织关系

1. 户口

对于上学期间将户口迁移至学校的毕业生(均为集体户口),在毕业时记得做好户口的签转。一般分为以下三种情况:一是继续在国内升学的可签转至录取单位(依旧为集体户口);二是回到户口迁出地(落户为个人户口);三是若就业单位能够解决当地落户可以签转至相应地点(根据情况落户集体户口或个人户口)。

特别要强调的一点是，根据当前国家的户籍管理制度，大多城市都在放宽户籍迁入政策，但是北京和上海等个别城市对于户口迁入仍有一定的限制，要求毕业生拿到当地同意落户的通知或接收函之后才能办理相关手续。

2. 党组织关系

党团关系档案原则上与毕业生本人去向保持一致。国内升学的毕业生，党团组织关系转至升学院校；已就业毕业生，无论人事档案在哪儿保管，党组织关系均转到单位党组织，单位无党组织的应转入单位所在辖区的街道党组织；未就业毕业生，党组织关系转到居住地所在辖区的街道党组织。

阅读材料

档案真的没用吗？

应届毕业生小李在临近毕业时还没找到合适的工作，正发愁时，又收到学校通知，要求毕业生确认登记自己档案的接收地址。小李听说还没有落实工作单位的毕业生可以选择把档案留在学校，还听说如果把档案留在学校还要同学校签订一个协议。也有同学跟小李说，现在时代不同了，很多外企和民营企业都接收不了毕业生的档案，档案已经没什么用处了，根本不用在意档案。小李很困惑，不知道档案对自己到底有什么作用，以自己现在的情况到底该如何处置档案。

解读：

实际上档案是不是真的对毕业生没有用了呢？答案是否定的。档案作为记录个人经历、政治面貌、品德作风等内容的文件材料，发挥着凭证、证据和参考的作用。毕业生进入职场后将要面对的转正定级、职称申报、办理养老保险，以及开具出国、考研等有关证明，都需要用到档案，遗失档案可能会给自己未来的工作与生活带来麻烦。

小李毕业后未找到合适的单位，可以申请暂缓就业，由学校或当地就业部门免费保管档案2年，在此期间小李可以继续找工作。如果不想办理暂缓就业手续，也可以把档案迁回生源地的人社厅下属的专门管理毕业生档案的部门，具体办法可咨询各地人社部门。

生涯实践

1. 就业流程检查表

选择直接就业的同学,你的就业流程都办理好了吗?请参照表8-5核对。

表8-5 就业的相关手续

序号	就业的相关手续办理	是否已经办理
1	领取推荐表和协议书	
2	准备自荐材料参加招聘会	
3	持就业推荐表复印件及自荐材料与用人单位洽谈	
4	与意向单位签订就业协议书	
5	毕业时领取报到证	
6	凭报到证到用人单位报到	
7	办理档案转接手续	
8	恭喜你!你的就业手续办妥啦	

2. 就业政策知多少——就业政策知识小竞赛

(1)活动目的

提高大学生对政策的重视程度,指导学生掌握收集创业政策的方法,要求学生熟悉创业政策的体系架构及具体内容。

(2)活动方法

将学生分成几个小组,提前了解就业政策并进行准备。在下一堂课以小组为单位,老师提问,学生抢答的方式进行。答对计分,答错扣分,总分最高的小组为获胜方。

3. 模拟签约

(1)活动目的

掌握签约的流程和应当注意的事项。

(2)活动方法

课堂现场模拟签约过程,帮助同学们分析在签约过程中的注意事项。

大学毕业生的就业政策是国家为关注与解决就业问题而制定的。但不同学校的毕业生和不同层次、不同类别的毕业生在就业政策和有关规定方面有所差异，不同地区接收毕业生的政策也不尽相同，每年的就业政策可能也会随着形势的发展进行调整，这在每年的毕业生就业政策中都有所体现。就业工作也是时间性特别强的事项，任何就业手续的办理都有时间限制。因此，作为即将走向职场的大学生，了解和掌握就业政策、把握毕业手续办理的时间规定非常重要，这是顺利就业的前提条件，正所谓"磨刀不误砍柴工"。

思考与练习

创业能力测试

1. 是否曾经为了某个理想而设下两年以上的长期计划，并且按计划进行直到完成？
2. 在学校和家庭生活中，你是否在没有师长和亲友的督促下，就自动完成分派的任务？
3. 你是否喜欢独自完成工作，并做得很好？
4. 当你与朋友在一起时，你的朋友是否经常寻求你的指导和建议？你是否曾被推举为领导者？
5. 在你以往的经历里，有没有赚钱的经验？你喜欢储蓄吗？
6. 你是否能够专注地做自己感兴趣的事连续10小时以上？
7. 你是否习惯保存重要资料，并且井井有条地整理好，以备需要时可以随意提取查阅？
8. 在平时生活中，你是否热衷于社会服务工作？你关心别人的需要吗？
9. 是否喜欢音乐、艺术、体育及其他各种活动？
10. 在此之前，你是否带动其他人员，完成过一项由你领导的大型活动或任务？
11. 你喜欢在竞争中生存吗？
12. 当你在别人管理下工作时，发现其管理方法不当，你是否会想出适当的管理方式并建议改进？
13. 当你需要别人的帮助时，是否能充满自信地提出要求，并且能说服别人来帮助你？
14. 在你筹款或者义卖时，是不是充满自信而不害羞？
15. 当你要完成一项重要工作时，是否总是给自己留出足够的时间仔细完成，而决不让时间虚度，在匆忙中草率完成？

16. 参加重要聚会时，你是否会准时赴约？

17. 你是否有能力安排一个恰当的环境，使你在工作中能不受干扰，有效地专心工作？

18. 你交往的朋友中，是否有许多有成就、有智慧、有眼光、有远见、老成稳重型的人？

19. 你在学习或团体中，被认为是受欢迎的人吗？

20. 你自认是理财高手吗？

21. 你是否可以为了赚钱而牺牲自己的娱乐活动？

22. 是否总是独自挑起责任的担子，彻底了解工作目标并认真地执行工作？

23. 在工作中，你是否有足够的信心和耐心？

24. 你能否在很短的时间内，结交许多新朋友？

评分标准：

答"是"得1分；答"否"不得分。统计所得分数。

测评结果分析：

0~5分：目前不适合创业，应当训练自己为别人工作，并学习技术和专业。

6~10分：需要在别人指导下去创业，才会有成功的机会。

11~15分：适合自己创业，但必须在所有"否"的答案中，分析出自己的问题并加以纠正改进。

16~20分：非常适合创业，足以使你从小事业开始，并从妥善处理中获得经验，成为成功的创业者。

21~24分：有无限潜能，只要把握时机和运气，可能将是未来的商业巨子。

第四节 就业权益保护

生涯指引

求职押金该交吗？

小陈即将大学毕业，通过报纸上的广告到一家房地产广告公司应聘市场部的助理。面试、笔试各个环节都进行得非常顺利，最后，公司人事部通知小陈被录用了。试用期的主要工作是联系相关写字楼的承租客户，同时，人事部还告知小陈必须交纳3000元的押金。押金的目的是为了保证公司利益不受损失，试用期结束后公司将退还押金。初试锋芒的成功让小陈兴奋不已，并未多想就交纳了押金，开始着手完成试用期的工作任务。接下来一个月的时间，按照公司指定的几座写字楼联络计划，小陈每天从学校到写字楼往返奔波。然而一个月下来，小陈竟然没能联系到一家客户。他只好如实向公司有关负责人说明了情况。经过一番交涉，公司有关负责人遗憾地表示，由于小陈未能完成任何公司交办的任务，不能被正式录用，并且，在一个月期间小陈因涉及公司业务发生的部分费用支出要从当初交纳的押金中扣除。没能完成公司交办的业务，固然让小陈感到歉疚，但当初交纳的押金因各种原因被部分扣除，也让小陈感觉难以接受。

初涉职场的大学生对社会的复杂性往往缺乏必要的认识和了解，一些用人单位甚至不法之徒也正是利用了大学生这种急于找到工作但又缺乏必要社会经验和知识的弱点，侵害大学生的就业权益。在《中华人民共和国劳动合同法》中有明确规定，签订劳动合同时劳动者不需要缴纳押金、风险金等费用。该房地产公司向小陈收取押金的行为是违法的。

大学生在就业前，应了解与学习与劳动就业密切相关的法律文件，明确与用人单位关系，了解相互之间法律规定的权利和义务，增强自我保护意识。应当积极维护自身权益，一旦确立劳动关系就与用人单位签订劳动合同，该属于自己的权利就要争取，该属于对方的义务就应该要求对方履行，并在合同中明确。另外，在意识观念上不要将自己放在弱势地位，害怕用人单位不聘用或害怕麻烦，而在自身权益上妥协。如果确实碰到劳动争议，可以向劳动仲裁机构提出仲裁。

一、求职过程中的权益保护

1. 从招聘渠道上防患未然

大学生在求职就业的过程中要保障自身的权益，首先要从招聘渠道上防患于未然。在多种招聘信息来源中，由高校就业指导部门正式发布的需求信息及各地方教委、人保厅（局）教育系统主办的面向大学毕业生招聘会上所获得的需求信息，可信度相对较高。多数招聘单位都与高校或教育管理部门、人事部门建立了长期供需合作关系，招聘过程及选聘待遇都比较规范。而由一些人才中介服务机构承办，面向社会公开招聘的人才交流大会，其招聘对象多为具有一定工作经验的社会人员，对大学毕业生而言针对性不强。

对于报纸及部分人才网站上发布的招聘信息，大学毕业生应慎重处理。一般来讲，地方综合性报刊所刊登的招聘消息大多面向社会人员，不适用于没有太多工作经验、社会经验的应届毕业生。同时，一些刊物片面追求经济效益，并不认真核实招聘广告内容本身的真实性、可靠性，对招聘单位自身的资质情况更是不闻不问。越是把聘用后待遇吹嘘天花乱坠的招聘信息，越是对应聘者没有任何条件限制的招聘广告越要审慎对待。

同样，对于校内公共海报栏里随意张贴的各种告示、街边小广告及公众BBS上随意发布的帖子，毕业生也应持慎重的态度。各类人才网站上发布的需求信息也不宜盲从。一方面，一些投机心强的人才网站为吸引所谓"读者眼球"，将网站"人才库"和"单位信息库"盲目做大，其中各类信息的时效性往往偏差较大；另一方面，一些招聘单位出于各种各样的目的和动机，往往发布虚假招聘信息，甚至充当"黑中介""黑猎头"。

因此，毕业生在找工作的过程中，始终要提高警惕，注意维护自己的合法权益，一方面，毕业生应多选择规范的信息来源渠道求职，另一方面，应仔细认真地分析每一条招聘信息，思考招聘条件字里行间背后的含义，有必要的话，既可以登录该招聘单位的网站或致电该单位人事部门查实有关消息，也可以向当地工商、人事部门核实该单位资质情况。在面试的过程中，也应弄清楚招聘单位的合法性及工作的具体内容，看招聘单位是否有工商、税务营业执照，是否有固定的办公、经营场所等。

2. 警惕不符合实际的招聘信息

"本想去当法律顾问，头半年却只管接电话；想改行当老师，结果招聘方却告诉她工作不是教书，而是要负责寻找生源。法律专业的大学毕业生高同学近来有点愁，在网上寻找了几份工作，结果发现工作内容跟职业名称都不符，有的甚至不搭边。"这样的招聘遭遇在求职者中已经很常见，而一些职业信息也出现"挂羊头卖狗肉"的现象，让求职者摸不着头脑。

大学毕业生在求职的过程，不仅仅要看用人单位招聘的职业名称，也要了解清楚用人单位对该岗位的职责要求与工作内容，看工作内容是否与招聘职位相符。

3. 招聘中提及的待遇和权益

(1)五险一金。求职过程中,同学们经常听单位说起"五险一金",那么它的作用到底是什么呢?"五险"到底是哪五险呢?

五险一金是指用人单位给予劳动者的几种保障性待遇的合称,包括养老保险、医疗保险、失业保险、工伤保险、生育保险和住房公积金。有些大型企业会为员工购买福利,如人身意外险、重大疾病保险及企业年金。所以也有"六险一金"或"五险二金"等说法。现实中,越是发达的地区,员工对于五险一金的重视程度越高。尤其是一线城市,因为和买房、买车资格挂钩,五险一金已经成为找工作的重要标准,也是很多企业招揽人才的基础条件。

对于五险一金,单位需要承担一部分,这部分从单位银行账户中直接扣除,员工也需要承担一部分,从员工工资中扣除。

(2)人事代理制度。人事代理是与社会主义市场经济体制相配套的新型人事管理模式,是指政府人事部门所属人才服务机构受单位或个人委托,运用社会化服务方式和现代科技手段,按照一定的法律程序和政策规定,代办有关人事业务。

推行人事代理制度,有利于实现人档分离和人才社会化管理。对用人单位而言,可减轻大量的人事事务性工作,解决在人才引进、毕业生接收、职称评审、人事档案管理等方面遇到的问题;对各类人才而言,个人不再是"单位所有",流动变得十分方便,权益得到有力保障。

人事代理是传统的计划经济向社会主义市场经济转轨过程中产生的,是以人才交流服务工作为基础发展起来的一种新的人事管理方式,在市场经济下人员配置从过去的计划分配变为双向选择,人才流动性大大增强。1995年国家人事部就明确提出要建立和推行人事代理制度,使之成为人事工作的一个新领域。

随着市场经济的深入发展,国有企事业单位人事制度改革的不断深入,人事代理在全国得到迅速发展。服务的对象由最初的三资企业、民办高科技企业、乡镇企业等不具备人事管理权限的非国有企事业单位,发展到包括国有企事业单位在内的各种所有制类型的单位。

二、实习期、试用期的就业权益保护

实习期是针对在校大学生而言,是指学生在校期间,到用人单位的具体岗位上参与实践工作的过程，目的是使学生更好地学习理解专业知识，做到理论联系实际。近年来，为了提前网罗人才，越来越多的岗位纷纷开展实习生计划。但是，由于未毕业的大学生不具备劳动主体资格，因此在实习期间，实习生不能与用人单位形成劳动关系，也不受劳动法的调整。

试用期是指用人单位和劳动者在建立劳动关系后，为相互了解而约定的最多不得超过半年的考察期。试用期是伴随劳动合同而出现的一个概念，先有劳动合同，后有试用期。当然，劳动合同中既可以约定试用期，也可以不约定试用期。

1. 实习期、试用期的工资

作为就业供需市场的一项惯例，"实习期""试用期"也是大多数招聘单位借以考察应聘者综合素质、能力的一种重要手段。虽然我国的相关劳动法律明确规定了聘用双方劳动合同可以约定试用期，但法律关于试用期、实习期的工资待遇问题却并没有明确表述。很多招聘单位都认为"试用期的工资完全可以由企业自主确定"。但这并不等于招聘单位可以不受任何限制地制定试用期员工的工资水平，因为用人单位必须保障劳动者的最低工资。所谓最低工资是劳动者在法定工作时间内提供正常劳动的前提下，用人单位在最低限度内理应支付的，足以维持职工及其供养人口基本生活需要的工资。《中华人民共和国劳动合同法》第四十八条规定："国家实行最低工资保障制度。最低工资的具体标准由省、自治区、直辖市人民政府规定，报国务院备案。用人单位支付劳动者的工资不得低于当地最低工资标准。"可见，用人单位可以自主确定劳动者试用期工资标准只能是在不违背劳动法律、法规的前提下，自主确定的。具体来说，就是用人单位有权在当地最低工资标准以上，自主确定劳动者试用期内的工资标准。

另外，有些地方也出台了关于学生勤工助学的规定，比如北京市教育委员会、共青团北京市委员会、北京市劳动和社会保障局2000年联合颁发的《关于北京地区普通高等学校学生勤工助学活动规定》中指出：学生在勤工俭学期间，劳动报酬不得低于北京市最低工资标准。此外，对于学生打工时因工负伤的情况也应由用工单位比照职工工伤保险的标准给予补偿，学生应享受工伤待遇。

2. 实习期发生意外伤害

大学生在实习期间，万一发生意外伤害，该由谁来负责？

大学生在实习期间受到意外伤害，要视学校是否与单位签订合同。学校与单位签订了合同的，以合同为准分别承担责任；若学校与单位未签订合同，则应由学校负责。但无论哪种情况，大学生在实习期间发生意外伤害，学校和单位总有一方需要负责。

三、正式就业后的就业权益保护

1. 签订劳动合同

毕业后在实习单位继续工作的大学生，不应再称为"实习生"了。因为拿到了毕业证书，则意味着大学生可以作为独立的劳动者与用人单位建立劳动关系了。

2. 关于因用人单位过失而辞职

《中华人民共和国劳动合同法》第三十八条规定：用人单位有下列情形之一的，劳动者可以解除劳动合同：（一）未按照劳动合同约定提供劳动保护或者劳动条件的；（二）未及时足额支付劳动报酬的；（三）未依法为劳动者缴纳社会保险费的；（四）用人单位的规章制度违反法律、法规的规定，损害劳动者权益的；（五）因本法第二十六条第一款规定的情形致使劳动合同无效的；（六）法律、行政法规规定劳动者可以解除劳动合同的其他情形。

生涯实践

1. 就业法律法规判断

通过这一节的学习，你了解了多少与就业相关的法律法规呢？试试做下面的判断题，看看你对就业法律法规的掌握程度如何。

（1）用人单位招用劳动者，不得扣押劳动者的居民身份证和其他证件，不得要求劳动者提供担保或者以其他名义向劳动者收取财物。（   ）

（2）劳动者被拖欠工资而提出辞职，仍需向用人单位支付违约金。（   ）

（3）用人单位与劳动者建立劳动关系，可以只作口头约定，不一定要签订书面劳动合同。（   ）

（4）就业协议书与劳动合同的作用是一样的，所以与用人单位签订了就业协议就可以了，毕业后也不用再签订劳动合同了。（   ）

2. 就业法律法规知多少

分组，每组同学轮流把所知道的就业方法的法律法规的具体条款说出来，说过的不得重复,看看哪个小组说出的正确条款最多。

例如:《中华人民共和国劳动合同法》中规定建立劳动关系,应当订立书面劳动合同。

3. 就业权益保护情景剧

分组,每组同学演一场戏,通过一个职场中与就业权益保护相关内容的戏剧表演,让大家理解关于就业权益保护相关内容的知识点。

严峻的就业形势,造成了紧张的就业竞争环境,使用人单位有了更大的挑选人才的空间,同时也为一些用人单位利用富余的人才资源侵害求职就业者的合法权益提供了机会。初入社会的毕业生没有职场经验,有些毕业生的法律意识淡薄,不清楚自身拥有的权益也不知道该如何保护自己,自身的权益极易受到损害。因此,对于每一个即将走入社会的大学生来讲,都应有一个基本的维权意识。要保障自己的权益,就应该有良好的法律意识,有高度的维权意识,只有法律意识觉醒,权益方可得到保障。

对于大学毕业生而言,要维护自身的就业权益,需要做到以下几点:一是了解与学习与就业相关的法律法规,只有掌握了法律的武器,才能提高维权的意识;二是在求职就业的过程中,注重对就业信息的过滤及筛选,保证就业信息来源及内容的真实有效,避免上当受骗;三是在求职的过程中,当接触不太确定的信息或者碰到劳动纠纷时,要学会向学校或劳动部门求取援助。

思考与练习

案例一:应届毕业生小李在毕业后通过招聘会找到一家建筑公司,并且通过了公司的面试,小李向公司提出要签订劳动合同时,公司表示签订书面合同比较麻烦,不与小李签订任何书面合同,仅以口头协议为准。小李觉得公司开出的薪水还不错,便同意了。

问题:你觉得小李的行为可取吗?他应该采取什么行动?如果是你,你会选择这份工作吗?

案例二:毕业生小陈在一次现场招聘会上看中了一家单位,尤其是招聘广告上写着"单位每月提供住房补贴800元",小陈对这一福利待遇非常满意。经过笔试和面试后,小陈如愿地进了该公司,并与公司签订了劳动合同。但第一个月工资发下来后，小陈却发现工资单上并没有800元的住房补贴。小陈马上咨询公司的人事部，得到的答复却是：招聘时单位所列出来的补贴早就已经取消了。人事部的负责人还拿出了当时双方签订的劳动合同给小陈看，合同上也没有约定有关住房补贴的福利待遇。

问题：你觉得小陈的失误在哪里？如果是你，在签订劳动合同时，你会考虑哪些因素？

四、签订劳动合同的九大必备条款

根据《中华人民共和国劳动合同法》的规定，劳动合同可以分为两部分构成，必备条款和备选条款。必备条款的含义就是合同中必须具备的条款，如果缺少其中之一，这个合同都将被视为无效合同。劳动合同的必备条款有：

第一，用人单位的名称、住所和法定代表人或者主要负责人。

第二，劳动者的姓名、住址和居民身份证或者其他有效身份证件号码。

第三，劳动合同的期限。合同期限主要分为固定期限、无固定期限及完成一定工作的期限，劳动合同中必须得明确。如果没有明确期限应该视为无固定期限，不论签一年、两年或三年，都必须有起止日期。

第四，工作内容和工作地点。工作内容应该体现在劳动合同中，比如什么岗位，具体负责的工作内容。工作地点也很重要，劳动合同中必须规定劳动地点，否则很容易产生纠纷。比如，劳动合同中约定了工作地点在北京，后来单位要把你调到深圳，劳动者可以不接受，因为合同中已经约定好工作地点，用人单位变更了工作地点属于用人单位违约。

第五，工作时间和休息休假。一般来说，正常的工作时间是每天8小时，每周不超过40小时。但是有些单位就会特殊一些，不一定是按规律的8小时，周一到周五上班，这些都应在劳动合同中约定。

第六，劳动报酬。这对于每个劳动者都是非常重要的，劳动报酬应该明确地写在劳动合同中。值得注意的是，有些用人单位在劳动合同上写的劳动报酬是：不低于当地的最低工资，这对于劳动者是很不公平的，有可能会给劳动者带来潜在的麻烦。

第七，社会保险。国家规定用人单位必须为员工缴纳社会保险，也就是我们通常说的"五险一金"，其中包括养老保险、失业保险、医疗保险、工伤保险、生育保险和住房公积金。住房公积金也是一个强制缴纳的项目,如果不缴纳用人单位属违法。

第八,劳动保护、劳动条件和职业危害防护。劳动保护对于普通工作来讲并不显得很重要,但是对于特殊行业,比如有毒有害、高温高压等行业,像机械类的、海上作业、航空等比较危险的职业,这一点尤为重要。

第九,法律、法规规定应当纳入劳动合同的其他事项。

参考文献

[1] 钟谷兰,杨开.大学生职业生涯发展与规划[M].2版.上海:华东师范大学出版社,2017.

[2] 刘建中.大学生职业生涯发展与规划[M].成都:电子科技大学出版社,2020.

[3] 罗伯特·里尔登,珍妮特·伦兹,加里·彼得森,等.职业生涯发展与规划[M].4版.侯志瑾,等译.北京:中国人民大学出版社,2018.

[4] 赵文熙,刘佳,张冬梅.大学生职业生涯发展与规划[M].吉林:延边大学出版社,2018.

[5] 苏文平.大学生职业生涯规划与就业创业指导[M].北京:中国人民大学出版社,2018.

[6] 闫江涛.大学生职业生涯发展规划教程[M].上海:上海交通大学出版社,2017.

[7] 武林波.规划自我启航远航:大学生职业生涯与发展规划[M].银川:宁夏人民出版社,2017.

[8] 方焕新,王秋萍.大学生职业生涯规划与就业指导[M].北京:现代教育出版社,2019.

[9] 侯琳琳,孙靖茹.大学生职业生涯规划的影响因素和对策研究[J].黑龙江科学,2021,12(23):120-121.

[10] 许珂瑶.大学生职业生涯规划问题与对策[J].合作经济与科技,2021(22):86-87.